SHANDONG SHENG DIMING YANJIU WENJI

山东省地名研究文集

董珂　郭晓琳 | 主编

山东人民出版社
国家一级出版社　全国百佳图书出版单位

《山东省地名研究文集》编辑委员会

主　任　冯建国

委　员　刘田刚　韩同央　孙树光　闫　博
　　　　朱邦强　徐希超　韩华南　闫　永
　　　　付振民　宋宝林　段连民　岳长胜
　　　　孙孝建　沙　剑　窦淑芬　安中军
　　　　王爱华

主　编　董　珂　郭晓琳

编　辑　关　霞　赵玉萍　陈效忠　刘晓玲
　　　　郭　英　张　良

前　言

　　地名非常古老，数千年来，我们的先人就对地名进行过较为深入的研究，但是地名学作为一个学科是 19 世纪后期首先在西方发展起来的。我国于 20 世纪 30 年代出现了以地名学为主的论述，因此地名学又是一个年轻的学科，虽然基础理论有了较为系统的体系，但仍处于初期发展阶段，很多方面还有待完善，特别是随着社会的发展进步，地名工作面临新的形势和任务，对地名学理论研究提出了更高的需求。

　　我省地名工作开展三十余年来，在各级政府部门的重视支持以及广大地名工作者的共同努力下，地名普查、地名标准化、地名理论研究、编辑地名图书等多项工作均位居全国前列，特别是近些年来，开展的以"地名规范、地名标志、地名规划、数字地名"为主要内容的地名公共服务工程建设，都取得了优异的成绩。但是，我们应该看到，在行政管理的效率、信息开放的程度，以及提供的公共服务的质量方面，还有很多不完善、不适应的地方，有的方面还滞后于新形势的要求。一是城镇化的快速发展对地名工作带来新的考验。城镇化是人类社会发展的必然趋势，是现代化的突出特征之一，也是城乡社会协调发展的必然结果。城镇建成区是人文地理实体名称高度密集地区，目前，快速的城镇扩展，必然带来新地名的大量涌现，如何结合城镇规划，适应城镇高速发展的需要，及时对各类人文地理实体予以科学命名，是地名学研究的一项重要任务。同时，随着城市化的进程，老城区众多的老地名因实体变化，很多老地名、历史地名濒临消失，如何保护好这些历经千百年积淀而形成的历史地名，是一个值得关注的课题。二是信息化、全球化对传统的地名管理模式形成新的冲击。随着全球经济一体化进程的加快，地名信息的传递速度不断加快、使用频率日益提高，对不同语言文字地名之间的转译、全球地名单一罗马化、地名国家标准化以及及时、高效地收集、整理、标准化处理、传输地名信息的要求越来越高。利用现代信息技术建立高起点、高质量、高效率的地名信息系统，实现地名信息数字化管理，提高地名管理决策的科学化水平，从根本上克服实践中的盲目性、随意性和被动性，是应用地名学研究的重要范畴，也是地名学学术研究的重要内容。

理论创新是一个学科发展的动力所在，而理论创新的基础是现实工作的进程以及产生出来的素材、资料，因此，要加强地名工作的创新性，加强对地名工作的深入研究，必须坚持理论联系实际，针对当前地名工作面临的热点问题和难点问题，如：关于地名法规建设的研究，促进地名管理工作健康发展；科学编制地名规划，实现地名命名的规范化和稳定性；加强城市住宅区名称管理，制止住宅区命名中崇洋媚外、封建思想泛滥、名称不规范问题；破解急功近利而引发的不讲科学的更名热现象等，形成丰富的研究成果，推进地名管理工作向规范化、科学化和标准化方向迈进。我国历史悠久，幅员辽阔，地名数量众多，文化内涵丰富。加强对地名文化的研究，弘扬历史文化和地名文化，是地名工作者责无旁贷的重要任务。研究和弘扬地名文化，既要研究地名的语词文化内涵，又要研究地名所指代的地理实体或地域的文化内涵。通过多视角、多层面深刻挖掘古国、古城、古县、古镇、古村、古街、古巷等传统地名的文化内涵，考证地名文化形成、发展的背景，厘清地名历史文脉，提升地名文化品位。

开展地名学研究，要本着"突出重点，注重调研，鼓励创新"的原则，注意传统地名学研究领域与现代地名学研究领域的内在联系，把握地名学和历史学、地理学、语言文学、社会学、民俗学、规划学、制图学等相关学科的关系，解决好一般研究对象和具体研究对象的关系，积极借鉴相关学科的研究方法和信息化技术手段等，进行地名学研究，注重创新研究方法，找准研究的切入点，瞄准重点难点学术问题，坚持理论与实践相结合，继承与创新相结合的研究方法，提高地名学研究的针对性和有效性，在学习和继承前人研究成果的基础上，积极吸取和传承我国三十多年来地名管理的理论成果和实践经验，立足当前，着眼长远，注重区域，把握全局，推动地名学研究的创新发展。

地名是随着人类社会的产生而产生的，也必将随着人类社会的进步而不断发展下去。这本地名学文集就是全省地名工作者认真研究地名学发展规律、在实践中辛勤耕耘的成果，希望会对加强地名学术研究、弘扬山东优秀的地名文化起到积极的推动作用!

　　不可否认，由于论文作者和编辑人员的水平所限，本论文集难免会有疏漏和瑕疵，在此敬请广大读者批评指正。

编　者

2015 年 12 月

目 录

前 言

特 约

001　浅析地名的地域性　　任建兰　公平

014　浅谈历史地名文化的保护与开发　　刘大可

017　地名文化遗产
　　　　——守望与践行　　阎锡广

024　济南地名文化个性简说　　荣斌

030　历史地名保护与社会发展　　李铭

037　地名命名与更名的文化传承　　黄伟

争鸣探讨

044　城市地名命名与更名浅议　　董珂

048　对城市住宅区和大型建筑物名称管理的思考　　赵炜

055　浅议《青岛市地名管理条例》存在的问题及应采取的对策　　贾力

059　关于数字地名建设可持续发展问题的思考　　王左舟　马英伟

064　浅议淄博市当前地名公共服务工程建设面临的主要问题及对策　　陈桂香

070　谈对地名档案管理现代化的认识　　陈效忠

074　浅议淄川地名管理的问题与对策　　刘忠仁

081　浅析临淄区地名规划　　赵清栋

088　推进地名服务工程建设　完善地名公共服务体系　　刘　祥

093　城市发展建设中的地名规划与管理
　　　——浅析现阶段城市地名存在的几点问题　　王　鹏　邱善文

098　烟台市地名规范化管理的探索与思考　　龙　军　曲　鹏

103　以人为本，加强地名管理工作　　董智家

107　浅析地名命名工作的科学性、规范性　　凌　刚

111　烟台市牟平区地名命名的历史渊源及其发展　　倪耀殿

116　浅谈城市居民区划分和名称的管理工作　　王宗宝

120　浅谈地名的历史演变　　管荣芬

126　对加强规范住宅区和建筑物名称管理工作的思考　　李志强

130　关于地名有偿命名的一些思考　　孟庆芳

135　城镇地名命名问题之我见　　张培安

143　浅论邹城市街道名称对城市发展的意义　　李养峥

149　对城市地名规划及命名规则的探讨　　张　文

154　浅议泰安城区街道地名命名管理工作　　路守财

159　浅议制约地名事业发展的"三大软肋"　　王志雪

163　关于城市地名规划有关问题的探讨　　李仁海

170　对威海市三个开发区道路命名的反思　　李仁海

176　当前影响地名事业发展的瓶颈及其对策　　丁原中

182　地名普查实施中的困惑与思考　　丁立明

186　浅谈蒙阴县城区及小城镇道路名称规划　　薛　剑

191　做好地名档案管理工作　挖掘地名档案效益　　刘庆美

195　加强地名管理　推动地名标准化　　魏延龙

200　浅论滨州"地名序数命名法"　　刘清国

207　浅谈行政区划调整中的地名命名工作
　　　——以滨州市为例　　颜　斌　张陶江

212　浅谈博兴县城地名规划中的几个关键问题　　王敬国　王博军

216　虚地名的属性及应用　　赵忠华

地名文化

220　浅论山东地名文化的内涵及其保护　　郭晓琳

226　浅谈加强地名文化建设　　梁海山　赵洪峰

230　浅议地名命名的艺术　　何宗祥　孟繁国

235　沂源地名文化商业价值开发初探　　王峰

239　浅析城市地名文化的研究与保护对策　　逄新起

245　谈曲阜市城区街巷名的文化内涵　　程红娟　王继涛

252　关于老地名保护的一些思考　　秦佑斌

257　浅论弘扬地名文化、实现地名标准化与市场经济发展的重要意义　　杨明慧

260　浅谈城市建设与地名文化保护　　袁春龙　相琳琳

265　浅论地名文化在经济文化强省建设中的作用　　邢志

270　浅议滨州市沿黄河村庄"村名"文化　　朱兵　贾金林

274　论地名文化的和谐内涵　　刘晓玲

280　结合临清市城市地名规划　浅谈对地名文化遗产的保护　　岳红

地名考释

285　胶东沿革考　　李炳印

289　"小邾国"考　　张海

294　论寻根活动中的地名考证　　刘烜

299　论宁阳之名由来　　丁晓明

305　"弗其"考辨　　徐祥法

307　牟文化初探　　尹祚鹏

312　沂水城考略　　郑磊　徐同录　张耐松

317　夏津县村庄地名略考　　焦桂富

322　谈马陵、道口
　　　——古战场遗址　　郭秀芹

326　高唐县治所考　　刘树青

后 记

浅析地名的地域性

任建兰　公　平

摘　要　地名是人们对不同方位、范围的个体地理实体赋予的专有名称，与人类的生产、生活息息相关，具有特殊性与地域性，地名地域性的研究不仅能帮助我们识记、运用地名，还能弘扬地域文化特色，推动区域可持续发展。本文从地理学的角度，对整个国家通过自然地理因素和人文地理因素两大部分的内在因素进行分类和举例说明，展现出我国各地区的地名地域文化，并利用这一地名命名原则对山东省各市、县区的地名作了一定程度的探讨，并与广东省地名进行了简单的比较，进一步反映出地名地域性在各地区的共同性与特殊性。

关键词　地名；地域性；地理因素；山东省

1　引言

地名是人们对地表特定地域空间或地域实体的指称，是在人按由通名类社会生产生活过程中为确定地物类型、空间方位及相互距离而出现的[1]。地名一般由通名和专名两部分组成，通名用来区分地物类型，专名则体现某种地方性特点。地名作为一种信息载体，可综合反映出特定地域的自然、经济、政治、历史及社会文化状况，同时，不同的地区由于上述方面的差异，也决定了其地名具有独特性和地域性的特点。

近些年来，随着我国经济的快速发展，城市化进程的加速，城市规模不断扩张，建设速度不断加快，地名管理工作也出现了一些不容忽视的问题，比如命名的混乱和地名的不当使用，这些问题严重制约着经济与地名资源的同步发展。地名命名中的随意性、盲目性使一些地名出现名不符实、音形相近、甚至异地同名的现象，如咸阳市竟有两个"永乐镇"，一个在泾阳县，另一个在彬县；另外在地名的使用中也出现了不同的问题，比如部分地名更名后，地名标志名称不能及时更改、标志名称与实际使用名称不一致、县境内街路巷等地没有地名标志等。地名的命名以及使用中出现的问题迫切地要求我们加强对地名工作的管理与地名的进一步研究。

联合国第五届、第六届地名标准化会议曾提出："地名是民族文化遗产""有重要的文化和历史意义"。地名承载的是历史，是劳动人民的聪明智慧，是地域文化的载体。地名学家华林甫指出，地名是历史学和地理学的第二语言，地名不但指出当地的地理类型，还反映出命名时代该地的自然地理或人文地理特征[2]。地名的形成不仅传承了地域文化特色，同时也记载了固定地域范围内历史过程和人文过程。地名形成、发展与地表空间中固定区域所特有的地质地貌、地域气候、地域生态环境等有着密切的联系，同时地名的形成亦受到固定地域范围内所生活的人们的民族特质、民风民俗、历史渊源的影响，甚至与当地的居民的宗教有着不可分割的关系，因此对于地名的地域性的相关探讨不仅要关注自然景观领域，同时要注重人文地理特性。

地名学是 19 世纪后期首先在西方发展起来的，当时出版了一些着重于地名的记述和语源考证的地名学著作，同时还建立了地名研究机构，如 1872 年瑞士 J. J. 埃格利的《地名学》，1890 年成立的美国地名委员会（BGN）等。中国古籍中也记载了大量地名，而且对地名的读音、含义、位置、沿革以及命名的规律、原则都有阐述，如汉初班固撰写的《汉书·地理志》载有各类地名 4500 处，并对部分地名的命名缘由和名称演变作了说明。我国现代的地理学界的学者对地名有了进一步研究，其中，金祖孟、曾世英、谭其骧、史念海等对地名的形成、空间分布等做了较为系统的阐述，华林甫分别从中国古籍文化、中国地名史等角度对地名学进行了相关研究。

我国疆域辽阔，历史悠久，地名众多，加上历代地名更替频繁，地名的数量更难以数计。改革开放以来，随着新区的开发，地名的变更受到诸多社会文化因素的冲击比较大，一些媚俗的地名应运而生。但是，地名的地域性依然还是我们识记、运用地名的鲜明标示。我国县级以上地名数以千计，乡（镇）以上的地名数以万计，正是由于地名特有的地域性，才让我们清楚地分清并记住每一个地区；特别是随着我国旅游业主导地位的提升和对外开放，地名的地域性更是我们提升区域竞争力，弘扬地域文化特色，推动区域可持续发展的重要途径。因此，研究我国的地名，研究地名的地域性不仅具有现实意义，也是时代的要求。

　　本文从地理学的角度，首先在全国的空间范围内对以包含山、水、方位、地质地貌和物产等的自然地理因素和囊括民族特性、风俗文化、历史渊源和宗教等的人文地理因素命名的地名进行举例说明，展现出我国各地区的地名地域文化；其次以山东省为研究特例利用这一地名命名原则对山东省各市、县区的地名作了一定程度的统计探讨，并与广东省进行了简单的比较，进一步反映出地名地域性在各地区的共性与特殊性。通过上述分析，再现各地的自然景观和历史文化景观并透视出无限丰富的文化内涵，有助于我们进一步通过地名的地域性了解各个区域。

2　自然地理因素与地名

　　我国是世界上国土面积排名第三大的国家，拥有壮阔的自然风光，山川秀美，地形地貌特征明显，气候适宜，物产丰富，同时这些自然地理特征都在我国的城市地名中有所反映。通过对我国各个城市地名的考究，下文从山、水、方位、地形地貌以及物产等五个主要的自然地理因素出发研究其与地名的渊源。

2.1　依山命名

　　自古，我国与山就有不解之缘，例如浙江省与山有关的县市一级的地名就举不胜举，名字中有山的就有萧山、象山、常山等，而奉化、普陀、洞头、天台、青田等县名也都取自同名的山岳。

　　因为山而命名的省、市区也有很多，比如山东省与山西省都是因太行山而命名，位于山的东面，就是山东，位于西面则是山西；黑龙江省的双鸭山市，以市区北部的一对形似"卧鸭子"的山峰得名；萝北县，境内有托萝山（今名山），因在托萝山北，故名"萝北"；湖南省的衡山市因地处衡山而得名。

2.2 依水域命名

我国直接以江河溪水之名为名或以源出于水的坑、源、湾、潭、洲、滩、泉、井、湖、塘等为通名定名的也很多，在中国 31 个省市区名称中，有 13 个是直接因水得名的，如浙江、黑龙江、湖南、青海等。四川省因境内长江、岷江、沱江以及嘉陵江四条江而得名；河南省与河北省都因黄河而得名，河南位于黄河的南面，河北位于黄河的北面；黑龙江省和青海省则是因为境内有同名的江河湖泊而得名；以境内的山川湖泊作简称的有：湘（湘江）、皖（皖山）、闽（闽江）、赣（赣江）等。

黑龙江五大连池市，以湖得名。1719～1721 年（清康熙五十八年至六十年）老黑山和火烧山喷发，岩浆堵塞了白河而形成 5 个串珠状堰塞湖，俗称"五大连池"。原属德都县，1976 年设置五大连池镇。1980 年 3 月，黑龙江省人民政府决定建立五大连池自然保护区。1983 年 10 月 8 日，国务院批准设立五大连池市（县级）。

宁波这一名称的由来，也多少反映出宁波作为沿海城市这一地理特色。明太祖洪武十四年（1381），明州府（宁波旧称）鄞县人单仲友，奏请以明州与国名相同，要求改名。他认为明州府既有定海县（即镇海县），采"海定则波宁"的含义。可将明州府改为宁波府。明廷下诏改名，遂以鄞县县治为宁波府治。可见，"宁波"缘自"海定则波宁"，缘自它靠海的地理位置。

三亚，镶嵌在祖国宝岛海南岛南端的一颗明珠。三亚地名的由来与三亚河的名称紧密相连。三亚河在靠近入海口处分成东河、西河，其流入大海处形状呈"丫"字形，故名"三丫河"。此处是个天然良港，后来一些渔民在沿岸居住，形成了三亚市的雏形。前来定居的人形象地把该河称之为"三丫"。本地方言"丫""亚"同音，后来逐渐统称为"三亚河"。1984 年设市时，即以"三亚"命名，从此三亚以其独特的风姿展现在世人面前。

2.3 依方位命名

依方位命名，主要是指自然环境要素中的地形、山川河流、地理方位等作为参考坐标而命名的地名。如山的左右前后、河的东西南北、距离之间的远近常常成为参照点。这种地名是人类对周围环境认识逐渐加深的产物，它的产生同样很早。我国省名中的山东、山西、河南、河北、湖南、湖北都与方位有关。始传于战国、成书于西汉的《谷梁传》曾明确提出了"水北为阳，山南为阳"的论点对我国的地名有很大影响。譬如，"洛阳""汾阳"之得名，因其分别位于洛水、汾水之阳（北面），"汤阴"，则源于该地处于汤河之阴（南面），就是这一命名原则下的产物。

2.4　依地形地貌命名

地形地貌是反映一个区域自然地理特征的显著标志，以地形地貌而命名的地区很容易让人了解其地理大势。因此，各省以特有的地形地貌而命名的地名也很多，如山东省平原县因地势平坦而得名；辽宁省大洼县因位于辽河、浑河下游，地势低洼而得名；新疆的石河子市，因为这里多石故名石河子；福建省福州东郊的鼓山，因峰顶有形状如鼓的巨石而得名；湖北省麻城市的龟峰山，因形如巨龟得名；台湾岛东北部的鼻头角，是深入海中的小半岛，因形如鼻尖而名。

2.5　依物产命名

在任何一个地理区域内，动植物的生长及矿产都会彰显出其不同的区域特点。因此，生活在相异地区内的劳动人民很容易因为地区特有的物产而对其地区命名。因为物产而命名的情况大体分为两类：第一类是直接以动植物或者矿产的名字作为城市命名的依据；第二类是根据某种植物生长的地理环境特点、动植物群体的外貌特征或者矿产的用途等命名地名。一般第一类比较多。

譬如：山东省菏泽市城区称牡丹区，因"菏泽牡丹甲天下"而得名。山东省济南市平阴县玫瑰镇因盛产玫瑰得名。广西壮族自治区靖西县的"果隆"，意为大榕树，因村前有棵大榕树而得名。青海格尔木地区的"托拉海"，因该地生长着成片胡杨而得名。

青海地名中的"尖扎"为藏语音译，本义为"猛兽出没的地方"，因古代当地人烟稀少、山林茂密、猛兽较多，故名。北京的著名的"狮子胡同"的得名传说源于在清朝嘉庆年间，不知从什么地方跑来一只狮子，经常在这条胡同和南运河一带活动。在河边喝水时，经常遭到顽皮孩子的玩耍和戏弄。人们非常怀念这只讨人喜欢狮子，就在它经常歇息的胡同口竖立了两尊石狮作为纪念。从那时起，这条胡同就叫狮子胡同了。

新疆的阿尔泰县，也译作阿勒泰，突厥语是金子的意思，蒙古语是金山的意思，因为这里盛产黄金。根据历史记录，曾经来这里采金子的人达到数百万之多；克拉玛依市因新疆著名的油田——克拉玛依而得名，克拉玛依是新中国成立后勘探开发的第一大油田。

3　人文地理因素

我国现代地名学的创始人之一曾世英先生说："地名的产生和演变有一定的地理背景，地名的研究理应有地理学家参与。地名又有一定的历史渊源，研究地名的来历、含义及演变非进行历史考虑不可。"人文地理因素因为有浓厚的人文特征，因此与历史文化有着密不可分的关系，研究地名的地域性必不可少地应该考虑到民族特性、风俗文化、历史渊源以及宗教等人文地理因素，这些因素同时也可归纳到历史文化因素中。

3.1　民族特性与地名

我国是一个多民族的国家，五十六个民族一个大家庭，在漫漫岁月中，不同的民族进行着各种形式的交往，在社会经济等方面的不断融合的同时也保留着本民族特有的文化，这些民族文化及其氛围是我国宝贵的财富。少数民族的语言特征以及族源对我国的地名有着不可磨灭的作用，尤其是对于少数民族集中分布的地区而言。

黑龙江省是个少数民族比较多的地区，里面的地名多来自蒙古语、达斡尔语、鄂伦春语音译和满语音译。如：齐齐哈尔，达斡尔语"奇察哈里"的转音，意为"边疆"或"天然牧场"；杜尔伯特蒙古族自治县"杜尔伯特"，蒙古语，意为"四"。据《蒙古秘史》载，成吉思汗的十二世祖道布莫尔根之兄道蛙锁呼尔有四个儿子，被称为杜尔伯特氏，世代相袭，游牧于嫩江两岸，成为杜尔伯特部。

明代台湾岛上的平安（今安南西安平镇）有一大海湾，附近有村庄名"大湾"。大湾附近的土著称台窝湾族，这个民族最早与大陆汉人交往。汉人遂以该族名称其地名，并由台窝湾简称台湾。后来，这个名称便沿用下来了。

3.2　风俗文化与地名

地名是一种民俗文化，众多神话传说、民间故事和人们美好愿望在一定的地理空间中发生，增加了原有地名的文化内涵。

相传在帝尧时代，黄河流域受到洪水的严重破坏，禹认真总结了父亲失败的教训，将堵塞之法改为疏导，那时龙门山与吕梁山连在一起，挡住黄河的去路，河水回流造成灾害。禹就用神力把龙门山一劈为二，让河水从中间奔流而下。据说，每年三月江海之鱼齐集于这里，能跳上去的即可化为龙，故禹劈之门又称"龙门"；至今芮城有地名大禹渡乡；太原也是大禹治水的主要活动区域，相传系舟山为大禹系舟之石；安邑古称禹都，安邑得名也是为纪念禹治水之功。

我国人民自古以来便有求福寿、昌盛、平安的心态，常用许多美好的言词来祝福别人，这也已经成为我国的一种特有的风俗文化。这种喜好也反映在地名中，"寿""吉""福"等吉祥词语也频繁出现在地名中，借以寄予福寿、昌盛、吉利的良好愿望。如：福建省寿宁县就以"寿""宁"为名，表现了人们对美好生活的向往，是中国的传统风俗文化对美好幸福生活追求的社会反映。

3.3　历史渊源与地名

历史渊源在我国地名的命名中也起着不可忽略的作用，尤其是革命战争时期，人们为了纪念为革命事业、为人民利益牺牲的烈士，以他们的姓名或姓氏作为当地的地名。

例如，孙中山，近代民主革命家，中国国民党创始人，三民主义的倡导者。1925 年，为纪念孙中山，将孙中山的故乡广东香山县更名为中山县。刘志丹，中国工农红军高级将领，西北革命根据地的主要创建人之一，在中阳县三交镇战斗中英勇牺牲。1936 年，中央决定将其家乡陕西省保安县改名为志丹县，以志永久纪念。左权，中国八路军副总参谋长。1942 年 6 月 2 日，左权在辽县十字岭与日寇作战时牺牲，为了纪念他，经晋冀鲁豫抗日政府批准，同年 6 月将辽县更名为左权县。

3.4 宗教与地名

宗教是一种社会文化现象，是一种社会意识形态，它积淀着民族早期祖先的智慧思考，宗教对社会生活的影响很大，对我国的地名也有很大的影响。

中国是一个多宗教的国家，最主要的教派是道教、佛教等。道教发源于中国，已有 1700 多年历史。佛教在中国已有 2000 多年历史。

中国道教崇拜仙人，中国地名中以仙字为地名的比较常见，如浙江的仙居、仙都；有的地名与神仙故事有关，如神女峰、仙人渡。中国地名中还有大量与佛教人物、教义、建筑（寺庙等）有关的地名，如浙江的阿育王山、陕西的和尚塬等。那些人迹罕至、云雾缭绕或终年积雪的大山易于引发想象，人们根据这些想象编造的故事还常常带着宗教色彩，反映着不同的信仰，例如仙霞岭、仙洞林、老君岩等是道教信仰所传的地名，佛山、佛县、佛子岭则与佛教传说有关。

4　山东地名研究

山东是中国东部较为发达的沿海省份，风光秀美，自然资源丰富，拥有 7 处国家重点风景名胜区，同时也是中国古代文化的中心，素有"齐鲁之邦""礼仪之邦""孔孟之乡"的美誉。山东人素来用"一山一水一圣人"概括山东，这里指的是泰山、黄河和孔子，这个概括道出了山东特有的自然地理资源和人文历史文化特征，这些多元化的地理因素同时也表现在山东的地名中。

截止到 2011 年末，山东下辖 17 个地级市、49 个市辖区、31 个县级市、60 个县，共有 8 万多个行政村，地名文化资源十分丰富。按照上文中地名分类的原则笔者对山东的 17 地级市以及 140 个县市行政单位进行了一定地名分类，见表 1。

表1 　　　　　　　　　　山东城市地名命名方式一览表

命名方式		十七地市名	县市个数（140）
自然地理因素	山	泰安、烟台、淄博	23
	水	临沂、德州、菏泽、滨州、济宁	20
	方位	济南	20
	地质地貌		8
	物产	枣庄	8
人文地理因素	民族特性		3
	风俗文化	威海	9
	历史渊源	青岛、莱芜、聊城	19
其他		东营、潍坊、日照	30

4.1 山东省各地级市地名的来源

从表1中，我们可以看出，17个地级市中，有10个市因自然地理因素而命名。因山而命名的城市包括泰安、烟台和淄博，泰安因泰山而得名，取"泰山安四海"之意；烟台因境内有烟台山而命名；淄博因博山与淄河流经境内而命名，在此划分为因山命名，或因水命名。

因水而命名的城市有5个，临沂以临近沂河而得名；德州之名源于安德县，安德县之名源于德水，秦更黄河名为德水，因德水流经县内，故以为名；菏泽因古代济水流经时汇聚而成，向东流出成菏水，以水命名；滨州因"渤海之滨，黄河之州"而命名；济宁因地濒济水而命名，元时又取安宁意，更名为济宁，兼顾文化传统的因素。

因方位而命名的济南因在济水之南得名。物产命名的枣庄在唐宋时期形成村落，因多枣树而得名。

因人文地理因素而命名的城市有4个。威海市因风俗文化得名，明洪武三十一年（1398年），取"威震东海"之意，表达了当地人民希望能抵御外来侵扰的美好意愿。由于历史渊源命名的城市包括青岛、莱芜和聊城。青岛因古代渔村青岛得名；莱芜在齐灵公十五年（公元前567年），齐灵公灭莱子国，部分莱民流落于今淄川西南一带，因此地荒芜故名；聊城市因史称聊摄国故名。

此外，还有3个城市是由于地理因素之外的其他因素命名的，如东营市因市辖东营区取名；潍坊取潍城、坊子首字命名；日照以日出初光先照而得名。

4.2 山东各县市命名由来

山东省的 140 个县市行政单位中，有 56.4% 城市因自然地理因素而命名。在自然地理因素中依山命名的城市最多，可以占到自然地理因素的 29.1%，这与山东境内的名山众多有关，如泰山区内的"泰山"、崂山区的"崂山"、福山区的"福山"、文登市因"文登山"得名、五莲县因境内五莲山而得名等；因水得名的城市占到自然地理因素的 25.3%，如胶州市因境内有胶水而得名、淄川区因淄河流经境内而得名、河口区因建区时境域仍有黄河入海口而得名、微山县因境内微山湖而得名等；因方位命名的城市也占 25.3%，济阳县因其地处济水之北得名、莱阳市因地处莱山（今旌旗山）之阳得名、沂河东岸的河东区等；因地质地貌命名的代表城市是因处牟山之阳平川地而得名牟平区、因周围地形平坦而得名的平原县等；因物产得名的代表城市是牡丹区、钢城区等。

山东省境内 22.1% 的县市级城市地名因人文地理因素命名，其中 61% 是因为历史渊源。如薛城区在春秋战国时期，田文治薛期间大规模筑城，得名薛城；寿光因闾邱长老向齐宣王乞寿的故事而得名；邹平县因在西汉以前，夏封舜后姚姓为邹侯而命名等。29% 因传统文化得名，如乐陵市中的乐则取"四民用足，国乃安乐之义也"；庆云县因"卿云，古以为祥瑞之气，取其意，且卿通庆，故取名庆云"等。仅有个别城市因为民族特性命名，这是因为我省少数民族人数比例明显低于全国。

此外还有部分县市级行政单位因为非地理因素命名。如垦利县因原有垦区和利津洼两个名称，取其首字而得名；莱城区是 1992 年 11 月因县级莱芜市升为地级市而设立的县级区等。

4.3 山东省地名与广东省地名比较

由于地域性特点在地名命名中的作用，不同的省域由于区位、历史基础和自然地理条件的差异在地名特点上也存在较大不同。本文选择广东省和山东省作比较，是因为两省在国民经济总产值、人口总量、双核心城市等方面具有一定的相似性。但在地理环境、开放程度等方面差异较大。通过比较更易于反映相关要素在地名由来中的作用规律。

通过比较分析，两省的相同点：第一是以自然地理因素命名的占多数，广东省县市的命名方式统计中，以自然地理因素命名的比例占 43.1%，山东省的比例为 56.4%，这是因为以自然地理因素命名不但符合相应城市地理环境特点而且留存时间长久，具有稳定性；第二是以人文地理因素命名的城市比例差不多，广东省和山东省以人文地理因素命名的城市占比例分别是 24.8%、22.1%、这主要是因为各个地区虽然具有不同的历史和文化，但是这些人文特征对地名的影响作用都是一定的，也映射出人文特征在不同地区地名文化中都是不可磨灭的一部分。

不同点主要是地理因素和非地理因素所占的比例有一定差异，非地理因素广东和山东分别为 32.1%、21.5%。山东省地名的地域性明显比广东省高，这与南北方人们的生活特性是分不开的，北方人较传统，地理因素作为传统因素得到人们较高认可；此外还由于广东省自 80 年代就开始实施改革开放政策，经济和社会的开放程度比较高，这种开放性同时带来更多的非地理因素影响着地名文化。

5 结语

地名就是一部编年史，记录着城市的过去、现在以及未来，直观地展现其文化传承、文脉延续和文明进程。我们不应忽视城市地名的价值与意义，应当认真地从各种角度挖掘、整理、揭示地名的演变和内涵，地名的地域性是地名研究中非常重要的组成部分，研究地理因素在地名中的应用让我们更清楚、更直接地了解各个区域的地域特色。

地名的地域性可以分为两类，自然地理因素与人文地理因素，自然地理因素大体囊括山、水、方位、地形地貌以及物产，人文地理因素大体包括民族特性、风俗文化、历史渊源和宗教等。影响地名的因素有很多，但是地理方面的因素绝对是不可忽视的一部分，我国有学者曾对我国 661 个城市的地名来源以及地域差异进了详细的研究（见表 2）。从表 2 中，我们可以看出，地理因素命名的城市有 268 个，占所调查城市数量的 40%，地理因素是地名来源的重要因素。因此，地名的地域性研究是地名这部编年史的一个必然要求。

表 2　　　　　　　　　　　中国城市命名方式及其区域差异

区域名称 城市数量·命名方式	地理因素	混合因素	非地理因素	不明因素	备注
河北	10	8	17		含北京、天津
山西	7	7	7		
内蒙古	7	5	4	2	
辽宁	15	10	4		
吉林	17	4	5		
黑龙江	11	2	11	5	
江苏	14	16	9	1	含上海
浙江	9	11	8	5	
安徽	10	4	4	2	
福建	13	4	5		
江西	4	4	9	2	
山东	20	9	13	4	
河南	14	5	16	1	
湖北	13	6	13	1	
湖南	16	6	6	1	
广东	26	9	16		
广西	5	3	4	4	
海南	4	0	1	1	
四川	20	7	7	1	
云南	4	2	9		
贵州	3	0	7	1	
西藏	0	0	2		
陕西	7	4	2		
甘肃	6	2	5		
青海	0	0	1	2	
宁夏	2	1	0	1	
新疆	5	6	6		
香港	0	1	0		

续表

城市数量 命名方式 区域名称	地理因素	混合因素	非地理因素	不明因素	备注
澳门	1	0	0		
台湾	5	1	1		
总计	268	137	192	34	

资料来源：韩延星《中国城市地名研究》，1996 年。

参考文献：

[1] 褚亚平,尹钧科,孙冬虎.地名学基础教程[M].北京测绘出版社,2009.

[2] 华林甫.中国地名史话(插图本)[M].齐鲁书社,2006.

[3] 中国百科网

[4] 邓慧蓉.中国地名和文化关系[D].哈尔:黑龙江大学汉语言文字学专业,2001.

[5] 牛汝辰.中国地名文化[M].北京:中国华侨出版社,1993.

[6] 华林甫.论郦道元《水经注》的地名学贡献[J].地理研究,1998,17(2):193～200.

[7] 华林甫.中国地名学史考论[M].北京:社会科学文献出版社,2002.

[8] 华林甫.中国地名学源流[M].长沙:湖南人民出版社,2002.

[9] 刘美娟.中西地名命名及文化意蕴比较[J].浙江社会科学,2010,(9):104～109.

[10] 管彦波.地名与民族的地理分布[J].贵州师范大学学报(社会科学版),2007,(3):13～19.

[11] 韩建业.青海民族语地名的语言结构特征[J].青海民族学院学报,1999,(4).

[12] 何巍.新疆地名中的地域文化浅析[J].西安社会科学,2010,(8):105～106.

[13] 联合国教科文组织.全球教育发展的研究热点[R].赵中建选编,1999,(1).

[14] 刘美娟.中西地名命名及文化意蕴比较[J].浙江社会科学,2010,(9):104～109.

[15] 中国艺术研究院音乐研究所.中国音乐词典[M].北京:人民音乐出版社,1985,(67).

[16] 司徒尚纪.广东地名的历史地理研究[J].中国历史地理论丛,1992,(1):26～27.

[17] 韩延星.中国城市地名研究[D].兰州大学硕士论文,1996.

（作者单位:山东师范大学人口、资源与环境学院。任建兰为该院教授、博士生导师）

浅谈历史地名文化的保护与开发

刘大可

摘 要 历史悠久的地名，具有深厚的历史文化、独特的地理文化和质朴的乡土文化内涵，是民族文化遗产。现代化建设过程中出现了有碍文化传承的地名变动和消失的现象，应引起人们的重视。为此，需进一步做好地名规划工作、地名数据库的开发与利用、挖掘与弘扬历史地名文化内涵，延续地名历史文脉。

关键词 历史地名；文化内涵；保护与开发

地名是代表地理实体的一种语言符号，是人们在相互交流中为了识别周围环境对位于地表特定位置上的地方所赋予的名称，有着丰富的历史、地理、语言、经济、民族、社会等科学内涵和本身的文化认同性与延续性。特别是历史悠久的地名，具有深厚的历史文化、独特的地理文化和质朴的乡土文化内涵，是民族文化遗产。在众多的地名中往往折射出中华民族传统的社会心理、传统价值观念、伦理道德精神等人们所共有的社会心态，这种社会心态实际上是中华民族传统文化的一种反映。人们在开拓生存空间和进行社会交流的过程中，在一定的文化背景下，不断为环境中的地理实体命名，进而形成约定俗成的命名规则、习惯用法，具有凝固性、稳定性的特征，承载着历史社会变迁的信息。地名中潜存着一种凝聚力、亲和力，它是一个区域的文化代号，地域文化的载体，有待于人们不断认识其重要性并发挥其功能。

地名作为历史文化的活化石，充分显现出特定地域自然和人文条件的特质。山东历史文化悠久，留下了丰富多彩、数量众多的历史地名，而这些地名与齐鲁地理文化、齐鲁历史文化、齐鲁居民生活、齐鲁方言文化等方面密切相关，反映了地域文化的流变。

在历史演变的过程中，的确有大量地名出现了变异，传统社会多是由于朝代更替、战火频仍、异族入侵、人口迁徙、经济扩展等原因，存在历史必然性，同时也留下无数内涵丰富的历史事实，为我们研究认识古地名提供了佐证。而当前现代化建设迅猛发展下地名变动甚至大量消失，则存在着可以避免的人为原因，如建设规划与地名规划脱节、文化观念缺失、主政官员随意、传统文化与外来文化冲突、物质生活崇拜、决策非科学化、城乡建设失序等。据称，2004年济南市地名协会统计的济南500条老街巷中已经有168条消失，这些名字也相应消失。截至2015年，据不完全统计，济南已有200余条老街巷的名字消失。目前烟台市一年有90个老地名消失。2009年临沂首届地名文化展中也提到一些老地名遭到了毁灭性破坏，老地名消失。目前地名消失的态势一般而言呈现出城市快于农村、历史文化名城快于一般城市、大城市快于中小城市，并且势头并未得到有效遏制。对此，各级政府主管部门已采取措施加以解决，社会各界人士积极呼吁，从弘扬中国优秀传统文化、构建和谐社会、促进城镇协调发展的目标出发，加强历史地名的保护，进一步提升地名文化的功效，以适应现代化、城市化日趋深入演进的需要。

综合当前已有的做法，从继承与创新的高度，保护与开发好历史地名文化仍需加强以下工作：

第一，做好地名规划工作，按时出台各地在充分调研、专家论证、相关部门审察基础上的规划方案。首先做到尊重历史事实，尊崇习俗，积极传承历史形成的有丰富文化内涵的地理名称；遵循国家地名管理法规关于地名标准化的要求，做到规范、标准化；注重创新，着力提高地名文化品位，满足当今社会各界对地名信息的迫切需求；体现地名规划与区域建设规划相匹配，地名规划以建设规划目标为依据，坚持地名命名更名的规划方案与建设规划同步进行。每地均有一批热爱桑梓、倾心地方文化的热心人士，应当由其充当普及区域文化、推广当地历史的引导者。

第二，地名数据库的开发与利用。建立全国、省、市、县四级地名数据库，是民政部2003年初在《关于建立国家地名数据库有关问题的通知》中提出的，

2005 年民政部启动地名公共服务工程，目标为建设四级国家地名数据库和依托地名数据库开展地名信息化服务。其中之一采集工作，要求根据《国家地名数据库管理系统》设置的数据项，按照以区划、地名、界线信息为重点，区别轻重缓急的原则，采取集中与分散相结合、外调与内访相结合的方法，采集或补充采集数据库的数据。当前中国社会正处于工业化、城镇化的快速发展时期，城市数量逐步增多，城市建设规模逐渐扩大，新生地名大量涌现，现有地名变更频繁。这就需要在数据的调查、收集与核实，特别是数据的动态维护方面持续做好扎实的工作，一方面对已消失的具有丰富内涵的老地名进行梳理、汇集，以备"移植"或设立纪念标识使用；另一方面对行政区内历史悠久、传统文化厚重的地名进行搜集、考证，保护好这些历史轨迹，形成彰显区域特征的文化景观。

第三，唤起社会保护地名文化意识，延续地名历史文脉，发展人类文明成果。历史地名文化的继承与发展，离不开挖掘与弘扬。一是遵循"任何地方命名、更名都应通过专家的严格论证"的要求，在地名学会中设立由文化、历史、地理等相关人士组成的地名审核机构，对新的地名进行讨论与审查，提供专业咨询意见；二是举办地名文化论坛，不断丰富论坛内容，广泛吸收公众意见，提高民众地名保护意识。济南、临沂等地曾举办了地名文化论坛，取得了良好的效果，今后可以进行跨区域、同类型城市的交流，使历史地名文化资源得到广泛利用；三是保护老地名，唤回城市记忆，实施"移植"型保护，或设立纪念性标识。对历史内涵丰富的老地名进行逐条梳理并收集资料，会同文化、规划等部门的专家进行鉴定，报有关部门批准并向社会公布，并设置统一的标志牌，标明名称、历史演变过程、社会文化价值、成名废名年限等内容。对已经消失的老地名重新启用或移植使用老地名，可将它们移植成为新建的公共建筑物、居民区的名称，从而使那些历史悠久、文化底蕴丰厚的老地名得以保留。历史文化名城尤应率先实施。四是要处理好历史地名保护与命名更名的关系，提升新生地名的文化内涵，传续于城市文脉之中，突出区域的独特性，在继承优秀传统地名文化的基础上，促进地名文化繁荣发展。既要保留地域的历史轨迹，又要形成新的文化景观，达到更新中贯穿保护、保护中融入更新的目标。

（作者为省社科院历史研究所研究员）

地名文化遗产
——守望与践行

阎锡广

历史悠久、蕴藏丰富文化内涵、有浓郁地域特色的地名是宝贵的民族文化遗产，是研究一个地方人文历史的化石。加强对这类传统地名和现用地名的保护，是保持地名稳定、延续地名历史文脉的重要举措。这应当成为我们当代人义不容辞的责任。对地名文化遗产的保护若只有守望便多了一些无奈，更为迫切的是践行。

一、 地名文化遗产保护面临的现实背景

自20世纪80年代，地名工作作为社会行政管理的一项基础性工作步入正规化管理的同时，也是伴随着我们国家全面改革开放带来的前所未有的城市开发建设的大发展时期。当大规模的推进城市化和加速城市现代化过程中的旧城改造在一些地方特别是在历史文化名城，演变成为大拆大建的高潮时，延续传承上百年乃至上千年的古城风貌，随着一些老建筑、老街巷被永久性地毁坏、拆除化为乌有，那些承载着城市厚重人文历史内涵的老地名被牵连着群体性地消失。一批在旧城废墟上新建的高楼、宽路、大广场上出现了诸如"罗马大道""荷兰庄园""莱茵小镇"等缺乏文化认知的名称，让人仿佛有一种曾被殖民的感觉。据报道：在当下中国有655个城市正在走向世界，183个城市要建国际大都市，人们真切地感到了在城市化、现代化、国际化的道路上，我们的城市有着史无前例的热情和改天换地的气势。但也应当看到，在城市化和城市现代化推进过程中，也确实存在着忽视城市文化历史传承和建设的严重问题，城市文化遗产在旧城改造的大拆大建中遭到不同程度毁坏，独有的城市文化特色出现缺失。二十一世纪是城市的世纪，未来40年是我国城市化、城市现代化比以往任何时候都更加快速发展

的时期。另外，城镇化和新农村建设也随着城市化的推进驶入了开发建设的快车道。在已经走过的城市建设发展三十年的现实提醒我们，有悠久历史文化传统的城市文化、村落文化以及承载着城市历史、农村历史文脉的地名文化将要面临着又一轮的冲击。如何在这样特殊历史背景下唤起全社会对地名文化的认知和保护意识，加大对地名文化遗产的保护，延续地名的历史文脉，让自己的城市在城市现代化的进程中传承发扬独有的城市历史文化传统特色与品格，确实应当引起我们认真反思和严肃对待。

二、 地名文化遗产保护的基本情况

在这样的一个历史背景下济南市地名协会成立于 2003 年。几年来，协会围绕宣传和保护地名文化开展了以下几项活动：

（一） 市民喜爱的老街老巷评选系列活动

为广泛宣传地名文化，提高全社会对地名文化的认知度。协会成立后的第一个活动，就是在 2004 年 10 月配合纪念济南自开商埠 100 周年，与市文明办、市民政局、济南报业集团及房地产公司联合发起，在全市开展了历时一个多月的"市民喜爱的老街老巷"评选活动。这项活动以济南时报 32 个版面制作的"济南老街老巷"特刊拉开了序幕。省城的各类媒体也同时刊登活动消息，200 多家网站同时转载了活动消息。一时间，身边的老街老巷成为泉城市民街谈巷议的热点。在一个多月的时间里，市民们通过电话、邮件、网络甚至亲自送达等踊跃参加评选活动，表现出了极大的热情。整个活动收到市民选票 21000 多张。我们又通过专家对市民在 300 多条街巷中选出的 35 条老街巷进行评审，确定了其中 20 条为市民喜爱的老街老巷。随后济南时报以"老街经典"为题再次发专刊用 12 个整版的篇幅刊登了 12 位专家对评选出的 20 条街巷权威点评文章，并对投票相对集中的其他 15 条街巷的历史沿革和乡土民俗进行了权威解释。济南日报也以文化专刊形式整版面阐释了老街巷的人文历史价值。最后，协会还特别在已经消失的"东流水街""五三街"的遗址上立石刻碑，供市民观瞻。今天，五龙潭公园里的东流水街遗址上那块两平方米大的自然化石上，篆刻着我市已故著名学者徐北文先生撰书的"东流水街记"，它已经成为我们济南的一处新的人文景观，人们通过阅读化石上的碑文，便可了解这条千年老街的人文历史演变过程。评选活动结束后，协会又邀请两位媒体专栏作者撰写出版了 12 万字的《济南老街老巷》，这本书目前又再版发行，成为专门宣传济南地名文化的佳作。由于在整个活动中山东电视台、济南时报等媒体进行了全程跟踪报道，持续一个多月的活动在全市热度不减，活动结束后仍余温犹存，时时勾起泉城市民对老街老巷点点滴滴的温馨回忆。"市民喜爱的老街老巷"评选系列活动，让与市民生活息息相关，但又普遍比较陌生的地名文化第一次进入普通市民的视野，引起了政府领导、相关部门和市民百姓等的关注。作为一次比较成功的地名知识、地名文化宣传和普及活动，它为我们今后的地名文化保护和建设奠定了不可或缺的社会舆论基础和广泛的群众基础。

（二） 最具文化遗产价值的老地名海选系列活动

为推动地名文化遗产保护工作，2007 年 5 月，地名协会又联合市委宣传部、市政协文史委和媒体开展了为期三个月的"济南最具文化遗产价值的老地名海选"活动。这次活动有近 2 万人次通过各种方式在全市范围内的一万多个地名中，按照古政区、古聚落、古建筑、古山川、古坊店五个类别，初步海选出 3154 个老地名，在此基础上，协会又组织专家按照历史久远、个性鲜明、知名度高、蕴含丰富的标准进行论证，评定出其中 30 个老地名，作为济南最具文化遗产价值的老地名。为配合纪念济南解放 60 周年，2008 年，协会通过协调省、市档案、图书等相关单位提供、向社会征集和组织艺术家实地采风创作多种形式，收集各类反映这些老地名的图片资料 9000 多张。经过半年多的筹备，与相关单位联合举办了为期十天的"《我们的城市记忆》——济南地名文化展"。有 2 万多人次参观，很多老济南人更是全家老少一起来，现场留言 300 多条。一位署名"泉生"的参观者写下了"你们用一个个地名唤起了我们对泉城的记忆，让我体会到济南地名文化的博大精深，我自豪我是济南人"的留言。展览还应市民要求延长了展期。为进一步扩大影响，我们又从中选出近百张图片出版发行了"《我们的城市记忆》——济南地名画册"，成为永久记录济南最具文化遗产价值的经典地名从远古走来的沧桑和厚重文化积淀的珍藏。为了提高社会各界对保护地名文化遗产的广泛参与热情和增强活动的文化品位，协会还组织开展了"济南地名楹联有奖征集"活动，在征集的963副楹联中有近四成是外省市楹联爱好者。其中，来自美国和香港的两名作者通过电子邮件发来了精心创作20副嵌有济南地名的楹联作品。为发挥最大的宣传效果，协会还多次组织了地名文化展板进校园、进社区、进军营活动，也得到了积极的社会反响。

最具文化遗产价值老地名海选系列活动持续一年多的时间，是继市民喜爱的老街老巷系列活动后又一次产生广泛社会影响的地名文化宣传和普及活动。这些活动在怀旧成为一种普遍社会现象的今天，一定程度上弥补了人们因为与之情感交融的身边的城市文化遗存消失太快而产生的怀旧心理。更为重要的是启发了更多人认识到保护、传承这些城市文化遗存和地名是延续一个历史文化名城的历史文脉。这次海选系列活动把我市的地名文化遗产保护工作从唤起记忆、提高认知引向了更广范围、更深层次的理性思考和实际践行层面，即如何在城市发展和城市文化建设方面有效保护和传承地名文化遗产。

（三） 积极参与探索建立地名命名、 更名的民主参与科学决策机制

2006年济南市先后改造完成了拓宽并向两头延伸贯通市区东西走向的经十路和南北走向纬二路。在追求"之最"的观念影响下，经十路更名命名的结果是造就了国内市政道路95.3公里，号称百里大道之最的大经十路（经十东路—经十路—经十西路）。该条道路西接长清、东连章丘沿途设置门牌超过2万多号，给单位工作、市民生活和社会管理带来诸多不便，至今还遗留悬而未决的问题，也成为当时热议的话题。由四段路名贯通起来的纬二路如何更名、命名？为此，市民政局委托地名协会组织召集了由城建、公安等相关部门、人大代表、沿途单位及协会专家成员参加的纬二路更名、命名专题讨论会，协会根据会议讨论情况提出了尊重历史、方便群众、保留原名、新开路段命新名的意见。接着市民政局又通过媒体向社会公布了保留原名和变更路名的两个方案，在省城的各个媒体以"南北交通大动脉如何命名"为题发布消息，广泛征求社会各界意见和建议。10天时间收到市民意见和建议471条。有7成多市民赞成沿用老地名。市民政局向市政府全面汇报专家论证会意见和征求市民意见情况并依此提出了保留原名和向

社会征集新开路段路名的命名方案。市政府主要领导在上报方案的批示中充分肯定了"专家论证、媒体公布、市民选择和多数意见为准"的做法并提出这种科学民主的命名办法要确定下来，形成制度，坚持下去。改造后的纬二路更名、命名的最终结果是保留了承载着我市城市建设发展与变迁的近 80 年历史沿革的济泺路、58 年历史的天成路和近 30 年历史的英雄山路以及延续了百年历史的纬二路和通过社会征集、专家论证和上报审批程序正式命名"望岳路"为新开路段道路名称。纬二路更名、命名过程的深远意义是纠正了在地名命名、更名中少数人以个人喜好随意拍板的做法，为地名管理工作探索出了可行、可操作的科学民主的地名命名、更名新机制。

尝试用这个命名、更名机制，几年来由协会组织或参与了我市的"为无名道路征名"活动，"为护城河四座无名桥征名"活动，"我给无名泉征名"活动，"为奥体中心片区新建道路征名"等一系列征名、命名、更名活动。每次活动都吸引了大批地名文化爱好者和市民的广泛地参与，每次活动都广泛宣传普及了地名文化知识和地名工作法律法规，培育了浓厚的地名文化意识和地名文化遗产保护的群众基础。新命名、更名的地名，由于有了前期的宣传，也很快被社会接受，融入市民生活中。几年来，在我市新命名的地名中即有体现舜耕历下的独有地域历史特色的舜文化地名群，也有体现齐鲁文化特色的文博地名群、大学园区地名群和体现时代风尚的奥运片区地名群。彰显了我市独特的城市文化品格，极大地丰富了我市地名文化资源。

（四）围绕城市开发建设重点，开展地名文化遗产保护活动

在我们济南，20 世纪 80 年代地名普查、整理出的 560 个老街巷地名中到 21 世纪初就消失了 168 个。2007 年，我市决定在三年内完成 38 个棚户区的旧城改造项目，拆迁建筑面积达到 196 万平方米，涉及 3 万多户近 10 万居民。当年就有发祥巷等 12 个棚户区启动拆迁改造工程。与其同时也涉及 100 多个老街巷名称的变与留。这就让我们越发感到保留那些体现我市人文历史风貌的具有文化遗产价值的老街巷地名的紧迫性。于是协会又与山东商报联合推出了《老街名的变与留》专题互动栏目，历时一个多月，连续刊登了十五期拆迁改造区域内有文化遗产价值的街巷名的历史沿革与民俗传说和棚户区市民对老街巷的情感追思与人生

回忆，以及专家学者关于地名变与留的意见、建议和地名管理法规等内容的跟踪报道文章。这次专题互动活动为尽可能地保留和比较好地处理旧城改造中一些具有文化遗产价值老地名的移植沿用，保护传承老街巷地名起到了积极的促进作用，如棚户区改造的第一个试点工程发祥巷小区项目就保留了发祥巷这个记载开埠历史的老地名，特别在改造中成功挪移保存了百年老店宏济堂西店的老建筑。发祥巷小区项目老街名的移植沿用和老建筑的保存，为我们济南延续传承并丰富了这一街区特有的人文历史内涵。另外，协会通过积极参与地名规划方案的编制论证工作，让地名文化保护工作前移，争取地名文化保护的主动权。几年来，协会参与了《济南市地名规划总体方案》《济南高新区地名规划方案》《济南市主干路命名规划方案》以及唐冶区块、华山区块、西客站区块等道路名称详细规划的编制和论证工作。在协会参加的地名规划方案论证和城市开发建设的新区片道路名称详细规划中，都提出了地名规划编制中增加具有文化遗产价值老地名保护的意见和建议，以期切实保护好、传承好和开发使用好地名文化遗产。这些意见和建议的采纳也一定会对济南市地名文化遗产保护起到积极的促进作用。

三、 对地名文化遗产保护的体会与思考

地名协会作为一个民间社团，在这几年里协助和配合地名管理部门开展了一些宣传地名文化、保护地名文化遗产的活动，为我市荣获全国地名文化遗产保护工程先进单位称号作出了自己的贡献。这除了有市民政局的大力支持和上级地名管理部门单位的精心指导外，协会在日常活动中首先是努力把协会建成一个地名文化研究活动的沙龙和平台。地名协会成员除了有与地名工作相关的部门单位成员外，我们广泛邀请了科研院校、主流媒体、开发建设单位以及活跃在民间的那些颇有建树的学者、专家、专栏记者、民俗与乡邦文化爱好者等各方面人士组成协会的专家队伍。共同的兴趣爱好和广泛的社会基础使我们有效地整合了地名文化保护的社会力量。其次是紧密结合经济社会发展和城市建设中心，配合地名工作的重点、热点、难点，坚持经常性地开展地名文化活动。既有务虚的地名文化研究，也有务实的地名命名、更名论证，比较好地发挥了协会的参谋、助手和桥

梁作用。另外，坚持协会活动与媒体的密切联动。协会每次组织活动都积极争取媒体的支持，通过媒体介入让地名文化成为媒体的新闻点，引起广泛的社会关注和互动，在社会上形成了持久的地名文化宣传舆论氛围，进一步提高和增强了全社会对地名工作和地名文化遗产的认知和自觉保护意识。

客观地讲，目前地名文化遗产保护工作还很弱势，也比较被动。尤其是整个社会都对城市化、城市现代化的推进速度严重地估计不足。当我们还未整理或者正在整理和提出地名文化遗产保护意见的时候，一些具有文化遗产价值的老地名已经伴随着与之承载的老街巷、老建筑的永久消失而消失了，因此，我们认为：

第一，应当抓紧提出地名文化遗产保护目录。在地名总体规划方案的编制中，明确那些具有文化遗产价值的老地名必须予以保护。同时，关注农村城镇化和新农村建设的推进速度，提前介入和提出具有文化遗产价值，反映农耕文明、村落文化的古村、古镇老地名的保护计划。让我们在保护地名文化遗产方面少些遗憾。

第二，完善地名命名、更名的社会征集、专家论证、程序报批的民主参与科学决策的工作运行机制。让这一机制转化为制度，是地名命名、更名工作遵循规律、坚持原则、规范管理、推进标准化和避免地名命名、更名中随意性、长官意志和不健康文化倾向的制度性保证，也是坚持地名稳定，慎重命名、更名原则和加强地名文化遗产保护的有效途径。

第三，加强地名文化遗产的保护研究与开发利用。对有文化遗产价值的老地名进行评价、记录和立志写传。这也包括对那些已经消失了的具有文化遗存价值的老地名的挖掘整理和立志写传，弘扬传承那些延续城市历史文脉的优秀地名文化遗产，以优秀的传统地名文化充实和丰富城市文化内涵，促进城市现代化的全面发展。特别是应结合农村城镇化建设和新农村建设，尽快进行农村地区具有文化遗产价值的古村、镇老地名的调查评价和保护开发利用课题研究。正确处理好传承保护与开发利用的关系，让地名文化遗产在新农村建设中发挥积极的促进作用。

（作者为济南市地名协会副秘书长）

济南地名文化个性简说

荣　斌

城市地名，是折射一个城市文化个性的重要元素。

济南无疑是一个有文化个性的城市，所以，关于济南的地名，也有说不完的话题。本文仅撷取三四，略说如下：

济南地名种类繁多，异彩纷呈。济南市新编《济南城市地名总体规划》（待定稿）中，将济南城市地名按形成体系，归纳为三大类计 17 种，这多姿多彩的济南地名，既体现了中国城市地名的一些文化共性，也体现了明显的济南文化个性。济南地名的文化个性至少体现在以下几点：

一、 有关济南地名的文字记载出现较早

迄今发现的关于济南地区地名的文字记载，最早的是甲骨文"濼"字，距今约 3550 年。清代末年我国发现甲骨文后不久，1915 年著名学者罗振玉先生就撰文指出，甲骨文中的"濼"字，就是《左传》上所记载的"公会齐侯于泺"（《左传·桓公十八年》）的"泺"（见罗振玉《殷墟书契考释》）。2002 年，山东大学教授王恩田先生又撰文指出，刻有"濼"字的甲板是帝乙、帝辛（纣）时期的一则卜辞。泺，是商纣王的军队征伐东夷时所经过的一个地方，即趵突泉。也有的专家认为，泺，指的是泺水，还有人认为是指泺邑。我个人更倾向泺水说。趵突泉是泺水的源头毫无疑问，但不能说"泺"就是趵突泉。源于趵突泉的泺水，是自南向北流去的一条河。泺水最终汇入济水（即后来的大清河、黄河），二水交汇处即"泺口"（地名至今尚存，为济南名镇），古人还曾在泺口筑有"泺上台"。

明代修筑济南府城墙时，西城墙就是沿泺水修筑的，并且将泺水作为西护城

河，西城门则取名为"泺源门"。

我们的先人为什么要将源于趵突泉的这条河称为"泺水"呢？有专家推测，可能跟大舜的传说有关。

殷墟甲骨文中的"泺"字

甲骨文的"泺"字，是由"樂"与"川"合成的。"川"即水（后来衍变为汉字的三点水），古"樂"字原是上"丝"下"木"结构（甲骨文中的"樂"字有点是上面三把"丝"，也有的是两把"丝"），会意"琴"，代指音乐。人们把这条河使用了"樂"与"川"合成的一个字来命名，正是因为这条河与音乐密切相关。由此，人们自然想到了曾经生活在这条河边的大舜。

大舜是中国古代著名的圣君，他精通音乐，传说他弹的琴曲能感动大象，能引来凤凰。他还十分注重以音乐来教化百姓，创作了动听的《韶乐》（若干年后，孔子听到了《韶乐》，竟"三月不知肉味"）。有专家认为，正是因为大舜经常在这条河边操琴鼓瑟，所以这条河才被命名为"泺"的。这一推论，不无道理。

据甲骨文专家考证，在我国出土的10万块甲骨中，出现的地名文字仅1000个左右，而且大多集中在黄河中下游流域和长江中下游流域。可见，在国内省会城市中，早在甲骨文时期就有地名记载的，不会很多。济南有幸作为其中之一，在3350年前就有了地名文字记载，是十分难得的。

1991年，济南市为适应城市发展需要，将从杆石桥至历山路、和平路口的8条老街、巷（西青龙街、趵突泉前街、正觉寺街、东舍房街等）扩建为一条东西通衢，扩建后的新路即定名为"泺源大街"。

二、 具有明显的舜文化印痕

济南千佛山（历山）下，曾是传说中的大舜躬耕之地，也是大舜由东夷部落领袖成长为一代圣君的发祥地。对此，史书中有明确的记载——"舜耕于历山之下""舜发于畎亩之中"。时下许多地方都在争大舜，称大舜是自己的"家乡人"。我认为，在目前关于大舜里籍的文献资料和考古资料尚不完备的情况下，济南不必过早地认定大舜就是济南人。但济南是大舜事业的发祥地，是毫无疑义的。也正是为此，自古以来，济南人就以大舜曾在这里创造过事业的辉煌而无比自豪。所以，济南地名与舜文化相关的极多。这主要体现在济南的许多地名都与历山和大舜相关：

早在战国时期，济南就因位于历山之下而称"历下邑"，据司马迁《史记》记载，公元前 225 年，"秦灭魏，秦兵次于历下。"这里所说的"历下"的概念，不是指"历山之下"，而是一个行政区划名称，即"历下邑"。此后，"历下"就成了济南的代称。新中国成立后，还特地将位于济南老城区的一个行政区命名为"历下区"。

济南人将千佛山（历山）也称为"舜耕山"；将跟大舜传说有关的舜泉（一名舜井）列为"七十二名泉"之一。济南不但在千佛山和老城内都建有"舜祠"，还在趵突泉边建了纪念大舜两个妃子娥皇、女英的"娥英祠"，将源于趵突泉的一条小溪取名为"娥英水"。

济南不仅城外有历山，还将老城内东南部一块露出地面不高的石头也称之为"历山"，并且由此派生出了一条"历山顶街"。同时又将此"历山"与大明湖南岸的"灰山"、府学文庙旁边的"铁牛山"并称，衍生出了济南"三山不见出高官"的掌故（注：这一掌故中所说的"高官"，是民间对"名士"的一种俗称）。

也是因为有了历山，济南大明湖畔的一座客亭便得了"历下亭"之名（原亭在今五龙潭附近）。公元 745 年，大诗人杜甫在历下亭陪北海太守李邕宴饮时，还写下了"海右此亭古，济南名士多"的著名诗句。

据 2006 年资料统计，济南市以"舜"字取名的街道办事处、社区居委会，有 12 个，如舜玉路街道办事处、舜园社区居委会、舜雅社区居委会等；以"舜"

字取名的居民小区有 9 个，如舜华园、舜怡佳园、舜清苑等；以"舜"取名的街道有 7 条，如舜耕路、舜德路、舜世路等。

济南人在地名上的这种崇舜情结，正是舜文化在济南根深蒂固、源远流长的一种表现。

三、 突出了济南的 "泉城" 特征

济南是享誉中外的"泉城"。据 2004 年济南市公布的泉水普查报告，济南辖区内共有十大泉群，泉子 733 处（仅老城区几平方公里的地方，就有四大泉群，100 多个泉子）。不过，济南之所以得享"泉城"之誉，并不仅仅是因为泉子多。更重要的还是因为济南的泉水具有亲民性格。济南这座城市的形成，是先民择泉而居的结果。泉水与济南市民的日常生活息息相关，亲密无间。济南老城之中众泉密布，泉水就在市民的门前屋后，甚至就在庭院之中。济南老百姓抬眼可睹泉容，伸手可掬泉水；他们可以尽情享受泉水——这种享受不只是一种感官的享受（像我们今天在公园看泉那样），而且包括日常生活中的使用。对济南这种独特的城市风情，刘鹗《老残游记》用八个字做了极好的概括，那就是"家家泉水，户户垂杨"。

国内泉水多的城市不止济南一个（例如省会城市有青海的西宁、地级市有云南的丽江，县级市有甘肃的舟曲），有名泉的城市也不止济南一个（如杭州的马跑泉、无锡的惠泉、太原的难老泉、大理的蝴蝶泉、敦煌的月牙泉等，其知名度都不亚于济南趵突泉），但国内具有"家家泉水，户户垂杨"城市风貌的，只有济南一个；整个城市老百姓的日常生活跟泉水密切相关的，只有济南一个。

理所当然地，济南人在命名地名时，会充分表达自己的这种恋泉情结。

不妨先看数字：据 2006 年资料统计，济南市因泉而得名的街道就有 20 多条，如芙蓉街、趵突泉南路、趵突泉北路、黑虎泉西路、黑虎泉北路、浆水泉路、玉环泉街、王府池子街、濂泉胡同、平泉胡同等。以"泉"字取名的新建居住区就有 12 个，如趵突泉小区、泉景四季花园、泉星小区、泉印兰亭等等，随着城市的发展，估计今后还会陆续增加一些。

1965 年，根据城市发展的需要，济南市将老城内从西门桥到青龙桥之间的 11 条街巷（西门月城街、西门大街、院西大街、院东大街、府西大街、府东大街等）拆除拓宽，成为老城内的东西主干道。这条新街道后来被命名为"泉城路"，如今它已是济南的"第一金街"了。1999 年建成的济南中心广场，命名为"泉城广场"，矗立于广场中心的高大雕塑，被济南人称之为"泉标"。

总之，泉是济南人的不了情，也是济南地名的不了情。

四、 体现了济南人的文化个性

济南地处古代齐文化和鲁文化的交汇之地，济南人以自己特有的方式，将庄正沉稳的鲁文化和放达奋进的齐文化兼收并蓄，使之相映生辉。于是，济南人自古就形成了崇儒风而尚齐俗的文化个性。济南人不仅淳朴诚信、坚持原则，而且思想活跃，富有创造精神。这种文化个性，本分而不失灵动，规则但绝不呆板。

济南的许多地名，便体现了济南人的这种文化个性。

济南人在起地名时，大多会尊重传统规矩，注重经世致用，很本分地遵循庄正实用的原则。比如街道命名中，许多官府衙署、寺庙祠坛、园林名胜、商业市肆等皆被作为街名，这不仅是为了突出指位性，更是为了对它们表示应有的尊重。由此也可看出济南人起地名是十分"本分"的。但济南人有时也会"突发奇想"，如济南人会把老城内平坦地面上露出的三块石头称之为"山"（即前面提到的历山、灰山、铁牛山），会把一条长不过四五米的小石桥称为"起凤桥"，把一路边不起眼的泉水称为"腾蛟泉"，把一条长不足百米却开有五六家棺材铺的小街称为"升官街"，把一条几十米长的小胡同称为"云彩眼"……这些富有想象力的地名，就体现了济南人文化个性中本分而不失灵动的一面。

济南商埠的街道命名更是典型的一例：

1904 年济南自开商埠，跳出老城实行跨越式发展，在老城西部开辟了以招商引资为主要目的的商埠区（济南的商埠，正是中国近代第一批"经济开发区"）。在招商时，济南人按照租价高低，将商埠分为"福、禄、寿、禧"四个地片，没有简单使用"一、二、三、四"作为等级编号，而是使用了这种极有"中国特色"的编号法。济南商埠街道规划为棋盘型，纵横直交，十分规则。在为街道取名时，济南人吸收了一些西方国家按序号编制街名的做法，但又绝不照搬什么"第几大道""第几街"等，而是从道路纵横直交的特点出发，确定以"经、纬"来定名。可是，在以"经、纬"定名时，济南人又没有沿用国际通用的地球仪经纬线划法，而是遵循了中国民间织布时将长线称为"经"短线称为"纬"的习惯。最初的商埠规划为东西长3公里，南北宽不足1.5公里，于是便将7条东西向的长街从北往南依次编为经一路至经七路，将11条南北向的短街从东往西依次编为纬一路至纬十一路。

国内其他城市也有使用"经、纬"编序法命名街道的（如郑州、沈阳），其他城市使用的都是地球仪的经纬概念。唯独济南人要"别出心裁"。这恰恰反映出了济南人文化个性中规则而绝不呆板的一面。

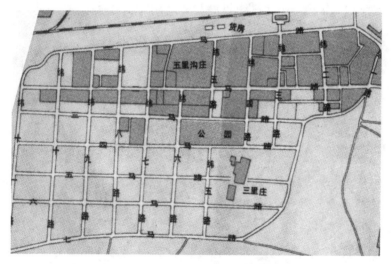

1911年的济南商埠道路地图

总之，济南地名虽然与国内一些城市（尤其是北方城市）相比，具有许多共性，但也有自己明显的个性。而济南这种地名文化的个性，正是一份宝贵的文化遗产，我们应该珍惜它、爱护它、传承它、光大它。

（作者为济南市社科院原副院长）

历史地名保护与社会发展

李 铭

历史地名是指在社会发展过程中逐步形成，具有一定知名度和历史文化积淀的地名，包括人文建筑、街道、里巷和自然地理实体名称中的地名及有丰富文化内涵的现有地名。历史地名反映出一个城市、一个地区乃至一个国家的历史演变过程、文化底蕴和文明程度，是对外展示的窗口，具有传承历史、延续文脉的重大意义。保护历史地名是我们当代人的责任与义务。今天，想与众位专家一起探讨历史地名的保护与社会发展的问题。

一、 历史地名保护的现状

历史地名保存着人们对特定自然、人文环境的特有认识，记录着先民在长期历史进程中形成的价值观和审美理念。祖先为我们留下了众多内涵丰富的历史地名，但我们却没有善待它们、保护好它们。

1. 文化遗产保护意识淡薄，使许多历史地名被更改，甚至消失。地名是随着人们的生产、生活和社会发展产生的，与人们密切接触，息息相关。由于人们对历史地名习以为常，感觉不到它的重要性，不像珍视实体文物那样去重视、爱护历史地名，甚至把历史地名的保护与现代社会的发展看成对立关系，所以随意更改和废止老地名的现象相当普遍。随着社会的快速发展，城市的变迁，很多具有地域特色和文化特色的历史地名消失了。

以济南为例，在 2006 年 5 月举行的济南地名文化遗产保护研讨会上，济南市地名协会曾公布了这样一组数字：从 1991 年以来，随着城市建设的飞跃发展，15 年间，济南市新增地名 700 余条，而老济南原有的 500 多条老街老巷中，已经消失了 168 条。2007 年以来，随着大明湖、馆驿街、五里沟、舜井街、魏家庄、普利门等片区的拆迁改造，消失的历史街巷保守计算也有 50 多条了。

地名是城市发展中历史与现实的纽带，在济南被命名为国家级历史文化名城的过程中，地名起到了十分重要的作用。济南的每一个古老的地名都记载着一段历史，这一段段的历史连起来，就形成一个古老而又文明的济南。地名陈述着城市历史，蕴藏着丰厚文化内涵。地名的消失无形中中断了历史的脉络。

与济南一样，全国其他城市，如北京、上海、广州、苏州、无锡、天津、荆州等，不管是大城市还是中小城市，都面临着历史地名大量消失的局面。例如，广州近 20 年来消失了 2000 多个历史地名。

2. 为保护历史地名采取的措施。近些年来，很多人逐渐意识到地域文化在地方发展中的重要作用，开始重视文化的建设。历史地名作为重要的非物质文化遗产资源，历史文化的重要体现者，越来越引起关注与重视，有些地方还出台专门的保护政策，保护"家底"越来越薄弱的历史地名。

为唤起社会保护地名文化意识，延续地名历史文脉，发展人类文明成果，联合国地名标准化会议提出："地名是民族文化遗产""地名有重要的文化和历史意义，随意改变地名将造成继承文化和历史传统方面的损失"。针对各地存在的"更名热"问题，2007 年 9 月在甘肃兰州召开的全国地名理论暨地名公共服务研讨会也提出，要正确处理保护地名文化与命名更名的关系，对历史悠久的老地名，应深入挖掘，加大保护力度，决不能轻易更改。

这些年来，济南市地名主管部门也在想方设法保护历史地名。2004 年，济南市民政局开展了一项名为"市民喜爱的老街老巷"评选活动。对于仍然存在的芙蓉街等街巷，挂上"市民喜爱的老街老巷"的铜牌；对于已经消失的街巷，分别在原本存在的地方竖立文化石纪念。2008 年 10 月又举办了"我们的城市记忆"大型图片展，向市民展示济南独特的地名文化，引起了巨大的社会反响，提高了人们保护历史地名的责任感，为保护历史地名营造了良好的舆论氛围和社会氛围。

3. 历史地名保护的紧迫性。虽然做出种种努力，但保护的脚步总赶不上历史地名消失的步伐。随着城市化的快速进程，城市中的大量历史地名快速消失，城乡结合部的大量村庄也在快速消失，这是全国存在的普遍现象，无论是大城市还是中小城市，大量的县城也步入历史地名快速消失的行列。究其原因，还是社会对历史地名的重视程度不够，人们对历史地名的社会价值认识不清。

二、 历史地名在社会发展中的作用与意义

地名是历史文化的重要载体。历史地名是老祖宗给我们留下的无形财富，它不是历史的"负担"与"累赘"，而是推动社会发展和进步的可持续动力。留住了地名，就留住了历史，留住了文化，留住了巨大的"财富"。对历史地名加大保护力度，对社会发展将起到至关重要的作用。历史地名不只是对社会，对每一个人都是非常重要的，我们天天都在使用地名，很难想象，如果没有地名，社会将产生怎样的混乱局面。

1. 保护历史地名，不只是保护一条街、一条巷、一座老建筑，更重要的是保护历史、保护传统文化，这是一种文明，是一种传承。人们感情的传承与这种文化的传承，是相辅相依的。一个老地名的背后总是凝聚着几代人的记忆，因为它贴近人们的生活，倾注着人们的情感。在济南市"市民喜爱的老街老巷"评选活动中，"五三街"和"东流水街"两条已经消失的道路就曾以较高得票入选。中国的历史是以文字记载和口传历史相结合的历史，有些地名已经口传上千年，它是寄托感情的表现，是思想情怀的载体。

2. 对城市来说，老地名便是它的记忆之一。作为一个济南人，不管在何地，一提起"济南"，就会感到很振奋，这是一种地名情怀的反映，触及心灵最深处的记忆，是人们感情的寄托和承载。"中国"也是作为一个地名存在，世界华人不管是身处世界各地，一听到中国，都会有一种思乡的情怀。这种情况下，"中国"不只是地名，而是血脉相连的家，是一种感情的寄托。即使远离故土，也能体会到有根有家的感觉。

3. 反映历史事件的地名对整个城市、整个民族和国家，甚至对世界、整个人类都会起到教育、震撼的作用。比如济南的五三街（1978年扩建趵突泉北路南段时拆除，现有五三纪念碑），它记录的是发生在1928年5月3日的济南惨案，日本帝国主义在济南大肆屠杀中国军民及外交官员的血腥事件，又称五三惨案。"五三街"不仅仅是个地名，更是一段历史。历史地名本身对历史的记载与

反映，比拍电影、出书立说、影像记载要强百倍。地名，它是一个国家的历史坐标，能为我们保存和翻开民族的历史。以史为鉴，才能向前发展。它将时刻敲响历史的警钟，激励人们奋发向上，为祖国的强大而奋斗。

4. 古老的地名体现的是一个地方的文化品位和古今风韵，它来源于历史，记述历史，传播历史，具有潜在的凝聚力和亲和力，可为一个地方或城市外塑形象、内铸精神，增光添彩。好的地名，作为一种无形资产，独特的重要性越来越显示出来。地名作为地方的名片，或与优美的风景，或与深厚的文化底蕴相结合，相映成趣，相得益彰，极大地提升了地方的知名度、美誉度，为当地招商引资铺路，对社会经济发展起到巨大的促进作用。

在我们身边就不乏这样的例子。比如，近几年来，红色旅游成为旅游的新热点。像井冈山、西柏坡、韶山冲等红色革命圣地，充分挖掘和利用革命历史文化资源，积极发展与之相关的旅游事业，对当地甚至所在区域的经济发展起到巨大的促进作用，使当地人们的生活得到改善，同时也极大地弘扬了爱国主义和民族精神。

再如平遥、丽江、周庄、凤凰城、成都宽窄巷、新疆吐鲁番和天池等风景名胜区，代表的不只是地名，还反映了当地悠久的文化和意识形态，并把这些深深地烙印在那些山水之间。旅游已成为当地的支柱产业。据平遥县旅游部门统计数字显示，申遗前即1996年平遥古城门票收入仅为82万元，而1997年申遗成功的当年即升为125万元，到2004年高达4760万元。2006年全县旅游总人数达到92万人，门票收入7347万元，旅游综合收入达到6.4亿元。而到2009年，实现门票收入8826.42万元。

再如西安，被称为"十三朝古都"或"十六朝古都"，是我国也是世界上作为都城历史最悠久的城市之一。一提到西安，就会让人想到兵马俑、大雁塔、碑林，还有半坡遗址，那些丰厚的历史文化遗存，吸引着国内外游客纷至沓来，不仅给西安市，甚至对整个陕西省的经济都能起到促进作用。

再如以地名命名的西河遗址、仰韶文化、河姆渡文化、龙山文化等遗址，人们可能不知道所处的具体省市，但对"西河""仰韶""河姆渡""龙山"等地名却不会忘记，因为它们已远远超出地区名字的影响力，这与它们的文化含量是有直接关系的。西河遗址证明了早在九千多年前，济南地区就人类活动。龙山文化的发现地城子崖遗址更被称为中国考古圣地。

再如大辛庄商代遗址，重要的考古发现也使大辛庄这个历史地名大放异彩。特别是甲骨文和青铜器的出土，也使我们重新认识这个地名的历史地位和对社会发展的重要性。因为研究社会进步和文明发展，就必须研究文字的起源和金属器（工具）制作技术。大辛庄发现的甲骨文是继发现殷墟甲骨文 100 年后全国第二次发现甲骨文，对研究中国的文明进步历史具有重要意义。而出土的青铜器，圆形鼎和铜钺的体量均在全国排第二位。可想而知，大辛庄不仅是历史上重要地名，也是现在特别需要重视的历史地名。

在济南重要的考古发现，双乳山汉墓是其中之一。双乳山汉墓是全国很少没有被盗的汉代王墓。像这种地名也应该利用好这种文化资源，发挥它历史地名的应有作用。还有章丘的洛庄汉墓，在全国的知名度很高，出土的编钟被称为"中国西汉第一编钟"，发现的六套编磬的数量，比之前全国发现的西汉编磬数量之和还要多。还发现了 36 座陪葬坑，陪葬坑的分期在中国考古界是第一次提出。利用好洛庄汉墓历史地名的影响力，它产生的社会效益和经济效益会超乎我们的想象。

在现代城市中，利用历史地名发挥经济作用和社会效益的代表是上海的新天地石库门、朱家角、成都的宽窄巷和天津的五大道，保护下来的历史建筑与街巷，所能起到的作用不只是对当地，对全国都是有影响的。

历史地名保护得越好，对社会发展的促进作用就越大，反过来也会增加对历史地名的保护，从而形成良性循环。所以，每个地方都要学会挖掘、保护和利用好当地的历史地名文化资源。

三、 保护历史地名的具体措施

历史地名是了解历史的窗口，是城市"名片"的重要组成部分。任何一个有历史的城市，随着形成、发展和变迁，赋予了地名多元的历史文化内涵，那种独特的文化特色，是其他城市所不具备的。保护和挖掘历史地名文化是我们责无旁贷的使命，如何使它们能在我们手中传承下去，是我们面临的一个十分紧迫的任务。

1. 充分利用城市的自然、历史和文化资源，突出城市特色，展示城市的个性魅力，已成为城市发展的重要因素，城市文明的重要标志。每个地方都有各自的文化特色，保护好历史地名，也是保护好自己的地方特色和区域文化。如济南的地名和青岛的地名，差异就非常大。济南是古城，地名的命名历史都比较久远，而且有自己的地方特色。青岛是新兴城市，它的街巷多以城市名来命名，这是青岛的特色。所以，我们各个地区都应保护好自己的地名特色。

济南一直在宣传"泉城"的品牌，但力度还不够。打"泉城"的牌子要比"济南"影响大得多，这是济南的优势。要结合城市的文化特色和地理特色来宣传地名，要借名人文化宣传城市文化。首先让人知道这个城市，再让人了解这个城市，关心这个城市，以至来旅游来投资，从而形成一个良性的循环。比如，老舍的名作《济南的冬天》，起到了以名人效应来宣传济南地名的良好效果。再如大辛庄遗址出土甲骨文和青铜器，洛庄汉墓发现青铜器和乐器，它们已得到全国乃至全世界的了解，使地名文化上升到世界知名度。这说明如果利用的好，将起到事半功倍的作用。

2. 用法律的形式保护历史地名，传承历史，延续文脉，增强老地名的活力，让老地名一代一代传承下去。有些城市已开始了这项工作。我们应加强历史地名普查和资料收集、纪录、统计，建立历史地名档案，并建立、完善历史地名评价体系，在经过专家论证和广泛征求社会意见的基础上，提出历史地名保护名录。

在具体操作中，首先要保护现存的老地名相对稳定，在旧城改造中不要轻易更改。其次，对已经消失或即将消失、但文化价值高的历史地名移植使用，在保护专名的前提下，科学合理地在适当的地区、以适当的形式加以使用，以传承地名文化，如用于小区的名称等。再次，将历史地名载入史册或在原址设立纪念性标识，如城市雕塑、牌碑等，详尽记述老地名的来历、含义和演变。

3. 在命名新地名时，要以当地的地理、文化和历史等特色为主，要适合社会发展的需要，要能使人容易理解、易记上口，要对整个城市的发展有利。如济南是泉城，应多以泉来命名。商埠区是近现代工业发展的见证，可以用近现代工厂的产品或厂名来命名街巷。另外，也可以用考古的重要发现来命名一些地名，如甲骨文路、编钟路等。起名字还可以和历史名人和历史事件相结合。在济南近现代历史上曾有以名人命名的道路，如以济南的大教育家鞠思敏先生名字命名的思敏路（已并入明湖路），以抗日爱国将领张自忠命名的张自忠路（北京、天津、武汉等地还保留着）。

历史地名，不是可有可无的，是活生生的，是有血有肉的，是有感知的。它和我们的生活相互依存。以历史地名文化来发展经济将是最环保、最科学、最进步的，体现了科学发展观的基本内涵。因而要善待历史地名，将城市现代化建设与历史文化遗产保护有机结合起来，保持和促进人与自然的和谐发展，营造集自然景观特色、历史文化底蕴和现代化气息于一体的城市风貌。

（作者为济南市考古研究所所长）

地名命名与更名的文化传承

黄　伟

我国地名文化的一个基本点是"取其嘉名"，若地名不嘉，则会考虑改名。我国历史悠久，地名广泛。地名命名与更名如何延续历史，传承文化，塑造城市个性名片，具有重要的现实意义和历史意义。

一、 地名命名与更名的原则与文化内蕴

地名是人类社会各种信息的载体，是珍贵的历史文献资料。一个地名的诞生，往往都蕴含着人文、历史、地理等多方面的文化因素。历史上朝代的更迭，国家的兴亡，往往很少影响到地名的变更，地名表现出一种特殊的稳定性。这种特殊的稳定性不仅仅与地名的指位功能相关，更与凝结在地名中的历史文化密切相接，是人们心理上对一个地名文化传承的结果。

地名的文化传承，是凝结在地名中的不因地名变化而变化的一种比较稳定的文化特质，是一个地域、一个城市的历史文化底蕴在"地名"中的体现。这种体现表现在：一是老地名的延续使用，二是新地名命名的科学规范。城市地名规划中的命名与更名，必须注重这种文化传承，把握地名命名与更名的基本原则，慎重处理地名命名与更名，在命名更名中充分体现一个城市、一个地域的文化内涵。

我国第一部具有地名学研究意义的地理志书——东汉班固的《汉书·地理志》，对地名命名原则等方面有了初始的阐释。之后，北魏郦道元的《水经注》、唐李吉甫的《元和郡县志》等，对众多的地名命名规律进行了总结。隋唐时期皇帝的一些诏书中也提出了若干地名命名、改名的原则。明代郭子章完成中国第一部专门解释地名渊源的著作《郡县释名》。清《嘉庆重修一统志》则对历代地名之沿革、定位进行阐释，成为历史地名研究的集大成者。

新中国成立后，关于地名命名与更名，国家先后颁布了《政务院关于更改地名的指示》（1951 年 12 月 19 日）、《国务院关于地名命名、更名的暂行规定》（1979 年 12 月 25 日）、《中国地名委员会、外交部关于边境地区地名命名、更名的处理意见》（1982 年 1 月 28 日）、《中国地名委员会、民政部关于在行政体制改革中认真做好地名命名、更名工作的通知》（1983 年 7 月 30 日），这些都为地名命名与更名提供了法律依据；1986 年国家颁布了《地名管理条例》，1996 年又颁发《地名管理条例实施细则》。但上述这些法规文件中都没有关于地名命名与更名中地名保护与地名文化传承方面的说明。2004 年 6 月，全国地名标准化技术委员会印发了《关于加强地名文化遗产保护的通知》，要求各地"在地名标准化工作中，加强对传统地名和有丰富文化内涵的地名进行保护"；2004 年 7 月，全国地名标准化技术委员会又印发了《关于推荐和收集古地名资料的函》。

我国现代地名学的开拓者之一、著名历史地理学家谭其骧先生，指出地名对研究历史地理、社会经济等方面具有重要价值，为许多领域的研究提供了难得的史料。谭门弟子、南京大学教授胡阿祥指出，"英、法、美、前苏联以及日本等国，一百多年来，开展了广泛的地名资料收集和深入的地名学术研究。这种资料收集与学术研究，很大程度上又弥补了这些国家历史文献资料的不足，不仅强力推进了相关学科如语言学、文化人类学、民族史的发展，其地名学研究水平，也跃居世界的前列"，进而认为，"与跃居世界前列的这些国家相比，现代中国学者显然还没有普遍意识到地名作为'具有本源意义的文献'的独特价值。"而笔者注意到，以济南为例，作为历史文化名城，济南究竟"古"到什么程度，其实可以从地名上反映出来，因为地名是济南历史的重要见证；又如台湾省的很多地名都与大陆相同，台北市的敦煌路、桂林路、西藏路，苗栗县的蓬莱、西湖等，两岸地名的相同，不仅仅说明两岸地名文化同出一源，更说明两岸同宗同源，两岸自古以来就是血脉相连的一家。

二、 地名命名与更名的文化断层

一个国家的历史与文化，是一个国家独有的精神遗产，如果不尊重不善待，难免逐渐丧失文化自觉与文化自信，更谈不上文化发展与文化强国。钱穆先生曾说，对本国以往历史须有"一种温情与敬意",如此,"国家乃再有向前发展之希望"。

近年来,我国城市建设日新月异,一些有着悠久历史的老地名已逐渐从人们的视野中消失,代之而起的是一个个新鲜而富有时代个性的地名。一些地名命名由于文化上的缺失,让人很难再从地名上感受到城市的历史与文化底蕴。对此,著名文化人冯骥才先生指出:"地名是一个地域文化的载体,一种特定文化的象征,一种牵动乡土情怀的称谓。故而改名易名当慎,切勿轻率待之。无论是城名,还是街名,特别是在当今'城改'狂潮中,历史街区大片铲去,地名便成了一息尚存的历史。倘再将地名删去,历史便会彻底荡然一空。我们早晚会感到这种文化的失落";"历史上地名的更换也是很多。但这些地名的改变,大多由于政治变迁,改朝换代。更改地名,总是为了表明'改天换地',绝非从文化考虑。然而,正是出于这种无意中的惯性,这个非文化的传统,使得我们对地名的文化价值与精神价值缺乏认识",以致出现"将徽州易名为黄山这样令人遗憾的范例"。

黄山市于 1987 年 11 月经国务院批准成立,之前是徽州地区。"徽州"易名"黄山",至今还存在颇多争议。徽州历史悠久,徽派文化底蕴丰厚,内涵深广,是我国具有典型代表意义的区域文化;而研究徽州文化的徽学,则涵盖了经、史、哲、医、科、艺诸多领域。"一生痴绝处,无梦到徽州",历代无数文人墨客都对徽州产生艳羡之情,甚至"爱其山水清澈,遂久居","是令人神往的韵味幽雅的古城"。而一经改"徽州"为"黄山市","就像变作一个新兴的都市,文脉中断,魅力不在,优势全无"(冯骥才)。一些人指出,"黄山市"借名于"黄山",是借"黄山"之名打"黄山市"的名片。古人曾言"登黄山天下无山,观止矣""五岳归来不看山,黄山归来不看岳"。然而黄山自有黄山的风采,徽州自有徽州的底蕴,将"徽州"易名为"黄山",毕竟是值得商榷的。

《续汉书·郡国志》有武陵郡,刘昭注引《先贤传》:"晋代太守赵厥问主簿潘京曰:'贵郡何以名武陵?'京曰:'鄙郡本名义陵,在辰阳县界,与夷相接,为所攻破,光武时移东出,遂得见全,先识易号。'《传》曰:'止戈为武,高平曰陵',于是改名焉。"这是地方官关注政区名称由来的记述。城市地名命名与更名的规范性,决定于政府地名管理工作的科学性。如果科学性缺失,就会导致地名命名与更名上的盲目。当前,这种盲目主要表现为地名命名与更名上的文化断层,进而衍生出一些"大、洋、古、怪"等不规范的地名称谓。

某市一开发商把楼盘命名为"格林豪森",让人难解其意,通过实际了解才知道是英文 Green House（绿色家园）的音译,地名管理部门数次催其整改,可开发商却认为"有韵味",拒绝改正;命名为"建赏欧洲"的楼盘,更是让人不知所云;有的"花园"无花,"广场"无场;有的帝王色彩比较浓厚,如"总统大厦""帝王花园"等;有的地名很古怪,如"土八路"等。解决这种状况,很多城市从进行地名规划做起。2004 年,全国首个城市地名总体规划在杭州诞生。根据这个规划,杭州市街路通名划分为"大街（大道）、路（街）、巷（弄）"三个等级。宽 80 米以上、长 6000 米以上者为"大道",宽 6 米以下者称为"巷"或"弄",位于两者之间者称为"路"或"街"。对于小区、商业区动辄命名为"××城"的现象,杭州规定,只有占地面积 5 万平方米和建筑面积 8 万平方米以上、封闭的建筑物,才能使用"城"来命名。截至 2013 年底,我国已有三分之二的省和 90% 的城市制定了各级《地名规划》,通过《地名规划》来规范地名命名和更名行为。据不完全统计,我国每年约有 2 万个新地名产生。目前掌握的地名数据不新、不全、不准的问题十分突出。为全面掌握地名基本信息,提高我国地名管理和服务水平,我国定于 2014 年 7 月至 2018 年 6 月开展第二次全国地名普查。国务院第二次全国地名普查领导小组副组长兼办公室主任、民政部副部长宫蒲光指出,整治地名"乱象",要加强顶层设计。积极推进修订现已执行近30 年的地名管理条例,依法治乱。要建立起地名论证、审批、备案、登记制,实行专家论证、听证制度和地名政务公开制度,还要建立保护地名文化遗产名录制度,把地名的历史价值、文化价值进行分级管理、分级登记。推动全国各地进一步全面铺开地名规划工作。要把地名规划与新型城镇化开发建设紧密结合起来,作为新型城镇化建设基础性规划,纳入国民经济社会区域发展规划、城乡规划和土地利用规划,以规划引领地名管理工作。

三、 地名命名与更名的规范化与文化传承

目前,我国新地名的命名,以开发区和城市改造中新开发道路为主。在命名中要注重结合地理、历史和区域功能等方面因素,科学论证,规范实施。以南京大学

胡阿祥教授设计的南京江宁滨江经济技术开发区道路命名（2005）为例，在政府主导的基础上，依据开发区依山傍水、东有南山、西临长江、环境优美的特点，选择了以风水语汇与观念作为重要的命名资源，又与牧龙河等现势地名相配合，并考虑到了区位特点与功能。如2号路命名为"天成路"，取意"天风旺则事必成"，有花木茂盛、事业成功之意，又与地秀路配合成对；6~8号路之间纵路命名为"紫云路"，秋天紫云为祥云，寓意成熟丰收，此路亦在较为中心的居住区内，符合路的体量与区域功能，并与春阳路配合成对；10号路命名为"丽水大街"，风水之法，讲究藏风得水，即藏瑞风得丽水，丽水大街近得长江之水，凸显开发区风水之美，并与瑞风路配合成对；15号路命名为"锦文路"，文化锦绣之意，边有南朝石刻，显示开发区具有文化底蕴，并与绣玉路配合成对，至于虎豹之纹亦称锦文，则又与龙、象、鹰等名配合。命名中，东西向主干道通名为"大道"，南北向主干道通名为"大街"。具体道路名称讲究相互配合又彼此沟连。无疑，这是传统文化与现代追求相结合的地名命名成功范例。同时，在地名指示牌的设置上，亦应与时俱进，适应移动互联时代人们的生活习惯。如地名管理者可以尝试在地名指示牌中加入二维码的设置，通过手机扫描二维码，使用户进入当地地名信息查询平台，查询古街名巷信息，获知当地城市人文概况，以及古街名巷等老地名的整体保护情况，为人们出行及了解当地城市历史提供便利。

北京历史地名"皇城根"一名的由来，是因为历史上这条街道正好位于皇城的城墙边，故称"皇城根"。只是民国推翻帝制后，人们忌讳"皇"字，才把"皇"改为"黄"，成为东、西黄城根。2006年6月，北京市将核心城区内的东黄城根北街等4条道路名称进行更名，重新使用"皇城根"这一历史地名。更名公示中说："恢复'皇城根'传统地名，对于留存古老北京的历史遗迹，传承古都北京的历史文化具有长远和现实意义。"《新京报》以一篇《"皇城根"复名，恢复了文化记忆》的文章对此进行了报道："恢复'皇城根'这一历史地名，也不是只对北京市民才有意义。长期以来，我们有意无意忘掉的东西太多了。而这些被忘记的东西，给每个人乃至整个民族造成的影响，可以说至深至巨。……文化的力量会给我们提供一处幽深的栖息地，而且是最终的、最根本的解决方案。正是在这个意义上，恢复'皇城根'传统地名的举动，是尊重历史、尊重现实的明确昭示。"当年作家赵大年在创作《皇城根儿》时，就曾建议恢复"皇城根"这一历史地名。1993

年，周定国以一篇《北京应恢复"皇城根"这一地名》(《中国地名》1993 年第 3 期) 的文章，明确指出地名更名应注重文化传承，慎重处理地名命名与更名。

城名的更改，涉及一个城市的多方面定位，是对一个城市历史的再认识。渊源于历史文化名山医巫闾山称谓的辽宁"北镇"，在经历了"北镇、北宁"的称谓后，于 2006 年 3 月 10 日又恢复了"北镇"的原名。《华商晨报》以一篇《更有利于传承历史文化，锦州北宁市更名为北镇市》的专题文章，对此进行了报道。指出"北宁市更名为北镇市，不仅有利于传承历史文化，而且有利于地方经济的发展和社会和谐，更满足了 53 万北镇人的共同心愿"，北镇"将成为巨大的无形资产和主打对外开放的新名片"。"北镇"到"北宁"、再到"北镇"的两次易名，深刻说明人们对城市地名文化的两次不同认识，地名在城市交往中的重要作用，也深刻说明地名管理上城市地名命名与更名的慎重性。作为非物质文化遗产的老地名，一些城市地名管理部门已要求提前介入城市规划，对老地名实施积极保护。但是，由于缺少相关法律依据，老地名保护岌岌可危。保护老地名亟待相关法律法规的出台。因此，地名命名与更名必须科学论证，借助地理、历史、民俗、文学等方面的专家学者的力量，严肃地名命名与更名，珍视民族传统，"择其善者而从之，其不善者而改之"，从而保持地名的文化内涵。

四、 结语

我国历史悠久，地名作为我国悠久历史的见证，城市历史的浓缩，地名命名与更名的文化传承，不仅仅传承的是地名文化，更重要的是它传承着一个城市的历史、一个城市的文明、一个城市的个性。寻找一个城市的过去，探寻它的文明，离不开人类文明的活化石——地名。因此，必须慎重处理地名命名与更名，在地名命名与更名中注重地名的文化传承。

参考文献：

[1] 周定国.《北京应恢复"皇城根"这一地名》,《中国地名》,1993 年第 3 期.

[2] 袁文才.《"皇城根"复名,恢复了文化记忆》,《新京报》,2006 年 6 月

13 日.

[3] 胡阿祥.《"开卷如芝麻开门"——华林甫著〈中国地名学源流〉评介》,《学术界》,2002 年第 5 期.

[4] 冯骥才.《地名的意义》,《人民日报》,2001 年 11 月 13 日.

[5] 尤宏韬.《更有利于传承历史文化,锦州北宁市更名北镇市》,《华商晨报》,2006 年 3 月 11 日.

[6] 赵婀娜.《以文化为名的喧嚣中,被绑架的是什么》,《人民日报》,2014 年 2 月 27 日.

[7] 黄伟.《论地名命名与更名的文化传承》,《中国地名》,2012 年第 10 期.

[8] 黄小希.《大·洋·古·怪·重——民政部副部长宫蒲光评当前我国地名乱象》,新华网,2014 年 5 月 22 日.

[9] 王蒙.《涵养时代的"文化定力"》,《人民日报》,2014 年 3 月 10 日.

（作者为《中国地名》杂志社副总编辑）

城市地名命名与更名浅议

董　珂

　　纵观我国历史上的各类地名，究其命名的缘由，绝大多数不外乎于以下几种主要类型：一是以描写自然景观得名，如以方位、距离、地理、形态、特征、物产和其他特征命名地名；第二种是以人文历史命名，比如居民族姓、史迹事件、人物传说等；第三是寓托思想感情的名称，如歌颂、崇仰、祝福、言志等；还有其他的名称，如古老原始地名、移用地名、序号地名等。在我国，古人将地名的命名原则概括为"凡地名必从山、从水、从事迹，除此之外，必取美名"，山与水是自然环境，事迹是历史环境，美名则是社会环境。在我们国家数量庞大、浩如烟海的地名宝库中，有许多著名的地名成为中华文明的重要标志，像龙山、大汶口、周口店、半坡村等。中国地名内涵丰富、耐人寻味、美轮美奂，是中华传统文化的瑰宝，这些地名历久弥新，经久不衰，有着永恒的魅力，是中华民族灿烂文化的有机组成。

　　近20年来，随着我国城市化进程的日益加快，新的城市、新的城区、住宅区及街道等呈几何倍数急剧增加，大批的老街区、老街巷以及城郊农村在轰轰烈烈的城市建设中消失，由此而带来的新生地名的命名和老地名的消失让地名管理部门应接不暇，接踵而至的是地名命名、更名的混乱无序。在现阶段，全国各地的地名命名均已显现出不同程度的误区和混乱，对于城镇建设中出现的新地理实体，尤其是住宅区名称的命名，似乎已经不再遵循古人传下来的方法，而是变得更加实际和洋气起来，甚至于还有了专门的起名大师，有些楼盘甚至根据销售情况屡屡更换名称，以期获得更好的商业收入，可谓用心良苦。城市改扩建中新建的城市道路和住宅区名称究竟应该如何命名，城市原有地名如何保护，已经成为当前及今后一个时期地名管理工作需要认真面对的问题。受制于城市管理者的管理理念和房地产开发商的营销策略，加之缺乏强有力的地名法规支持，当前全国绝大多数的城市地名管理工作都遇到了前所未有的问题。用当下最流行的话说，高端大气上档次的各类城市地名铺天盖地，令人眼花缭乱，贪大求洋、追逐个性另类的命名方式已经成为城市地名命名的弊病，关于城市地名的讨论屡屡为社会舆论所关注，并成为社会各界及专家学者热议的焦点，更成为地名管理部门必须面对的管理和研究课题。

对于城市改造中出现的新地名，是沿用原有地名，还是另起新名，历来争议不断。有主张沿用原名的，比如城中村改造，新建的住宅小区保留原有地名，既有利于地名文化的传承，保留"乡愁"印记，又保持了好找好记的地名指位作用；主张起用新名的，认为原有名称土气直白，不能体现现代化城市风貌，甚至有些地方官员要求地名管理部门要跳出地方文化小圈子，不要总在自家门前做文章，他们认为祖国的名山大川多得是，地名也要讲究高端大气响亮。孰是孰非？仁者见仁，智者见智。改革开放以来，随着人们思想观念的变化，许多地名的命名创意别开生面，洋溢着当今时代的全新气息，令人耳目一新。但也有一些人盲目地求新求大求洋，一味地标新立异，出现一些不伦不类的名称。这其中既有审美问题，也有心理问题，还有社会思潮影响问题。大家知道，香港的尖沙咀、北京的三里屯、上海的陆家嘴都是享誉世界，知名度很高的地名，这些名称并不新潮，甚至有点土俗，但香港、北京、上海却不嫌弃它们，这些名称丝毫没有影响他们成为各自城市的名片和亮点。不要小看这一个个地名，它有着和生命一样丰富和深刻的含义，承载着人们心中最温暖的记忆，是一座城市的个性和魅力所在，我们为什么不珍惜它、守护它、传承它呢？

对于历史上已经形成的道路地名体系，更名要慎之再慎。依照国家地名管理规定，一路一名是城市道路命名的一条重要原则，好找好记，便于管理，在新建和延伸道路命名中是一定要遵循的。但是在一些大城市，分段命名的道路名称，往往记载了所在城市不同时期的发展历史和文化特征，比如横贯济南东西的几条主干道，一条贯通的道路不同的分段名称记载了济南老城区、商埠区、新城区几个时期的城市发展脉络，每个区片不同的命名方式也在印证着不同历史时期社会发展和文化进步对地名命名产生的影响，这些道路名称已经成为人们记忆中的经典，所以在规范统一的基础上，还是允许个性存在吧，这也符合可改可不改一律不改的命名更名原则。

需要特别注意的是城市住宅区命名是目前地名管理的一个盲区，是造成地名混乱、不规范的重灾区，在法规不给力的情况下，采取行政监督与正面引导相结合不失为一个解决问题的办法。面对来势猛烈、稀奇古怪的各种非标准的住宅区地名，既然没有强有力的法规做支持进行查处，目前只能依靠加大地名法规的宣传力度，并且出台规范、科学、标准的通名体系，引导开发商在不影响其商业利益的条件下，遵循国家地名命名的相关法律法规和技术规范做好住宅区命名，地名管理部门要适时地给予指导和帮助。在政府可以掌控的范围内，比如公务员小区、政府安居工程等的住宅区命名要做好这方面的表率。

编制地名规划，是有效解决命名取决于长官意志、命名无序混乱等问题的好办法，它有助于突破管理盲区，保证地名命名科学、规范、标准、权威。由了解国家地名命名相关规定，具有学科和专业优势的地名专业人员或者相关专家，对未来城市地名做出总体规划，能够有效保证城市地名系统的科学性、规范性和权威性。编制工作是在执行国家地名法规基础上，依据城市发展建设规划进行的。前期需要对城市原有地名系统进行梳理，划出地名保护区域，制定严格科学的保护计划，对那些承载着深厚文化内涵和地域特色的地名更是要建立保护档案，予以保护。在此基础上制定地名规划编制原则，一定是以着重于地名的继承性与稳定性，突出地域性文化特色，体现城市规划主题和愿望，以及实现地名标准化、规范化等为原则。其指导思想在于挖掘、继承、弘扬区域地名文化特色，尊重地名发展历史和现状，科学预见未来城市和与之相关联的地名发展动态，建立科学合理、标准化、规范化、可持续发展的地名体系。以此而行的规划，是从城市自然环境、历史文化、城市规划、原有地名系统等方面整体考虑而建立的，体现层次性、序列性的科学性命名规划。新规划在完善和保护城市原有地名格局和地名文化的前提下，以地名的科学、合理、整体布局，体现城市功能分区，展示城市发展张力，彰显城市文化，培育城市个性。通过地名规划可以有效地预防传统地名文化的丢失，不留遗憾。新规划的编制和个体地名命名，还是应该在遵循我国传统命名方式的基础上，突出时代特色，反映当代社会发展和人类文明进步，有所继承，有所扬弃，推陈出新，形成城市自己的地名特色。同时，对于那些在城市建设中已经消失或即将消失的老地名，可以有条件的"复活"和使用，留住城市曾经的记忆。

著名作家冯骥才曾经说过，"地名是一个地域文化的载体，一种特定文化的象征，一种牵动乡土情怀的称谓。故而改名易名当慎，切勿轻率待之。"面对在当今"城改"狂潮中，历史街区大片铲去，地名便成了一息尚存的历史的境况，他提醒说："倘再将地名删去，历史便会彻底荡然一空。"我们早晚会感到这种文化的失落，我们已经感到这种失落和茫然了。那么，谁来守住这个至关重要的历史文化呢？他给我们提出了一个深刻又紧迫的问题，政府及相关部门在这其中该做些什么呢？在关心关注未来城市发展，城市建设大手笔大投入的时候，我们不能忽略传统文化的保护和传承，这往往是城市软实力的体现，是城市个性的释放，城市文化的标签。所以，在城市地名命名过程中，无论是老地名保护，还是新地名规划，都要从弘扬传承中华民族传统文化角度来认识和对待，这应该是在城市地名管理工作中我们应该遵循并为之努力的。

（作者单位：山东省地名研究所）

对城市住宅区和大型建筑物名称管理的思考

赵 炜

城市居民住宅区和大型建筑物是城市基础设施的组成部分，其名称管理与群众的生活息息相关，体现着城市的发展成就和人文特点，体现着城市的文化素养和文化品味。从地名学的角度看，城市住宅区和大型建筑物是具有实际意义的片或点状地名，应纳入地名管理范畴，认真加强管理。

一、 当前城市住宅区和大型建筑物名称存在的问题及原因

当前，在我国大多数城市，尤其是大中型城市，居民住宅区和大型建筑物的名称，存在着许多不规范的现象和违反地名命名原则的问题，突出表现在：一崇洋欧化，用外国的人名、地名命名，如"巴黎不夜城""恺撒康乐城""伯爵中心"等。二封建复古，用张扬封建王权思想的帝王将相色彩的名称命名，如"皇城山庄""皇冠花园""帝王庄园"等。三格调低俗，用含义不健康的名称命名，如："花花公子商城""蒙地卡罗山庄"（"蒙地卡罗"为世界著名大赌场的名称）等。四专名通名混淆使用，如："五一广场小区""绿地阳澄名邸"等。五重名同音，同一城镇中用字或音相同的名称命名，如："新现代城"与"现代新城"，"玉景花园"与"御景花园"等。六名不副实，用夸大其词的名称命名，名为"广场"，实则无场；名为"商城"，实则无城；名为"中心"，实非中心；名为"湾畔"，并不靠水；名为"山庄"，并不依山。七缺少文化，在派生名称中尤为突出，如"水产小区""球罐小区"等。八书写、拼写不规范，用繁体字、异体字和自造字书写名称等。造成上述这些现象和问题的原因主要有以下几个方面。

（一） 地名法规中未给予明确规范

1986 年 1 月，国务院颁行《地名管理条例》（以下简称《条例》）时，我国城市现代化的建设和发展尚处于萌芽状态，城市中常见的是各单位的宿舍区，或是"里弄加四合院"组成的居民居住地，多用"某某单位宿舍"或"某某胡同（里弄）"等命名即可，成规模的由多个高层楼房组成的封闭、半封闭的"小区"，还没有出现，对大多数人来说，"小区"也还是个模糊的概念，即使对一些棚户区进行改造，基本上仍是沿用原来的名称，并没有形成真正意义上的小区；沿街多是机关和企事业单位，也鲜有超过 5 层楼的建筑，具有特有功能的建筑物（群）更是凤毛麟角，其名称多以单位名命名即可，《条例》中没有将其纳入管理范畴。

1996 年 6 月，民政部制定《地名管理条例实施细则》（以下简称《细则》）时，城市住宅区和大型建筑物的名称管理，已存在一些不良倾向和问题，《细则》在第 3 条中，将其纳入了管理范畴，但作为对《条例》的解释和细化，《细则》不可能超越其上位法所规范的内容，因而，没有对此作出明确的、硬性的规范。

1996 年 10 月，民政部曾下发过《关于加强城镇建筑物名称管理的通知》（民行函〔1996〕252 号），针对当时城市建筑物名称管理中出现的问题，提出了一些要求，但由于对诸多问题的规定较为笼统，缺乏可操作性，加之仅仅是部门文件，在执行中并没有遏制和彻底解决城市居民住宅区和建筑物命名中存在的问题。

综上所述，不难看出，《条例》没有将城市住宅区和大型建筑物名称管理纳入其范畴，《细则》虽纳入了其管理的范畴，但没有做出明确、具体、硬性的规定，也就是说，地名主管部门即使想管也无法可依，这是造成混乱的根本原因。

（二） 法规修订的滞后造成管理挂在空挡

随着城市化进程和城市现代化建设的加快，城区规模和城市人口成几何倍数扩张，住宅小区的建设越来越快，规模越来越大，城市建筑物更是趋于个性化、高档次、多功能、大规模，名称管理中的不良倾向和问题日益显现出来。市场经济条件下，开发建设或经营单位，受经济利益驱动，为尽可能获取最大的经济效益，通过使用许多"新、大、洋、奇"的名称，吸引眼球，加大炒作力度，成了城市住宅区和建筑物名称管理混乱的始作俑者，让人匪夷所思的名字层出不穷，且愈演愈烈，你新，我比你更新，你奇，我比你更奇。有使用两个甚至三个叠加通名的名称，如："金帝·国际城市花园小区"，一个名字中既有城市，又有花园，还是个国际级的小区；有混淆通名指类功能的名称，如："如苑国际港"，让人看了以为是个港口或电子产品经销地，而实际是一个住宅小区；有缺少通名的名称，如："桃园·名筑""阳光·湖畔"，这样的名称让人看了甚为疑惑；有使用欧化或洋化的建筑物名称，如"欧时代""金地格林世界"，甚至有使用外国城市名或人名命名的名称，如"伦敦花园小区""巴黎大道商厦"等。《条例》和《细则》自施行以来，没有进行过修订，已严重滞后于地名工作发展的要求，地名主管部门缺少依据，无法对其进行有效管理，使其管理挂在空挡，更何谈管住和管好，这是造成混乱的主要原因。

（三）　缺少规范系统的命名标准

　　城市住宅区和大型建筑物名称混乱的另一个重要原因，就是没有一个统一的标准，平地建个小区也跟时髦叫"山庄"以显得贴近自然；栽几棵树放上点花就称为"花园"，种几片草就是"绿地"，让人感到这些地方的绿化很好；城市中到处可见"大厦""广场""中心"，真正进去一看，有的让人大跌眼镜。近年来，有些地方结合本地的实际情况，做了一些规范，如：北京市、上海市、广东省、杭州市、合肥市、芜湖市、宁波市、黄山市、梅州市、昌吉市、浦江市、焦作市、慈溪市、三门县等，但多是局限于本省、本市甚至是本县（县级市），缺乏统一的标准尺度，各自为战，住宅区的通名，从最初的小区、花园、山庄、别墅发展到城、庐、寓、居、筑、邸等，其命名标准和依据各不相同。大型建筑物的通名也由最初的大厦、城发展到港、城、楼（大楼）、中心、广场、商厦等，越叫越多，越叫越乱，且确定的标准要求各不相同。同等规模的城市，同等大小的建筑，使用同一类别的通名，其要求却是千差万别，比如对"中心"建筑面积的要求，就相差极大，有的要求达到 5000 平方米以上，有的要求达到 1 万平方米以上，有的则要求 2 万平方米以上。从地名管理角度而言，如此多的通名，没有较为完整的命名标准和要求，缺乏统一有序的标准体系，混乱是必然的。

（四） 相关职能部门欠缺工作协调机制

从政府部门的职能来看，城市住宅小区和大型建筑物的建设由规划和建设部门负责批准立项和建设，标准名称则由地名管理部门负责命名或审批。而在实际操作过程中，开发建设单位非常重视项目的立项和施工的审批，极少有考虑到地名主管部门审批名称的，有的甚至根本就不知道名称还需要审批和公布。开发建设单位或产权单位为实现其投资目标，自行命名一些稀奇古怪、不伦不类的名称，以期聚敛人气，形成轰动效应，实现商业目的。至于这个名字是否符合相关法规的要求，是否符合地名管理的要求，是否符合命名原则，是否富有文化内涵，是否名副其实，是无所谓的，只要这个名字能吸引人，造成轰动效应，能帮助其实现目的，就是好名字。这种只顾眼前，不顾长远，只重当前利益，不顾社会影响的做法，形成了城市住宅小区和大型建筑物名称管理的恶性循环，开发建设单位在项目立项和审批建设前，不到地名主管单位申报名称，而是自己起个名字申报，规划和建设部门由于对地名管理不甚了解，对开发建设单位申报的名称是否合适，很难加以研判，待项目批准立项开始施工了，地名主管部门才知道，这时不符合要求的名称已成事实，而地名主管部门又没有相应的执法权，很难对这些不符合要求的名称进行更改或叫停，名称自然就很难再改动了。正是由于地名主管部门和规划、建设部门之间缺少联动工作机制，没有形成管理合力，从源头上把住"命名关"，日积月累，城市住宅区和大型建筑物名称混乱的问题日益突出，这是造成混乱的又一原因。

二、 加强城市住宅区和大型建筑物名称管理的对策

城市住宅区和大型建筑物的混乱名称，违背了《条例》有关地名命名的规定和国际地名标准化的原则，不符合国家汉语语言文字的使用规范，给人们经济交往和日常生活带来不必要的障碍。作为具有实际地名意义的城市住宅区名称和大型建筑名称，承载着城市的文化，体现城市管理的水平，更与人民群众的生活密不可分，因此，应依据"管理规范，富有文化"的原则，按照"好找好记，方便使用"的要求，加强城市住宅区和大型建筑物名称管理，使之成为彰显地方文

化和特色的名片。

（一）修订地名法规，纳入管理范畴

《条例》已颁布 25 年，《细则》也已经执行了 15 年，已不能适应新形势下地名管理工作的需要，应尽快修订，并将城市住宅区和大型建筑物名称管理纳入其范畴，或单独订立城市住宅区和建筑物管理方面的法规，将其纳入正式的管理轨道，彻底解决好"花园无花、绿地无草、湾畔无水、崇洋复古、稀奇古怪、缺乏文化"的名称大行其道的问题，改变整个城市都是"花园、广场、大厦、中心"的现象。针对存在的问题，首先要加强调查研究，有前瞻性和针对性地设置相关管理条款，对住宅区和建筑物名称作出明确和硬性的规定，确保在一个时期内，能够进行有效的管理或监督。其次要进一步明确各部门的职责，明确民政、规划、建设、公安、城管等部门在城市住宅区和建筑物名称管理工作中的职责。再次是丰富完善命名更名原则，结合当前地名管理工作的形势和现状，进一步丰富既有的命名更名原则，完善相关条款，使其更贴近工作实际。第四是充实相关执法和处罚条款，确保地名法规实施的权威性和有效性。

（二）规范名称体系，统一命名标准

客观上讲，由于各地经济社会发展速度不同，经济条件不一，城市的规模也千差万别，采取"一刀切"的方式，对全国城市的住宅区和建筑物名称做出统一的标准、具体量化的规定，是不科学的，也是难以执行的。所以，这里所说的"规范名称体系，统一命名标准"，主要是指对通名的管理，包括三个方面。

一是对类别作出明确的规范。如：住宅区的通名包括小区、花园、山庄、村（新村）、别墅、公寓（寓）、城、庐、居、筑、邸等；建筑物的名称可包括楼（大楼）、大厦（厦）、广场、花园、中心、山庄等。并明确不得超出规定的通名范围，使用新的通名，也不得将通名叠加或混淆类别使用。

二是对每个通名逐个作出较为规范和明晰的解释。如："花园"是指以种植花卉、林木为主的场地、院落；居民住宅及办公、商业场所用"花园"命名的，其绿化面积应在占地总面积的 35% 以上。"中心"是指具有某种特定功能，并具本行业重要地位，占地面积相对较大的非住宅建筑物。"城"是指封闭或半封闭的特大型

居住、商贸、办公等多用途的并具有较大的占地面积的大型建筑群体。"山庄"是指依山或近山而建的住宅或以休闲娱乐为主要用途的建筑物（群）等。

三是针对不同规模的城市，确定统一标准进行规范。如：北京、上海等特大型城市和省会城市、计划单列市等大型城市，对使用"中心"这个通名的建筑物，应规定其建筑面积达到 2 万平方米以上，对一般的地级市或中等城市可要求达到 1 万平方米以上，对县级市或县城区，可降低到 8 千平方米，达不到此要求的，应禁止使用该通名。这样，就可以使相同规模的城市，相同类别的住宅区或建筑物的名称，基本符合一个相对统一的标准，基本构成一个相对统一的体系。

对专名的管理，在坚持命名原则的基础上，可通过以下方式解决：其一是由产权或开发建设单位自行起名，到地名主管部门审批，经过政府公布以取得合法的标准地名；其二是地名主管部门与产权或开发建设单位协商，共同命名，经政府公布获得标准名称；其三是纳入地名规划，统筹规划，统一命名，形成体系，改变命名的随意性。

（三） 健全工作体制，形成管理合力

作为负责地名管理的地名主管部门应当积极与规划、建设部门加强沟通，密切协作，形成合力，齐抓共管，积极探索行之有效的工作机制，形成科学合理的管理模式，共同解决城市住宅区和大型建筑物名称管理混乱现象，杜绝产生新的混乱。地名主管部门可与规划和建设部门形成共识，建立联动工作体制，规划和建设部门对住宅区和大型建筑物等项目进行立项审批许可前，应要求产权单位或开发建设单位，到地名主管部门申报或审批项目的标准名称，待有了经地名主管部门同意的标准名称后，规划和建设部门再进行项目立项和建设的审批。这样，就可以从源头上把好"命名关"，有效杜绝名称混乱问题，防止开发商乱命名，提升住宅区和建筑物名称管理水平。

（四） 加大宣传力度，营造良好氛围

不规范的城市住宅区名称和大型建筑物名称，基本上都是由于疏于管理、开发建设单位自行命名造成的，这其中开发建设单位不知道地名管理的相关要求，不知道名称是需要申报、审批和必须经过政府公布的，占了相当大的比重，当然

也有一些是法制观念不强，嫌麻烦不愿意去审批的。究其原因都是宣传不到位，人们思想认识不到位造成的。因此，应当加大宣传力度，通过报纸、电视、电台等新闻媒体，通过发放宣传册、宣传单等形式，通过走社区、进单位进行面对面的宣传等方式，大力宣传地名管理的有关政策法规，让人们知道，城市住宅区名称和大型建筑物名称，是和自己的生活密不可分的，是点状或片状地名，其名称需要审批，只有经过政府审批公布的名称才是标准地名，好的名称是城市文化品位的体现，从而提高社会各界对城市住宅区和建筑物名称管理的关注度，引起领导层面的关心和重视，营造全社会都来关心、支持城市住宅区和建筑物名称管理的良好社会氛围。

总之，做好城市居民住宅区和大型建筑物名称管理，是城市管理不可或缺的组成部分，是反映城市管理水平的细节体现。因此，应当引起足够重视，加强管理，提升水平，杜绝混乱，使之成为彰显城市文化的名片，体现城市特色的亮点。

（作者单位：山东省民政厅）

浅议《青岛市地名管理条例》存在的问题及应采取的对策

贾　力

地名工作是保证国家政治、经济、行政管理正常运行和社会群众日常交往的基础性工作，与户籍管理、工商登记、房产交易、邮电通信等各类工作一样，是规范现代生活的基本框架的要素之一。地名工作包括多项内容，如地名普查、地名的命名与更名、地名书写与译写、地名标志设置与管理、地名档案管理、地名专业标准的研制、地名信息化建设、地名理论研究等。其显著的特点是大都具有社会行政管理性质，属于政府职能，要由政府职能部门来制定法规，审核批准，组织实施。

《青岛市地名管理条例》经青岛市第十二届人民代表大会常务委员会第 21 次会议审议通过，并经山东省第九届人民代表大会常务委员会第 17 次会议批准，于 2001 年 1 月 1 日正式施行。《青岛市地名管理条例》的实施，标志着青岛市地名工作又上了一个新的台阶，对加强青岛市地名管理工作，促进地名管理法制化、标准化、规范化，发挥了重要作用。

1988 年发布的《青岛市地名管理实施办法》规定，地名委员会及其办公室是同级人民政府管理地名工作的职能部门。1993 年机构改革后，青岛市撤销了地名委员会和地名办公室，青岛市的地名工作归入民政局。《青岛市地名管理条例》实施前，由于民政部门开展地名工作缺少法律依据，工作十分被动。《青岛市地名管理条例》明确了地名工作归属问题，把管理地名工作的职能赋予了民政部门，确立了民政部门对地名工作的主管地位，对青岛市的地名命名与更名、地名的标准化处理、标准地名的推广使用、地名档案的管理等各项工作起到了积极的推进作用。但是 2001 年实施的《青岛市地名管理条例》是依据当时地名工作的大环境制定的，虽然对加强青岛市地名管理工作发挥了很大的作用，随着青岛市经济建设的发展和城市化进程不断加快，地名管理出现了许多新情况、新问题，原法规的部分条款已经不能完全符合实际需要，下面结合青岛市地名工作实际，谈几点想法，与大家共商。

一、《青岛市地名管理条例》存在的主要问题及原因

（一）地名管理体制不顺，政出多门

《青岛市地名管理条例》第三章第十九条规定了行政区划界碑标志由民政部门负责，市政部门负责路名牌的设置安装，公安部门负责楼、门牌的编挂，这条规定非常不利于地名工作的开展，是导致地名命名、更名与地名标志设置不能同步进行的直接原因。由于地名命名、更名与地名标志的设置不同步，各区、市地名标志设置张冠李戴、名不副实、设置错位现象屡见不鲜。

（二）地名管理的职责分工还需进一步完善

1993 年青岛市的地名工作归入民政局社会事务处后，地名工作编制人员 1 人。《青岛市地名管理条例》第一章第四条规定，市和崂山区、黄岛区、城阳区及各县级市民政部门主管本行政区域的地名工作；第二章第十三条第一款规定，城市道路等市政设施名称的命名和更名，市南区、市北区、四方区、李沧区的，由市民政部门会同有关部门提出方案，报市人民政府审批；第二章第十四条规定，本条例第二条（四）、（六）项所列地名的命名和更名，须由该单位或管理部门提出意见，经所在地的区、县级市人民政府审核同意（属市南区、市北区、四方区、李沧区的报市民政部门审核）。使市内四区的民政部门在法律上缺少开展地名工作的依据，而市民政部门由于地名管理人员少，工作量大，也难以更好地履行地名管理职能。

（三）地名命名、更名的通告应按要求发布

《青岛市地名管理条例》第二章第十六条规定民政部门应当在地名命名、更名批准后十日内通知有关部门，并在二十日内将命名或更名的地名向社会公布。而《青岛市地名管理条例》很多条款都规定了地名命名、更名等由市政府审批，

如第二章第十三条规定了城市道路等市政设施的命名、更名由市政府审批，实际工作中也由市政府发布通告，因此民政部门无权发布全部的地名命名、更名的通知或通告。

二、 修改完善 《青岛市地名管理条例》 应采取的对策

《青岛市地名管理条例》是依据国务院 1986 年颁布的《地名管理条例》制定的。随着时间的推移，国务院《地名管理条例》存在的"先天不足"的问题日益显露，已不适应地名工作的需要，甚至还在制约、阻碍地名工作广泛、深入地开展。

目前青岛市地名管理工作存在的许多问题，在某些方面甚至出现失控状态，如住宅区命名不科学、盲目求大求洋、名不副实等问题，不仅仅是命名不规范的问题，这些现象的背后反映的是更深层的问题，有些人文自然地理实体的命名还没有纳入各级地名部门的管理范围，商品住宅区就是其中的代表之一，其命名工作实际上根本就没有像规划、建设部门那样列入开发项目的审批立项内容，从制度上造成了工作的漏洞，因而才会出现住宅区名称的混乱局面。

"工欲善其事，必先利其器"。今年民政部已将修订的《地名管理条例》提报到国务院，我们认为待国务院新的《地名管理条例》发布实施后，尽快修改《青岛市地名管理条例》。

（一） 新的 《青岛市地名管理条例》 应充分体现地名标准化的原则

地名标准化是指在一定区域或全球范围内对各类地理实体称谓、书写的统一和规范。就一个国家的地名标准化而言，即用本国官方语言统一地名书写形式并固定下来。小到一条街道、一座桥梁，大到一个地区、一个星球，都需要标准地名。地名作为一种经常使用的社会交往工具，其社会作用越来越重要，地名管理工作的核心就是推广标准地名和标准地名标志，纠正非标准地名和非法地名标志物。实现地名标准化是地名管理工作的基本原则，新的《青岛市地名管理条例》应把维护和实现地名标准化作为一个重要的章节或条款。

（二） 新的 《青岛市地名管理条例》 应进一步明确执法主体

新的《青岛市地名管理条例》应从法律角度进一步确立地名管理机构的法律地位。1998 年国务院公布的"三定"方案规定："民政部负责全国的地名工作"，民政部门为地名的主管部门是国务院赋予的管理职能。民政与市政、公安、邮电等部门在地名工作上的关系，是管理与使用的关系，管理是政府行为，使用是部门职能的需求，两者有原则的区别。地名标志中的街巷牌和门牌应由民政部门负责。理由有三个。一是街巷牌和楼、门牌是社会公共的地名标志，与铁路、航空地名不同，不属于专业地名标志。二是街巷牌和楼、门牌作为直接服务于社会与大众的公共地名，只有由地名主管部门管理，才能遵循地名管理规律，从全局出发并照顾各个部门的使用特点。三是对地名主管部门来说，离开地名标志设置与管理等实实在在的工作，不利于其生存和发展。

地名的命名、更名与地名标志的设置是一个不可分割的整体，是地名管理工作的重要组成部分。要从根本上杜绝地名工作的多头管理、各自为政的局面，就必须从法律上将地名管理工作明确统一到一个主管部门。

（三） 新的 《青岛市地名管理条例》 应适应现代社会发展的需要

新的《青岛市地名管理条例》应对地名工作出现的新情况、新问题做出相应的规定。如建筑物、居民区的命名、通名问题，有偿命名问题，地名命名规划滞后、建设等问题，现行的法规都难以解决，新的法规必须对这些问题做出明确规定，地名规划是解决这些问题的最佳方法。因此，应在法律上确保地名规划的权威性。

地名规划是全国地名公共服务工程的重要组成部分，其主要任务是结合城市建设现状和发展规划，着眼城市的长远发展和现实需要，依据国家地名管理法规和有关规范，对城市未来需要的新地名进行前瞻性的规划论证。地名规划就是要用超前意识，实行超前管理，使城镇地名命名更名与城镇建设规划同步进行。如果能依法制定一个科学、完善的地名命名规划蓝图，地名命名更名就有了遵循的依据，就可以减少工作中的盲目性，将有效地制止乱写、乱拼、乱用地名及违规拍卖地名、有路无名等现象。

（作者单位：青岛市民政局）

关于数字地名建设可持续发展问题的思考

王左舟　马英伟

随着信息化时代的到来，地名已成为人们在社会经济交往活动中不可缺少的重要媒介，将地名成果尽快转化为各项地名服务，为经济建设服务、为社会发展服务、为人民群众生产生活服务，已成为各级政府和社会各界的共识。随着地名公共服务工程建设的不断推进，如何确保数字地名建设充分发挥服务功能，得到可持续发展，是数字地名建设不可回避且亟待研究的课题。

一、 数字地名建设的现状

根据民政部《关于实施地名公共服务工程的通知》要求，地名公共服务工程建设主要包括地名规范专项事务、地名标志专项事务、地名规划专项事务、数字地名专项事务四项工作任务。其中"数字地名"建设是地名公共服务工程建设的核心，也是社会发展的迫切需求。从"十五"期间地名公共服务工程建设情况来看，前三项工作任务已基本完成，"数字地名"建设也确定了目标，完成了相关试点工作，进入全面启动、全力推进的建设时期。诸如"地名数据库"建设，地名网站，地名问路呼叫等服务项目在部分地区相继开发建设，并有部分服务项目已向公众提供服务，其发展势头令人鼓舞。然而，值得注意的是目前数字地名建设发展情况极不平衡，工作进展缓慢。主要表现为：少数经济较发达的城市率先积极探索，开发完成了一批各具特色的服务项目，取得了一定的社会效益和经济效益；大多数经济发展居中游的城市借鉴先进地区的做法，正在启动数字地名建设，大有迎头赶上的势头；更多的经济欠发达的城市还处在规划设计阶段，其建设工作显得有些力不从心。自民政部全面启动"数字地名"建设工作以来，各地都在积极推动数字地名建设工作，在取得较好发展的同时，也遇到了一些困难和问题。特别是试点建设之初尚未表露出的一些深层次矛盾和困难，随着各地数字地名建设工作向纵深的推进而逐步显现出来。我们深切感到：数字地名建设一是起步难，二是进步难。

二、 数字地名建设存在的主要问题

（一） 资金不足， 数字地名建设工作举步维艰

数字地名建设是一项庞大的系统工程，其显著特点是投入大，消耗大，服务广，收益小。由于数字地名建设前期投资大，后续维护运行资金压力也不小。因此，在目前大多数地方财政还比较困难的情况下，要做好数字地名建设服务工作绝不是一件容易的事。加上一些地方由于认识不到位，政府相关部门之间协调配合不够，管理体制不顺，导致建设资金难以保障到位。目前，除少数经济较发达的城市由地方财政基本提供建设运行资金外，一般中等经济条件的城市，大多数是借助地方财政提供的前期少量启动资金，勉强完成部分服务项目建设，尔后再靠自筹资金来逐步开发建设，致使有些服务项目因后续资金投入不够，出现了运行停滞的现象。而更多的经济欠发达的城市，由于地方财政困难，前期资金投入无法保证，因而对开展数字地名建设信心不足，导致数字地名建设规划只得停留在口头上，记录在案卷里。

（二） 服务内容单纯， 制约数字地名的发展

由于数字地名服务内容相对单纯，服务形式单一，其受众面也就自然受到了限制。从目前情况来看，已经启动数字地名服务的城市大多是通过地名网站来做地名服务的。因而有限的服务内容和受众面，难免影响数字地名的服务，严重制约了数字地名服务的发展。现实情况是，数字地名的服务领域非常广阔，除地名传统服务业务外，像交通运输，邮电通信，观光旅游、寻医问药等关系群众生活方方面面的服务都涉及地名服务内容，但又并不完全等同于我们所实施的数字地名服务范畴。这一块自然延伸的服务资源既丰富又宝贵，理应得到拓展和利用。遗憾的是数字地名在服务内容定位上却忽视了这一延伸服务的发展空间。反倒是

这些部门行业巧妙地有选择地把地名服务的一些内容嫁接到本行业服务的内容之中，使之融合与优化，逐步形成为行业的专项服务。这种行业间服务资源的相互渗透、互相延伸利用，实质上就是服务资源的整合。这种服务资源的有机整合，不仅能丰富行业的服务内容，而且能大大提高服务的受众面。从数字地名发展空间的角度而言，这种服务资源的整合正是今后拓展数字地名发展空间的优势所在。

综上，当前数字地名建设服务工作中存在的主要困难不外乎两点：一个是资金缺乏的问题；一个是服务内容不够丰富的问题。归根到底还是数字地名建设服务能否可持续发展的问题。解决好这个问题，其他困难也将会迎刃而解。

三、 实现数字地名可持续发展的对策

数字地名建设是我国经济社会发展的客观需要。所以，要充分发挥自身资源优势，借助现代信息手段，建设好数字地名服务项目，要以坚持创新为服务思路，建立健全数字地名服务长效运行机制，不断扩大服务范围，延伸服务内涵，借助市场运行手段来筹措资金，以实现数字地名建设服务的可持续发展和经济效益与社会效益的互利共赢，可以从以下方面不断完善。

1. 合理利用资金，建立多元化资金筹措机制。

解决数字地名建设的资金来源问题，是推动数字地名建设和发展的关键。一方面要根据城市自身的经济状况，将有限的财力资源合理利用，政府职能部门必须建立起完善的资金使用制度，建立制度的目的不仅是监督资金的使用和流向，更重要的是优化资金使用方式，按照先主后次、先急后缓、经济效益与社会效益并重的原则，规定好在何种条件下优先将资金投入到何种服务项目，妥善解决经济效益与社会效益之间的矛盾，同时城市地方财政要从支持数字化城市建设发展进程的角度来看待数字地名建设，加大财力投入力度，切实保障数字地名建设顺利进行。另一方面要摆脱单纯依赖政府投资的传统建设运行模式，大胆引入市场手段，建立与市场经济相适应的筹资运行机制，面向市场，依托市场，多元筹资。经过多个城市的实践，目前成效较好的方法是经营地名资源，这一方法能够

将无形的地名资源转化为有形的市场商品，通过合作建设、有偿出租地名资源和有偿冠名等市场化手段，充分挖掘地名资源的市场潜力，以资源换市场，以市场促进地名资源的转换。学会利用市场经济杠杆，善于打破条条框框，形成政府、民间共同投资的建设格局。这样一来既能筹措数字地名建设资金，又能开辟一个市场资本参与数字化城市建设的渠道，一举两得。

2. 扩大发展空间，以人为本，贴近百姓服务。

（1）挖掘自身优势，整合各类服务资源。数字地名建设作为民政部门为民服务项目之一，是军事应用、交通运输、通信建设、邮电网络等其他行业为民服务的基础性工程。充分挖掘自身资源优势，树立地名服务个性品牌，主动整合邻近行业服务资源，使之有机结合、互为补充、相辅相成，是数字地名服务拓展发展空间的有效途径。首先，把数字地名建设纳入民政服务项目信息化建设的总体规划内加以实施。将地名服务与各项民政服务项目进行整合，做到网络平台共享、信息服务共享，使数字地名服务与其他民政服务互为补充，既能节省人力、物力、财力，又能形成具有特色的为民服务。其次，要明确民政工作为人民的主题，做好特色服务品牌。以民政服务资源整合为主体，逐步延伸地名服务，与其他行业服务资源有机整合，着力打造一个公共便民服务网络平台，扩大受益群众范围，形成品牌优势，进而提升数字地名服务的生存能力，促进长远发展。

（2）坚持以人为本，做好地名特色服务。按照市场运营理念，消费者是商家的客户，对于数字地名服务来说，群众就是数字地名服务项目的"客户"。我国是一个拥有13亿人口的国家，人民群众的日常生活处处离不开地名，对于数字地名服务来说，就相当于拥有13亿的"客户"，这个巨大的群体中包括不同年龄段不同层次的人，以目前数字地名所涵盖的服务人群来看，根本无法做到全年龄段或全层次段的覆盖，例如地名网站服务针对的人群必须具有能够接入互联网的条件，对于相当一部分不会操作电脑的老人来说就有服务空白；地名查询触摸屏服务对于盲聋人和行动不便的残疾人等群体来说也存在服务空白。要想让这些特殊群体也成为数字地名的服务对象，就必须扩大服务范围，针对特殊群体创建数字地名的特色服务品牌，采取有效手段将这些人纳入到服务范围中，在结合多元化筹措机制的前提下，服务针对的人群范围越大，赢利就越大，不但可以使更多的群众得到服务，还增加了赢利空间，进而数字地名建设资金投入就越多，有了资金就可以更好的发展数字地名建设。这一良性循环很好地兼顾了社会效益和经济效益，形成了双赢的局面。

在我国当前社会环境下，坚持创新思路、积极探索，不断提高数字地名服务建设力度，以多元化筹资机制和长效服务机制打造数字地名服务品牌，不断丰富地名服务内涵，整合各类服务资源，拓展地名服务空间，是确保数字地名建设不断向前发展的有力保障。

（作者单位：莱西市民政局；青岛市市北区民政局）

浅议淄博市当前地名公共服务工程建设面临的主要问题及对策

陈桂香

一、 淄博市地名公共服务工程建设发展概况

地名公共服务工程是服务经济社会发展和人民群众生产生活的公益性基础工程，是地名规范、地名规划、地名标志和数字地名四位一体的系统工程。实施地名公共服务工程，健全公共服务体系，是转变政府职能的要求，是建设服务型政府的实际举措，也是推进服务型民政建设的应有之义。早在新世纪之初，淄博市就着眼于城市化和信息化发展要求，按照省市有关部署安排，积极主动工作，大力开展城乡道路设标、地名网站建设、山东省地名数据库信息录入和区划地名勘界"三位一体"信息化系统开发，淄博市地名设标工作受到省厅表彰，周村区开发的"三位一体"地名信息管理系统在全省推广。从2005年下半年民政部、建设部联合在全国范围内启动地名公共服务工程建设以来，在各级党委、政府的重视下，本着以人为本的服务宗旨，坚持求真务实的工作作风，把地名公共服务工程作为提高政府公共服务能力的基础性工作、作为政府为民办实事的民心工程、作为新时期地名工作的中心任务，摆上重要日程，认真组织实施。五年来，淄博市组织有关人员到郑州、济南等地参观学习地名规划和地名管理办法编制，聘请全国知名专家学者召开新城区道路命名研讨会，努力推进地名法规制度化建设；在电台、报刊等媒体开设地名文化讲座，面向社会公开征集淄博地名故事，努力弘扬地名文化；在沂源县召开乡镇驻地道路设标现场观摩会，深入推进城乡道路设标工作；做好国家地名数据管理系统的信息录入，升级完善地名网和触摸屏软硬件系统，进一步提升地名信息化服务水平；加强地名命名管理，纠正了部分不规范的地名等。地名公共服务工

程建设取得显著成绩。市及各区县（周村网站包含在区民政局网内）均建成了地名网站、地名查询触摸屏等一批地名基础服务设施。城市道路标志和乡镇驻地道路标志设置率分别达到100%和90%。截至目前，《淄博市地名管理办法》已经完成大部分工作，接近定稿。《淄博市地名规划》已经完成初稿，正在抓紧修订中。市区（县）两级地名数据库录入各类地名信息3.2万余条，已经上报省厅通过验收。全市地名公共服务工程建设累计投入资金约500万元。通过地名公共服务工程建设，进一步提高了政府行政管理效能，提升了地名信息化服务水平，树立了民政部门的良好形象，方便了群众的生产生活。

二、 面临的主要问题

当前，城镇化、工业化、信息化建设快速推进，政府依法行政的理念深入人心，服务型民政建设方兴未艾，新形势下地名公共服务工程建设水平与政府行政管理需要和人民群众生产生活需求仍存在不小差距。主要表现在：

（一） 法规制度建设滞后

主要是现行地名管理法规的不少条文已经不适应新形势下的任务要求，而法规建设的推进力度不强。就淄博来讲，全市5年来基本没有制定综合性的地名管理规范，1992年制定的《淄博市地名标志管理办法》有关条文明显落后甚至阻碍工作发展。工作中迫切需要的《淄博市地管理办法》，从2007年开始编制，虽已完成大部分工作，但在地名标志的设置管理等关键问题上仍与公安、建设等部门有分歧，不易形成统一意见，工作推进阻力比较大。淄博市及各区共同编制的《淄博市地名规划总体方案》，虽然已经完成初稿，但市、区两级在规划编制的组织领导和专业技术支撑上与担负的高标准修订任务不相适应，使按时保质完成修订任务面临的困难比较多，任务比较艰巨。

（二） 部门协作机制不畅

主要是与建设、规划、公安等地名管理相关部门的协作机制不健全，会议、检查、监督等制度落实不到位，地名主管部门监管缺失，相关地名管理部门工作协作意识不强，地名管理有关部门没有形成工作合力。

（三） 信息化服务水平不高

地名网站、触摸屏、行政区划地名图和问路电话等信息化服务平台设施软硬件水平不高，功能不全，信息更新不及时，服务手段单一，满足不了日益增长的政府办公和群众出行的需求。

（四） 地名文化弘扬不够

对当地特色的地名文化弘扬保护不够。一些群众喜爱的老地名不断消失，许多新命名的地名含义狭窄雷同，不少地名缺乏历史文化底蕴，一些地名含义庸俗，个别地名格调低下，不符合社会主义精神建设的要求。

（五） 非法地名清理比较困难

未经地名主管部门批准便擅自在报刊、电视台、电台、网络等媒体上宣传使用的非法地名名称多，未经地名主管部门批准便擅自设置的非法道路、居民区和地标性建筑标志多。单凭地名主管部门的单薄力量无法胜任大量非法地名的清理任务。

造成上述问题的原因，除了历史形成的体制机制和法规制度制约等客观因素外，还在于个别地名管理部门和单位片面强调各自利益，工作中各自为政，不配合地名主管部门的工作；一些地名管理服务对象法规意识淡薄，不遵守执行地名管理有关规定；部分地名工作人员创新意识不强，对新知识新技能的掌握能力不强，组织协调工作不力等。

三、 对策及建议

为进一步提升地名公共服务工程建设水平，有关部门特别是地名主管部门应着力从以下几个方面推进工作。

（一） 加快法规制度建设， 夯实依法行政基础

一是要切实重视法规制度建设。政府有关部门和领导要高度重视地名法规制度建设，摆上工作议程，在各方面给予倾斜支持，推动法规制度建设健康发展。二是要加快重点法规制度的制定出台。地名主管部门要坚持民政部门是各级地名主管部门的立法依据，坚持专家意见、群众意愿与领导意志相统一的规划编制方向，加强组织领导，加大部门协调，采取有效措施，加快保障以地名管理办法和地名规划为重点的法规制度的制定实施，以满足地名管理部门依法行政的迫切需要。三是要加强工作研究。地名工作者要认真总结分析影响地名公共服务工程开展的主客观因素，及时向领导建言献策，制定便于有效落实的解决措施，力争对地名管理的各个环节和方面都要进行规范，逐步建设完善的地名管理法制化体系。

（二） 加强部门协调， 形成整体工作合力

一是要妥善解决历史遗留问题。要对地名标志管理体制各地不一等历史遗留问题加强协调，妥善解决。时机不成熟暂时无法解决的，也要制定推进计划，并区分各部门的任务，明确各部门的责任。确保工作有人做，责任有人负。二是要完善部门协调协作机制。要积极发挥市、区县两级地名委员会的综合协调作用，定期召开有关协调会议，对重大的地名管理事项如《地名管理办法》和《地名规划方案》的编制修订，要召集有关部门集中统一研究，达成一致意见，形成政府有关部门工作合力。三是要建立地名管理信息共享机制。要发挥主管牵头作用，主动协调相关部门落实地名管理的相关工作，在工作部署、检查和考核等方面发挥应有的指导、监督和服务作用。要坚持以服务促管理，主动发扬主管部门的服务精神，在关键环节和重要场合为有关部门提供有效的地名信息服务，以主动作为赢得有关部门的支持配合，畅通信息交流渠道，并逐步探索建立一套行之有效的信息共享机制。

（三） 开展工作创新， 努力提供优质服务

一是要转变思维模式。要着眼现实的任务要求，转变思维模式，坚持创新发展，以创新的思路、创新的方法和创新的手段来解决工作中存在的问题，特别要

善于利用社会力量来推动工作创新发展。二是要提升信息化服务平台的软硬件水平。适应信息网络技术发展要求，对现有的地名网、触摸屏、地名数据库管理系统、行政区划地名图和问路热线等软硬件平台设施进一步改造升级，提升性能，完善功能，以适应新形势的需要。三是要提供优质服务。发展完善现有信息化平台，努力拓展地名公共服务工程建设的渠道范围，充分利用市、县两级地名数据库的管理服务功能，积极提供便捷高效的网络化信息服务，满足政府行政管理和群众衣食住行等各方面的地名公共服务需求。

（四） 加大执法力度， 坚决清理非法地名

一是要摸清非法地名的底数。要实地排查，对目前社会上大量存在的非法地名标志（包括非法道路标志、非法居民区标志和非法地标性建筑标志）及在报纸网络等媒体上大量使用的非法地名名称，要现场取证，登记在册，摸清底数。二是要大力宣传地名管理法规。要结合制定实施地名管理相关制度性规范，在电视、电台、报纸和网络等媒体上广泛宣传各级地名管理法规，提升全社会对地名公共服务工程的关注度，提高有关部门、单位和群众遵守地名法规的自觉性。三是要协调有关部门联合执法。要根据行政执法规范，联合公安、城管、建设、规划、文化等部门，对大量使用的非法地名名称和大量设置的非法地名标志要予以清理、拆除，对相关部门和责任人员要依法进行处罚，切实维护地名管理法规的严肃性，规范地名管理工作秩序。

（五） 保护开发地名文化资源， 弘扬特色地名文化

一是要建立历史地名保护名录。要筛选富有历史文化内涵、能反映淄博特色的老地名辑录成册，向社会公示取得基本一致意见后，由有关职能部门确认为法定的保护名录，并不断充实丰富，使有价值的历史地名受到保护。二是要建立地名专名和通名采词库。要汲取我国传统历史文化的有益养分，借鉴其他地区的成功经验，突出淄博特色，择精择要地汇集成地名专名和通名采词库，为地名命名提供文化支撑，提升地名命名的文化层次。三是要开展一系列地名文化活动。通过开展地名研讨会、地名文化展览和编辑地名工具书等活动，推动地名文化在全社会的普及，弘扬地名文化。

（六） 加强队伍建设，营造干事创业的良好氛围

一是要充实骨干力量。各级领导要根据当前基层地名工作人员少事情多、工作开展难度大的实际，选调骨干力量到地名工作岗位上培养锻炼，充分发挥人才的辐射带动作用，推动工作发展上新台阶。二是要健全工作队伍。区县地名主管部门要逐步建立纵向到镇办和村居、横向到相关地名管理部门和单位的地名兼职工作人员队伍，形成地名管理工作纵横到边的组织管理体系，充分发挥管理优势。三是要搞好学习培训。地名主管部门要结合不同形势任务，认真落实新知识新技能培训、集中培训和外出参观学习等学习培训制度，努力打造学习型地名工作部门。地名工作者要牢固树立终身学习的思想，坚持在工作中学习，在学习中工作，尤其加强对新知识新技能的学习掌握，不断提高自身的能力素质。四是要加强和改进作风。地名工作者要着力培养严密细致、一丝不苟的过细作风，强化令行禁止、步调一致的纪律养成，形成求真务实、开拓进取的工作精神。努力塑造干事创业的新形象，展现地名公共服务工程建设的新面貌。

（作者单位：淄博市民政局）

谈对地名档案管理现代化的认识

陈效忠

随着社会经济的发展，城乡建设步伐的加快，特别是信息化、数字化、网络时代的到来，信息的查询和传递在瞬间完成，因此，地名档案传统的管理模式遇到了严重的挑战。

（一） 地名信息量随着城乡建设的发展日益增多， 地名档案管理严重滞后

随着改革开放的深入发展和城市化进程的不断加快，我国的城乡建设日新月异，行政区域划分日趋合理。城区规模的扩大，城市组团的形成，中小卫星城镇的建设，旧城改造以及城市基础设施的扩建与完善，使得大量的旧地名消失，新地名成批涌现，且呈逐年上升趋势。以山东省为例，近三五年，山东作为经济较发达地区，城市建设速度突飞猛进，我们在为各市及区、县作地名规划时，大到地级市，小到乡镇，所提供的城市建设规划图常使我们看到城市间的距离在不断缩小，每个城市以每年几平方公里甚至十几平方公里的速度向城市四周发展，新增的商用设施、住宅区、道路、广场、立交桥等不断涌现，加之乡镇区划调整，乡改镇、改街道办事处工作也随着城市化进程的加快而不断增加，因此，各级政府每年都会公布相当多的新地名。而目前地名档案部门原始落后的档案管理模式根本不能适应这样的发展变化，管理严重滞后，以至于新生的地名及相关档案不能及时准确地收集、整理、充实入档，这势必会影响地名档案的完整性、系统性和现势性，从而给档案的开发和利用带来严重的后患。

（二） 地名档案传统的管理模式与信息利用者需求方式之间的矛盾日益突出

暂且抛开地名档案不说，从宏观上讲，档案是机构、组织或自然人进行活动的记录，因而随社会的发展而不断丰富，在档案数量日益剧增的同时，档案涵盖的内容也日益丰富。对于档案工作来说，接受和保管档案的目的就在于方便档案

信息的利用。但是，从目前我国档案管理的整体情况看，非常不尽如人意，以管理为主的传统档案管理模式只注重于档案实体的管理，忽略了档案信息的开发利用。地名档案更是如此。

随着新技术革命的发展和网络时代的到来，人们学习、工作、生活都更依赖于各类信息，这里面也包括各类档案信息。人们需要随时随地通过简便的方式就能够快速查阅各类信息，互联网已经帮助人们实现了美好的愿望。可是，档案（包括地名档案）却存在着利用不景气的局面，一方面人们对信息的需求如饥似渴，另一方面我们的档案信息又很少有人利用，工作中我们常常会遇到群众前来查询某个朝代的某个村名，现在何处？叫什么名称？现状如何？面对全省十几万个自然村名称，没有一套先进的管理系统和快捷高效的查询方式，我们常常感到束手无策，不知从何处下手，一来二去，前来查询的往往是乘兴而来，败兴而去，久而久之，自然是"门庭冷落"；再如，前几年我们曾经帮助河北某地公安部门查找过一个地名，因涉及一桩命案，尽管我们的档案人员竭尽全力，最后帮助其查找到了有关的地名，但是耗时几天，设想如果是公安部门急于确定某个位置抓捕罪犯，岂不晚了三秋？如果我们有先进的管理手段，一点鼠标，所需地名的位置、归属、地形、交通等其他相关信息即可明了，那又将会是怎样一种情形？因此，我们认为，传统的档案管理模式难以满足网络时代人们对信息查询方式的需要，同时也极大地限制了地名档案工作的开展。传统的档案管理模式是以手工整理、手工检索为基础的，服务方式是单一的，而在信息时代利用者对信息的需求是立体化的，要求信息查询实现远程传输和快速检索。

（三） 新型信息介质的出现， 给地名档案管理提出了更高的要求

随着科学技术的发展，出现了许多新型信息介质，如磁盘、光盘、录像带、录音带等以磁性材料为介质的新型载体档案以及微缩胶片、照片等等，这在我们地名档案中已经不是少数。随着办公自动化的深入，电子文件将成为档案信息资料的主体，对于这些新型档案如何保管，也是我们目前急于解决的问题，而这些档案的检索利用，更是我们应探索的重要课题。

再者，随着时间的推移和档案数量的增加，自然和人为因素的影响，以及档案保管条件的欠缺，档案损坏程度也日益增加，如何有效地保护地名档案，延长其寿命，也成为一个重要的问题。上述种种现象说明，地名档案的现代化建设已经到了刻不容缓的地步，必须纳入地名档案管理部门的议事日程。

二、 地名档案管理现代化的意义

地名档案如何在网络时代充分发挥作用，实现其经济和社会价值，我们清醒地意识到，只有走地名档案现代化管理的路子，才是实现其便捷高效服务的唯一途径。

实现地名档案的现代化是将先进的科学技术手段和科学管理方法与传统的地名档案管理方式有机结合，它是以地名数据库为基础，在软件中设置收集、鉴定、自动立卷、检索、借阅、用户识别等功能，既可管理字符型数据库，亦可管理地图数据库，并实现两者间信息交流、更新完善这样一种网络信息的有效管理系统。地名档案信息系统的建立，必将使地名档案管理发生深刻的变化，提高地名档案工作的整体水平，从而促进地名管理、地名学理论研究、地名图书编辑等工作的开展，使得地名档案在社会各个领域产生积极的社会效益和经济效益。

1. 提高地名档案的贮存、收藏能力。地名档案与其他档案不完全相同，具有其专业性特点，多半是图文表卡并存，现有地名档案大多是纸质的，具有占用空间大、纸张易老化、不易保存等不足，而现代技术特别是缩微技术、光盘技术的采用，为日益增多的档案存储和管理提供了有效的解决途径，从而增强了档案部门的收藏能力。

2. 提高地名档案信息的处理能力。原始的地名档案管理依靠的是手工管理，有限的地名档案管理人员和落后的管理手段与日益增长的地名档案数量非常的不匹配，矛盾十分突出。地名档案管理现代化的核心和主要内容是微机的应用，它具有高效率信息处理能力，可以用来组卷、编目、分类，进行各种统计和分析等，在业务工作中代替一些人工操作，从而提高档案信息的处理能力，加快工作进度，提高工作效率和质量。

3. 提高地名档案信息资源的开发利用能力。档案收藏的目的在于应用，使之产生社会效益和经济效益，为经济建设和人民群众服务。应用计算机对地名档案进行编目、检索、借阅管理，速度快，准确性高，可以提供多种检索途径，而且可以实现网上查阅，使利用者足不出户便可查到自己需要的档案资料，数据库技术和信息技术在地名档案管理工作中的应用，可以大大提高各种数据的组织、存取、统计、查询速度，提高对信息的收集、分析、表示以及系统的设计开发技术和能力，从而提高地名档案资源的开发利用能力。总之，运用现代信息处理技术来开发地名档案资源，能够极大地提高其开发能力和效率，进而提高地名档案的利用率和地名档案管理部门的服务水平，以实现地名档案收藏的最佳效益。

4. 提高地名档案信息资源的安全保护能力。地名档案作为一种专业档案，有其独特的专业性特点，既有文书类档案，又有地名专业档案，更有一些在二十世纪七十年代经抢救保护而形成的颇具研究和考证价值的史料和古迹档案。另外，地名档案信息的载体也不尽相同，种类较多，这就对档案的安全保护措施提出了较高的要求。采用现代科学技术成果，是安全保护地名档案资源的有效措施和手段，无论是预防性措施，还是治理性措施都是如此，今后在继续运用已经证明是有效的传统技术措施的同时，广泛运用新的科技成果，必将进一步提高地名档案保护的能力和水平。

地名档案现代化的建立与实施是社会发展的需要，是人们对各类信息需求的需要，更是地名工作本身发展的需要。因此，加快地名档案现代化建设的步伐，实现地名档案信息的网上运行，已成为地名档案管理工作的首要任务。

（作者单位：山东省地名研究所）

浅议淄川地名管理的问题与对策

刘忠仁

淄川历史悠久，古曰般阳，是古东夷部落活动的主要区域，也是齐文化重要的发祥地之一，为清代著名文学家蒲松龄的故乡。深度挖掘般阳古城优秀的历史元素，使其融入当今的地名文化建设、地名命名管理，体现淄川悠久的自然和人文特色，已经成为众多地名工作者和爱好者关注的一个课题。本文试从淄川地名的历史沿革溯源，就淄川地名命名与管理，谈几点粗浅的看法。

一、 淄川古地名的历史印象

（一） 地名主体建筑精致， 命名考究

般阳故城城垣旧志记载："淄博土城，周围七里三十步，城高二丈，池深八尺，阔一丈五尺，四门皆砌以砖，各设更楼。"四门各有其名，东曰迎仙，南曰迎熏，西曰迎清，北曰迎恩。四门之外各建一古桥，西关桥谓六龙桥，南关桥谓灵虹桥，北关桥谓济川桥，东关桥谓迎仙桥。明弘治十四年（公元 1510 年）知县杨武重修，将城规制如龟，故曰龟城。崇祯九年（公元 1636 年）将土城改建石城，设四门：东内曰黉山，外曰书带；南内曰甘泉，外曰淑圣，西内曰孝水，外曰沙堤，北内曰万年，外曰拱极。同时，县城园林众多，据旧县志记载："淄邑当万山之中，孝水与般萌会之，登山临水，莫此为便，稍加人力，辄为园林"，有石隐园、拱玉园、侯仙园、载酒堂、仙洲园、活水园、万绿园等。

（二） 地名设置富有特色

古时淄川的地名、街道名称大都有一定的说法和来历，比较能够体现历史特征，主要有以下四个突出特点。一是城区街巷多以走向和位置特征命名。比如，

古代城内直通四门主街道有三条：一条是贯穿全城东西大街，分三段，名为"进士坊街""十字街""城隍庙街"；一条是直通南城门，名为"泮宫街"；一条是直通北城门，名为"绣豸（zhi）坊街"，后俗称通济街。二是古老的地名较多。96.1%的村都是 300 年以上的老村。三是以姓氏命名的地名多。明朝年间，因战乱境内人口稀少，从山西迁来大批居民，为怀念家乡故土，村庄多由迁民大户姓氏命名。如"袁家""杨家"等。四是反映当地地理特征的地名多。如"马陵""翟家崖"等。

（三） 地名充满人文气息

县城的建筑、街巷、景点命名大都与历史名人有关联，有着动人的历史典故，人文气息浓厚，给这些固化的建筑赋予了灵魂。例如，气派非凡的牌坊群，大都系明清两代本县名门望族、功名显赫者所立，在牌坊中流传着不少动人的历史故事。"迎恩坊"传说是明代天启四年，在京为官者张至发所建。张至发系淄川人，曾任首辅大臣数年。每逢来山东巡视，都亲临淄川探望乡亲，并召集地方官员在"迎恩坊"下传圣旨。从此"迎恩坊"成了淄川文武官员迎接"圣旨龙恩"的地方。还有春秋战国时期著名军事家鬼谷子曾隐居黉山，讲学授徒，其弟子孙膑、庞涓、苏秦、张仪在此潜心求学，为日后四人成就一部辉煌的战国史，奠定了良好的理论基础。黉山鬼谷洞也因此被称为世界上第一所军事学府。

二、 淄川现代地名命名趋向

近几年来，淄川区认真落实地名管理有关法规，不断加强地名管理工作，在促进经济社会发展和方便人民群众生活等方面取得了一定成效。一是地名命名工作逐步规范，已命名道路 150 条、居民区 47 个、广场 3 个（柳泉、通乾、双凤）、大厦 3 座（正承、汇丰、鸿泰）。拟调整起止点道路 23 条，调整范围的居民区 14 个，未命名的道路 25 条、居民区 12 个、广场 4 个（文化、吉祥、般阳广场、般阳乐园）、大厦 1 座（中海大厦）、体育场 1 个、公园 9 个、桥梁 19 座。

二是地名标志设置健康发展，城区 72 个社区、48 个村、59 个居民区、175 条道路，按照国家标准制作安装标志 234 块；公安部门对城区所有社区和已命名的 47 个居民区楼牌、单元牌、门牌都已按规定进行了安装；三是地名公共服务领域得到进一步拓宽，建立了淄川区国家地名数据库，已录入地名信息 3 810 条，开通了地名网络和地名查询热线，为方便群众、服务经济发展提供了有力保障。具体情况如下：

（一） 道路地名管理工作

为保持地名的延续性和稳定性，对区政府已行文公布的道路名称，不再重新进行命名，如松龄东路、松龄西路、般阳路、城里大街等；对历史上已经形成、知名度高且已深入人心的，仍然保留原有名称；对已命名需延长的淄矿北路、鲁泰文化路、建设路、留仙湖路等 23 条道路进行起止点调整；对历史上已经形成、群众已经习惯，但起止点不明确未命名的淄城路、淄城东路、西关大街 3 条道路进行命名；对新规划未命名焕山路、马莲山东路、马莲山西路、白庙路等 25 条道路进行命名。

（二） 城区居民区地名管理工作

淄川区城区建设日新月异，居民区建设发展迅猛。但是，由于新建居民区、商住楼等建筑物的房地产开发建设单位未经区政府批准擅自给居民区、建筑物等取名，出现了随意取名、名称不规范等现象。为进一步加强城区居民区、商住楼等建筑物命名管理，使之与城市建设发展相适应，杜绝居民区、商住楼等建筑物随意取名的现象，对城区已建和规划的居民区命名进行了统一规范：对不符合要求的居民区名称不予采纳；对已命名的群众公认和房地产开发建设单位已使用的 47 个居民区名称予以保留；对 12 个未命名、但群众公认、且房地产开发建设单位已经使用的含义健康、符合要求的居民区予以规划命名。

（三） 城区大厦、 广场、 体育场、 桥梁、 公园地名的管理工作

道路是城市的骨架，而大厦、广场、体育场、桥梁、公园绿地是人们购物、娱乐的场所，也是城市中必不可少的组成部分。

1．大厦、广场，以单位名称和地理位置命名。参照外地经验，对高度在30米（10层）以上的办公楼、商住楼、综合楼等命名为大厦，如正承大厦、汇丰大厦等。广场是指有大面积空旷平地，可供人们集中活动的场所，如柳泉广场、双凤广场等。

2．体育场、公园为居民锻炼身体、增强体质、有大面积空旷绿地和各种设施、且能开展各种活动的场所。以自然地理和功能来确定名称，如鲁泰体育场、留仙湖公园等。

3．桥梁名称的确定，结合历史人文或依据自然地理实体确定名称。如六龙桥、西关大桥、般河桥等。

三、 存在的问题

通过地名工作调研，我们发现在城区地名管理工作中，还存在许多制约因素，主要表现为：

（一） 地名公众意识相对滞后

淄川历史悠久，文化积淀深厚，古淄川的地名都依历史渊源设置，富有人文气息。"聊斋故里""鲁中商城""建陶名城"都可作为淄川的名片。而在现代淄川的地名命名中并没有很好地彰显出这三张名片，公众对地名的认识不足，特别是开发商和建设单位在地名取名的过程中，多以企业名称取名或一味求大求洋，以获取最大经济利益为目的，造成了名实不符，违背了国家《地名管理条例》，导致地名命名混乱。与此同时，对地名法规、地名文化宣传不够，人们对地名命名的重要性认识不够到位。

（二） 地名命名、 更名存在不规范因素

一是我区于1989年出台《淄川区地名管理规定》已二十多年了，已不适应当前的地名管理工作；二是地名冠名隐患多，我区现有16条街路实行冠名，冠名前后，居民户籍、身份证、房地产证、工商税务证等都要变更，造成不必要的

麻烦和浪费。

（三） 地名标志设置不足

城区地名设标只是部分主要干道设标，但乡镇地名设标不足。不同程度存在标志不符合标准、数量不足、布点不合理、不便于公众使用等不合理因素，这些都不同程度影响着地名标志服务功能的发挥。

四、 当前地名工作中的主要制约因素

近几年来，淄川地名工作在上级业务部门指导下，在政府的大力支持下取得了一定成绩，有的工作走在了省市前列。但从科学发展角度来看，地名管理工作中还存在着许多制约因素：

（一） 国家地名法规建设没能与时俱进

将成法于 20 世纪 80 年代末、九十年代初的至今未曾修改过的国务院《地名管理条例》作为开展地名管理工作的主要法律依据，在开展地名管理工作中越来越觉得力不从心。改革开放以来，我国的地名管理机构、职能随着经济社会发展发生了很大的变化，地名管理工作对象内涵和外延更是发生了显著扩展，比如，《条例》中规定全国地名主管机构为中国地名委员会，如今该机构早已撤并，地名管理主要职能划给民政部，地名范围从以前政区、道路名称为主扩展到政区、道路、城市建筑物、公共设施名称为主，地名规划、地名公共服务、地名标准化、地名信息化等新手段和新技术成为新时期地名工作重点，而地名行政管理职能受到了进一步规范和约束，由于现有的《条例》《办法》对地名管理审批程序、执法主体、违法责任都未做出必要规定，以致造成地名管理工作监督乏力、管理无据等被动局面，导致地名命名随意、一地多名、重名以及不使用标准地名、损坏地名标志等现象普遍，不仅给人民群众出行、交往带来不便、造成损失，同时，也给抢险救灾、测绘、户籍管理、地籍登记、房产登记、邮政通讯等政府部门管理带来诸多问题，损坏了政府形象。

（二） 地名命名管理体制没有理顺

在城市建设中，地名命名与其他相关部门还没有完全协调起来。往往是项目立了，规划局也规划了，城建部门也出具建设许可证了，大楼盖起来了，房子开始销售了，才到民政部门办理命名手续，最终造成了命名滞后的现象。有的从立项到建设再到命名，建设单位和产权单位使用的名称不一致，造成了一地多名和同音不同字的混乱现象。

（三） 地名管理队伍力量弱化

主要是地名管理工作机构弱化、队伍素质有待提高。从 20 世纪 70 年代末 80 年代初，开始建立各级地名工作机构以来，地名工作队伍从无到有，逐步壮大，通过老一代地名工作者们的"传帮带"，地名工作队伍素质得到了较大提高。近几年来，随着行政事业机构改革调整，地名机构、编制配备出现弱化。尤其是随着信息化时代到来，现有地名队伍中"老同志不懂计算机技术、新同志缺乏地名专业知识"，结构性人才断层现象越来越明显，地名队伍复合型人才缺乏成为影响地名管理工作持续发展的主要瓶颈。

五、 几点措施

"知今而不知古，谓之盲瞽；知古而不知今，谓之陆沉"。今昔对比，尽管现代化城乡建设日新月异、社会经济日益繁荣发展，但地名命名远不如过去考究，显得逊色于古人。对此，我们将继续努力，积极争取领导支持，充分发挥工作主动性和积极性，认真做好以下工作：

（一） 完善地名管理机制，营造强大合力

地名规范是做好各项地名工作的基础。加大对地名知识的学习和研究，贯彻落实地名规范和技术规范，是当务之急。依据国家《地名管理条例》、民政部《地名管理条例实施细则》、《山东省地名管理办法》和《淄博市地名管理办法》，修订出台《淄川区地名管理规定》，使地名工作有章可循、有法可依，与时俱进。

成立淄川区地名委员会，完善政府主导、部门配合、社会参与的工作机制，挖掘社会资源，广泛吸引社会力量参与。通过地名委员会来解决部门间的议事协调，从而达到理顺关系，凝智聚力，共谋发展的目的。进一步理顺管理体制，完善运行机制，坚持和完善地名命名更名工作的科学性、严肃性，广泛开展地名法规宣传，增强公众的地名意识。

（二） 完善地名命名体系

为了加强地名命名更名的科学性和计划性，优化地名环境，提高地名文化品位，严格地名命名更名管理，及时命名新地名，稳妥清理整顿不规范地名，提高地名标准化水平，根据淄川区城市规划和城市地名规划，决定对淄川地名进行调整规范。

（三） 完善地名公共服务工程

根据上级要求，完成淄川区地名规划方案的编制工作，为地名管理规范化、系统化、标准化奠定良好基础。进一步加大设标力度，到 2011 年底，全面完成城区和镇地名设标任务，并积极拓展农村设标工作，形成完善的城乡一体化地名标志体系。研究探讨多种形式采集地名信息，扩充数据库和触摸屏的信息量。结合区划调整，制作新的淄川电子地图和出版淄川政区图和城区图，积极探索地名信息化服务方式，大幅度提高信息化服务水平。

（四） 大力开展地名文化的挖掘和利用

大力开展地名文化研究和宣传活动，充分发挥淄川区历史悠久和地域地名文化积淀深厚的优势，以政区、聚落、建筑、人文地理和自然地理实体、丰富的地名词语文化、较深厚的历史文化内涵、较独特的地理文化景观、较鲜明的乡土文化内涵等名称为重点，加大对地理历史文化的挖掘和利用，充分发挥地名历史文化鉴古知今、古为今用、服务社会、城市名片的作用。突出做好《淄川地名故事》的搜集、整理，于 2011 年 6 月出版《淄川地名故事》第一辑，为弘扬地名文化，促进地名管理做出新的贡献。

（作者单位：淄博市淄川区民政局）

浅析临淄区地名规划

赵清栋

一、 引言

地名是人们赋予某一特定空间位置上自然或人文地理实体的专有名称。地名作为一种载体，反映了特定的地域文化，是一定历史时期内地域政治、经济、文化、风俗的代表。

地名管理工作作为政府行政职能的重要组成部分，与广大人民群众的生产生活息息相关。随着城镇化进程以及城市建设步伐的加快，新的开发区、工业区、居民区、街巷和自然景观等不断涌现。信息时代的来临，使得人们对地名信息的获取和快速传播提出更高的要求。近年来临淄区的地名管理工作虽然取得一些成效，但也出现了一些新的问题，主要表现在以下几个方面：

（一） 城市地名管理与城市规划管理脱节

存在地名重复、命名无序、系统化程度不高等问题，不仅给城市管理、人民生活带来不便，而且不利于城市文化品位的形成和统一，影响了城市的发展。

（二） 建设单位自行命名情况时有发生

部分建设单位地名命名申报意识不强，存在先建设后命名、先使用后报批的情况。随着城市化进程的加快，城市中出现了大量的开发建设项目，部分开发建设单位未到地名管理部门办理命名审批手续，自行命名并对外宣传。这些名称往往是一些不符合地名管理规范的名称，有的贪大求洋，有的乱用通名，还有的冠以企业名称，经过媒体广泛宣传后，在群众中造成深刻影响，妨碍了地名管理法规的具体落实。

（三） 缺乏对历史地名的保护意识及措施

历史地名记录了城市发展的变迁，是区域历史文化的重要载体。随着城市的现代化建设，旧城改造致使一些具有悠久历史的老街区、老建筑被拆除，相关的历史地面也随之消失。加之目前人们保护历史地名的意识还不强，保护措施不够得力，在地名命名时贪大求洋、喜新厌旧，新地名无法传承历史，而且缺乏文化内涵和深层寓意。

以上种种问题的出现，与地名规划编制的滞后和缺位不无关系。因此，及时科学编制地名规划，切实解决地名零散、无序，整体性、系统性、历史性不足等问题显得尤为重要。

二、 地名规划的地位、 意义

地名规划是在一定时期、对规划区域内各种自然、人文地理实体名称（音、形、义方面）进行符合法规和标准化要求的设计，以及对地名体系的总体设计。地名规划以城市建设规划、国土规划为出发点，以地名调查为基础，是一项政策性、政治性、科学性很强的工作，涉及交通运输、新闻出版、邮电通讯、公安户籍、测绘制图等各个方面，体现着党和政府的方针政策，关系到地区经济建设和群众日常生活，在生产生活中发挥着重要作用。

三、 编制地名规划的原则

科学编制地名规划，可以保证地名命名、更名更加科学合理，在提升地名文化品位的基础上，有利于进一步提高地名管理的科学性。针对地名管理工作中存在的问题，在地名规划中注意以下原则：

（一） 城市地名规划与《临淄区城乡发展规划》（2006～2020 年）相一致

地名规划和城市建设规划都是城市规划体系的重要组成部分。编制地名规划应当立足于当前的城市建设规划，并与之紧密结合。地名规划编制前必须要充分了解城市建设规划编制的时期、范围和对象、区域功能差异以及各功能区基本情况。根据城市建设规划布局，确定地名规划的命名更名方向，使城市地名规划与城市建设规划融为有机整体。

名称命名要立足长远，贴近实际，方便群众，充分体现临淄齐文化特色；道路走向从通名上有明显区别。东西向称路，南北向称街；生活区命名注意规模要适当；道路贯通的用同一个名称；避免用企业名称命名道路。

（二） 主城区和其他片区地名体系之间自然衔接

保持城市地名体系的完整性对城市风格的统一和城市文化的发展起着重要作用。从临淄区城市总体规划来看，随着"一城三片区"建设的推进，保留主城区地名特点，按地域和功能对各个片区的地名进行地名规划是完善地名体系的重要举措。由于各片区与主城区已是一个完整的城市规划体系，地名体系也应当相对完整。因而在编制各片区地名规划方案时，既要体现出各片区的特点，又要使之与主城区原有地名自然衔接。

（三） 继承与创新并重，注重保护历史地名

原有地名尤其是主城区地名，是在历史地名遗存基础上的延续和发展，反映了临淄历史悠久的齐文化，是临淄区地名规划需要着重表现的方面，以继承保护为主，一般不做更改，只对通名进一步规范。

通过调查文献和走访，全面收集各类历史地名的资料信息。对于已经注销的具有历史文化价值的地名，可重新启用；对难以直接使用的历史地名，可通过雅化或谐音的办法加以利用，以保持新地名与历史地名的内在联系。

对未经过正式命名的已规划或建成的新功能区，可在命名时进行适当的创新，选择能充分反映时代特征，或者体现临淄区历史、地理，反映城市规划区块功能等特点的词语用于命名。

（四） 明确各类地名的采词范围，确保地名命名可持续发展

编制地名规划还要着重建立城市规划中的道路、桥梁、居民区及各片区命名

的采词原则。即建立一类词库，将来为新规划的道路、桥梁、居民区等某类自然地理实体命名时，从词库中选择具有共同特性的词语，这样有利于保持地名体系的完整性和命名风格的一致性。

（五）发掘历史资源，体现城市的文化色彩

临淄区是齐国故都、石化名城、世界足球起源地。既不乏"泱泱齐风"古朴深厚的文化底蕴，也不乏工业城市的现代与先进。临淄区地名规划应充分挖掘历史文化资源，体现浓厚的齐文化特色，历史感与现代感并重，提升城市的整体文化品位。

四、通名规划

（一）道路名称通名

为便于记忆、使用，道路通名分为三个等级：大街（大道、大路）是指道路红线宽度 60 米以上，并能贯通市区的城市快速路和主干道；路、街、道应为道路红线宽度 30 米~60 米，长度 500 米以上的次干路；巷、里、胡同为道路红线宽度 30 米以下的支路。

（二）居住区通名

1. 小区：居住总户在 3000 户以上，并且公共服务配套设施完善。

2. 花园：绿地率不低于 35%。

3. 园、苑：绿地率不低于 30%。

4. 山庄：依山而建，绿地率不低于 35%。

5. 别墅：建筑物容积率不超过 0.5。

6. 城：封闭状态的特大型居住区。

居住区通名还有院、新村、公寓、居、里、庐等。

（三）桥梁通名

一般有立交桥、高架桥、大桥、桥。

（四） 公共活动中心与公园绿地通名

广场，配有相应附属设施，具有综合性多功能的开放型广阔的公共场地，占地面积应在 1 万平方米以上。还有公园、花园、园、纪念堂、纪念馆、纪念阁、纪念碑等。

（五） 大厦通名

应当具有相当的高度和建筑面积（不少于 2 万平方米）的单体建筑物。

五、 地名详细规划

（一） 主城区地名

随着城市的发展，会产生大量新的道路、居住区、重要的人工建筑物等，均须进行及时地、科学地命名。主城区地名总体应保持长期稳定，除通名更改外，一般不予更名。

南北走向的道路，从齐都路往东至北齐路，依次命名为安平路、蹴鞠路、滨江西路、滨江东路；东西走向的道路从齐盛路往北至青银高速公路之间道路命名为兵圣路街。

（二） 齐鲁化学工业区片区地名

该片区既与主城区相接，又具有相对独立的空间布局。在地名命名上突出工业兴旺，继承性与前瞻性并重，与东部的中心城区贯通的道路用同一个名称，命名采用既体现齐文化内涵、又突出时代气息的寓意吉祥、生机勃勃的词组和当地古地名、现代地名等名称。南北走向的道路从辛化路往西至冯北路依次命名为民本街、天材街、九合街、广川街、敦富街、和谐街、廉政街、百朋街、万钟街、信昌街、德昌街、地利街、度地街、高第街、树人街、一匡街、争鸣街、礼义街、愚公街、葵丘街、高阳街、金鼎街、金尊街等。东西走向道路干道、次干道以齐国临淄七个著名人物命名，自北向南依次命名为高傒路、穰苴路、田常路、匡章路、田和路、仓公路、缇萦路。因为该区域与中心城区相连，能够和东部城区贯通的道路采用统一的路名，如牛山路、晏婴路等。

（三） 齐城农业高新技术开发区地名

齐城农业高新技术开发区突出"农"字，以《齐民要术》为重要的取名依据，同时参考当地重要的齐文化典故、名称。东西走向的道路从青银高速公路往北至运粮河依次命名为齐民路、宏达路、齐顺路、富民路、康庄路、张皇路、梧台路、运粮河路。南北走向的道路从辛河路往西至凤凰路依次命名为农圣街、农广街等（与主城区贯通的用一个名字）。

（四） 桥梁名称

对横跨于乌河之上的九座桥，其中规模最大的沿临淄大道跨河桥命名为乌河大桥，其北靠近梁家庄的桥，命名为梁庄大桥。其他八座桥则采用发生于齐国的历史典故和成语词语分别命名为识途桥、一鸣桥、门庭桥、百家桥、诚信桥、兴贤桥、借光桥、充数桥（此为最小的桥）。横跨于淄河之上最大的桥命名为淄河大桥，其他几座桥分别命名为争鸣桥、三七桥、拜月桥、归来桥。

（五） 居住区名称

居住区名称不宜过多，划分以道路分割为原则，并考虑地名的整体性。居住区的具体名称在建设项目立项时才能确定，但在对城市地名进行全面规划时，需要做宏观上的规划，即通名的规划和对专名提出规范化的要求。通名规划已经在前面做了叙述。对专名的规划仅提出原则性的要求。按照地名法规的有关规定，不用生僻字和字音、字意容易混淆的字，不能使用外国的地名和人名、禁止使用影响民族团结的和含义不健康、甚至低俗的名称。居住区名称的采词应该选用那些含义健康、寓意美好、富有齐文化特色的规范汉字。如春江花城、古都新城、凤凰城、平湖小区、玉泉小区、锦绣山庄、彩蝶山庄，金花园、东湖馨园、滨江雅苑、芙蓉园、翠柳园、玫瑰园、牡丹园、海棠园、菊香园、百花园、万竹园，吉祥里、如意里、居安里、顺和里、万寿里、永康里。还有大量能够反映富有齐文化特色的典故、古地名或吉祥用词，均可以作为居住区的专名。

（六） 地名标志

地名标志包括城市街路巷名牌、门牌、重要的人工建筑物标志等。地名标志的规划应该按照国家和省市规定的标准设计、制作、安装和维护。做到规范、醒目、牢固。对桥梁、城市广场和风景名胜、纪念地等，可采用碑碣式地名标志。在地名标志的正面镌刻标准的名称、汉语拼音，背面镌刻该地名标志的名称由来、含义、演变和基本概况，使人们在使用地名标志的同时，不仅了解地名标志的指位作用，又学习和了解了当地的历史文化，增强居住地民众的凝聚力和认同感。

五、 结语

地名工作是一项涉及面广、服务全社会的基础性工作。制定和实施城市地名规划，可以使地名管理适应城市建设的需要，改变地名管理中先有实体后有名称的被动局面，最大限度的满足社会对标准地名的需求，促进城市建设、经济发展、社会管理等项工作的开展，有利于地名的超前服务。在地名规划编制实践中，仍然存在很多问题，如何提高民众对地名规划编制工作的参与度，如何淡化地名命名的政治色彩，都值得更加深入地思考和探索。

（作者单位：淄博市临淄区民政局）

推进地名服务工程建设
完善地名公共服务体系

刘　祥

地名涉及国家的内政外交、军事国防、交通运输、邮电通信、新闻出版、测绘制图等众多领域，与经济社会发展和人民群众生活息息相关，是现代社会不可或缺的公共服务事业。随着工业化、城镇化、信息化和全球化进程加快，国内外交流交往越来越多，地名使用频率越来越高，对地名公共服务的要求越来越迫切。实施地名公共服务工程，规范地名管理，提高服务水平，是落实科学发展观、构建社会主义和谐社会的重要内容，是满足人民群众公共服务需求的重要举措，是转变政府职能、建设服务型政府的重要方面，对扩大内外交流、促进经济社会发展、方便群众生产生活，具有重要而深远的意义。地名公共服务工程，是经国务院批准，在全国统一开展的一项重要工作，也是各级政府服务社会的一项民心工程。民政部 2003 年安排部署，山东省民政厅 2005 年开始组织实施。近年来，薛城区以推进标准地名标志设置为切入点，以建立地名数据库为重点，做了地名公共服务工程中部分基础工作，取得了显著成绩。但工作发展不平衡，与上级要求差距较大，为此，我们提高认识，增强信心，明确目标，制定措施，狠抓落实，全面推进地名公共服务工程建设。

一、　充分认识加快地名公共服务工程建设的重大意义

地名公共服务工程建设的任务是地名规范、地名标志、地名规划和数字地名四个项目，这四个项目建设程度，直接影响经济建设，直接影响人民群众生产生活，直接影响对外交流与合作。加快地名公共服务工程建设的目的，是为了更好地履行政府服务职能，为社会提供更好的公共产品。做好地名公共服务工程建设

工作意义重大，主要体现在以下几个方面：

（一）对促进经济社会协调发展和人民群众交流具有重要作用

地名信息是社会的基础信息，经济社会的发展，需要提供完整、准确、方便、规范的地名信息服务。加快地名公共服务工程建设，能促使地名工作从总体上实现新的飞跃；创新地名服务方式，不断提高服务水平，可以为经济社会发展提供便捷、及时、规范的服务；可以为社会公众参与政治经济和文化活动创造良好的条件；可以为日益频繁的国际国内交流与合作创造良好的环境。

（二）对行使辖区管理权、维护稳定有重大政治意义

从国家角度讲，地名能够体现一个国家的领土主权。国家间产生边界争端时，各国为了维护主权和领土完整，都把自己对边界地理实现的命名作为拥有该地区主权的有力证据。从管辖区域讲，弄清沿边的地名情况，做好无居民山、林命名和县（市、区）边界地名标志设置非常必要，从大范围的维护我国的主权和领土完整，到小范围的维护边界和睦、稳定、减少争议、争端，都具有重大意义。

（三）对转变政府职能具有重要现实意义

地名信息是进行社会管理和开展公共服务的重要基础，是社会公益事业和社会公共服务体系的重要组成部分。加快地名公共服务工程建设，可以促进政府转变职能，改进管理方式，强化服务功能。形成便民利民的地名服务机制，可以实现政府管理和服务手段由传统型向现代型转变，不断提高行政效率。

（四）对加快国家信息化建设具有重要意义

大力推进信息化，是我国加快现代化建设，全面建设小康社会的重要战略之一。地名是信息化时代最基础的信息资源，加快地名公共服务工程建设，建立地名信息齐全、符合标准化要求、现势性强、处理系统先进的国家、省、市、县四级地名数据库，建设高起点、高质量、高效率的地名信息系统平台，提高地名工作科学化、信息化水平，不但对国家信息化建设具有重大意义，而且可以大大缩

小与国际地名信息化、标准化水平的差距。

（五）对弘扬中华文明、传承先进文化具有历史意义

地名具有明显的时代特点和丰富的社会、历史、民族、地理、经济、语言等内涵，是博大精深的华夏文化中的一个独具特色的层面。地名文化是祖国先进文化的重要组成部分，是精神文明建设不可或缺的内容。继承和发扬地名文化，对于研究华夏历史发展脉络和挖掘文化底蕴，传承先进文化，振奋民族精神，营造具有强大凝聚力和亲和力的软环境，有着深远的历史意义和重要的现实作用。

二、 加快地名公共服务工程建设的有利条件

（一）法规健全

为了加快地名公共服务工程建设，党中央、国务院、民政部、山东省人民政府、枣庄市人民政府以及部、省、市相关职能部门先后颁发了《地名管理条例》《地名管理条例实施细则》《山东省地名管理办法》《关于加强城镇建筑物名称管理的通知》《关于在全省城市设置标准地名标志的通知》，山东省民政厅、山东省财政厅《关于加快实施全省地名公共服务工程有关问题的通知》，《枣庄市地名管理办法》《薛城区地名管理实施意见》等法规、文件，是指导开展地名公共服务工程建设的法规依据，是各级民政部门依法行政、履职尽责的法律武器。

（二） 民心工程

地名公共服务工程建设，是各级政府服务社会，方便民众，利国、利党、利军、利民的一项民心工程，有广泛的群众基础，能得到社会的认可和群众的大力支持。

（三） 条件优越

薛城历史悠久，人杰地灵，钟灵毓秀，文化底蕴深厚，如：古薛国文化、奚仲文化、铁道游击队红色旅游文化等，特殊的历史、文化、地域优势为开展地名

公共服务工程建设，提供了丰富的内容，广阔的领域，必将绘就美好的前景。

（四）基础良好

近几年来，薛城区各级党委政府，加大了对地名公共服务工程建设的领导力度，重视程度不断加强，地方配套性政策法规走在全市前列，街道、建筑物（群）命名和地名标志设置基本理顺，地名数据库建设进一步完善，科学编制地名总体规划方案，为加快地名公共服务工程建设，奠定了良好的基础。

三、 完善地名公共服务体系建设

（一） 加强地名规范化建设， 逐步实现地名标准化管理

薛城区委、区政府高度重视地名公共服务工程建设工作，每年将地名工作列入区政府民政工作重点，成立了薛城区地名委员会，积极发挥协调作用。区政府在财政上保障了地名专项经费的需要，做到经费到位、组织到位、人员到位，确保了地名工作的正常进展。按照国家《地名管理条例》《山东省地名管理办法》制定了《薛城区地名管理实施意见》，明确了民政、规划、公安、工商等部门的工作职责，加强了地名主管部门与协管部门的合作。根据实施意见的规定，规范地名标准化的使用，严格执行地名命名更名申报程序，清理整顿非法使用地名，完善地名档案资料的管理，规范地名档案各类案卷的书写及存档。

（二） 多措并举， 大力推进城乡标准地名标志设置， 充分发挥其导向指位作用

积极开展城乡地名标志设置工作，遵循《山东省地名标志制作设置规范》，严格执行国家标准，制定设置规划，制订设置方案，并由区政府主要领导牵头，成立了由分管区长为组长，区民政局局长为副组长，民政、工商、公安、质量技术监督、物价、建设、国土等部门为成员的设标工作领导小组。区政府专门召开了全区设标动员大会，大力宣传设置标准地名标志的重要意义，统筹安排部署设标任务。自2003年以来政府共投资40余万元，自筹资金20余万元，全区共设置

城区主干道 6 条，地名标志牌 206 块；乡镇地名标志设置任务已全部完成，共设地名标志牌 94 块，完成率达 100%。

（三） 科学编制地名总体规划，主动与城建规划同步发展

随着社会经济的飞速发展和城市建设步伐的加快，以及新地名的出现和旧地名的消失，2009 年初我区科学编制了《薛城区地名总体规划方案》及《薛城区地名总体规划图》。特别对城南新区道路、旧城改造、新建居民区以及薛城经济开发区道路进行了统一规划，科学地进行了命名（更名），其中规划道路命名 19 条，新建小区命名 14 个，更名纪念地、游览地、人工湖、河流各 1 条，注销居民地 8 个、新命名居民地 3 个，基本实现了地名规划与城建规划同步发展，为今后标准地名的使用打下了基础。

（四） 完善地名数据库建设，实现数字地名信息化服务

投资 4 万元安装了国家地名信息数据库、山东省地名信息数据库以及薛城区地名信息系统，对各类地名资料进行充实完备，并录入各类地名数据 3000 余条，促进了地名资料信息的数字化服务。薛城区积极探索地名信息公共服务的新路子，在全面更新地名资料的基础上，又投入资金 3.8 万元先后建立了薛城区地名信息网站和薛城区地名信息查询热线电话以及地名触摸屏查询系统，实现了地名信息化服务，为人们及时获取地名信息资料提供了极大方便。可以说，薛城区由多年来的"地名管理"阶段正式转入"地名公共服务"阶段，成为薛城区地名史上一个新的里程碑。

（作者单位：枣庄市薛城区民政局）

城市发展建设中的地名规划与管理

——浅析现阶段城市地名存在的几点问题

王　鹏　邱善文

地名是人们进行社会交往、信息交流的重要工具，是城市文化的重要组成部分，也是一个城市品位的重要体现。地名具有鲜明的自然性、历史性、民族性、文化性等特征。随着经济建设的发展及城市化的快速推进，城市的开发建设进入了前所未有的高速发展期。新开发区、工业区、居住区的不断涌现，街路的新建、改建、扩建，不断造就新的地名，使得城市地名数量和密度较之以往快速增加与扩大，城市地名的重要性更加突出。

城市建设与地名规划，就是"实"的规划与其相应的"名"的规划的关系。我国的古人对名与实有许多精辟的论述，墨子说，"所以谓，名也；所谓，实也"。荀子提出"名定而实辨"，"名闻而实喻，名之用也"。以及传统认识的"制名指实"等，都说明实与名是不可分割的关系。城市建设规划与城市地名的分离，是实与名的脱节。具体说来就是造成城市规划硬件设施，与本应当相互依存的地名这一软设施的脱节。在城市建设迅猛发展的今天，这种实与名的脱离，是造成地名与建设发展客观需要的矛盾日益突出的主要原因之一。因此地名要超前管理，地名要有规划，并要与建设规划同步。

一、 当前城市建设中地名规划与管理存在的问题

城市的发展最快最活跃，城市也是经济建设发展的前沿和主阵地，相应的地名变化也是最快、最多、最敏感，地名产生和客观发展的矛盾性最为集中、最为突出的地方。城市建设中地名规划是经济发展的一个缩影，而地名管理则是服务于经济建设的一个重要窗口。

近年来，虽然时代的比例尺不断放大着城市的形体，尽管城市建设日新月异，一座座高楼广厦拔地而起，时代的风景营养着人们的眼睛，愉悦着人们的身心，一个个小区如雨后春笋，改善着人们的居住环境，但令人遗憾和痛心的是：随着城市化的不断推进，大量的老地名，特别是具有历史文化价值的老地名正快速无声地消亡。而新地名的洋化、庸俗、雷同，加之开发商在其运作中只注重宣传建筑物品牌效应，其商标的属性冲淡了地名的原味，扭曲了地名的内涵。更有甚者，决策者以其好恶，设计人员凭着自己的臆想，而临时凑成的"急救章"，全无文化底蕴、历史渊源和地域特点，令人呼之味同嚼蜡。有的地名十分拗口，有的盲目追求异国浪漫情调，惯于搜珍猎奇，标新立异。如：巴黎大道、葡萄牙小区、华盛顿路以及四海、五洲、六合、七星、八发等只有平庸的专名无通名的"地名"俯拾皆是，从而失去了地名的实用性、严肃性，造成了地名管理和使用上出现的上述种种混乱现象，造成了地名管理完全滞后于城市规划，造成了地名命名的被动性、无序性、浮泛性，不仅不具有科学性，对社会也产生了不小的负面影响。因此，抢救和保护历史文化地名，制订切实可行的、具有前瞻性的地名规划已刻不容缓。

二、 城市建设中地名规划和管理滞后的原因

早在 1991 年 6 月，在全国地名工作会议上，我国就确定了在今后的一个时期，要把地名管理的重点放在城镇，地名规划要与城建规划同步。而在 1992 年召开的全国城镇地名管理经验交流会上，也提出了城镇地名规划、标准设置要与城镇建设的规划、街巷建设规划同步进行。地名命名、更名要在突出地方特色的条件下，做到层次化、序列化、规范化。1986 年国务院颁布的《地名管理条例》和 1996 年民政部发布的《地名管理条例实施细则》中对地名命名、更名均作了基本原则的规定：尊重历史、照顾习惯、体现规划、突出特点、含义健康、好想好记，并禁用人名、企业和商标名称，以及国家领导人名和外国人名、地名作为我国的行政区划地名。那么，究竟是什么原因使地名规划、地名管理混乱和滞后呢？原因如下：

（1）城市建设投资多渠道、多元化向传统地名管理方式提出挑战

1981 年之前，在当时的经济体制下，城市建设由政府统一投资、统一管理、地名由政府统一命名是顺理成章的事，但随着改革的发展，市场经济的深化，房地产业进入市场，居住性、综合性建筑的投资渠道日趋多元化，而开发商在进行房地产市场运作时，只注重对外宣传和树立房产品牌和建筑品牌效应，使住宅区名称、综合性建筑名称，除具有地名属性外，又兼有房地产商标的属性，亦是地名、物业和与其关联的物事体名称，结果导致政府统一命名的地名已名存实亡。

（2）城市建设中地名规划编制缺位

城建地名规划编制缺位，一是表现在地名规划编制上，往往只重视建筑规划项目方案而忽略了地名规划，有的在哪里编制了新的规划项目，就对哪里进行采词命名，缺乏完整的地名体系规划，更缺少对城市中消逝的地名、使用中的地名和规划的地名进行系统的归纳和分析总结。二是城市规划部门与地名管理部门衔接不及时，使得地名命名严重滞后于工程建设，造成了开工时暂取的工程名与后期地名命名产生了种种冲突，加之工程名都是相关的设计人员临时想起的，往往经不起推敲，缺乏科学性、系统性、序列性，从而带来了异地重名，跟风趋向，过度自由化等一系列问题。三是地名规划和地名管理宣传力度不够，一部分人总认为宣传地名规划和地名管理是"区区小事""小题大做"，正是基于这种对地名规划淡漠的思想，致使地名命名出现了随意荒诞、平庸俗气、专名通名分离、生僻拗口等现象，造成了地名规划和地名管理的被动。

（3）崇洋媚外，贪大求洋的思想在作怪

当今社会，中西文化交流频繁广泛，致使一部分人，尤其是年轻人把西方看作时尚和浪漫的天堂，故崇洋媚外的思想相当严重，表现在地名的命名上，往往不考虑中国历史和国情，盲目地将外国的名字"嫁接"到我国的地名上。在他们心理中，仿佛彰显了自己的个性，满足了所谓的时尚、浪漫和虚荣，实则东施效颦，欲美反丑。

（4）地名管理模式陈旧、缺乏创新精神

目前，地名管理模式基本上是一表一图一库一微机，且地名规划和城市规划不能同步，往往尾随城市规划进行，甚至要在建设工程完成正式启用后，才去过问那些已被社会接受使用的名称，即使发现某些不妥、含义不雅、不佳，想去纠

正则已晚。因为已在社会上造成了其名称的频视效应和频扩效应，而一图一表一库一微机只能作为"反馈资料"记录的工具了。

（5）城市建设中地名规划缺少"知识维"

地名规划是地名学和规划学交叉融合的产物，任何层面的地名规划都涉及规划学、地名学、历史学、文学、民族民俗、地理等学科，因为地名规划和城市建设整体规划一样，会呈现出"三维结构"，即：时间维、知识维和逻辑维，而当前的地名规划恰恰缺少知识维，故拟出的地名往往显得庸俗、毫无历史感和时代感。从中可以看出，在地名规划中，没有广博的知识是制订不出一流方案的，一流方案是上述学科知识的浓缩。

三、 做好城市建设中地名规划管理的对策

城建地名规划和地名管理是相辅相成的，那么，如何做好地名规划和地名管理工作，杜绝当前其混乱的现象呢？

一是要大力宣传城建地名规划和搞好地名管理的重大意义，大力普及地名规划知识和地域历史知识，并按照区域内地名的历史、现状特点和演变规律，结合建设空间布局，对地名的命名和管理作出合理安排和超前控制。在地名管理中，要理顺好项目工程管理和地名管理的关系，也就是说上述两项工作必须同步进行，具体实施可采用由开发、建设单位自主命名地名（在征求广大民众意见和地名专家论证后），地名管理部门依法审批的管理方式，也就是说在开发项目建设之初，就已开始使用标准地名，从而避免与工程暂用名冲突及管理滞后的矛盾。

二是要进行地名规划业务培训和地名管理培训，加强地名档案管理，对地名数据库可按地理环境、人文风物、民俗习惯、吉祥物事、时代精神、社会发展等分门别类。在地名命名中，要集思广益，要做到名与实、古与今、点与面、雅与俗相结合，要甄选精，定位准，要考虑到被命名的地域其历史内涵地理方位，命名有无歧义，要做到"六好"，即：好说、好记、好听、好写、好认、好找。

三是要制定可行方案，确保老地名的长存，采取切实有效的措施，保护历史建筑及附属其上的地名，因为它们有丰厚的文化底蕴和历史积淀。要坚决摒弃洋

地名、俗地名，以保持城市的"记忆"，因为历史文化是一座城市的根，而地名文化更能涉及一座城市的品位和内涵，面对正在消失的、约定俗成的、具有人文特色的地名地标，如果得不到保护，不但广大民众难以接受，更无法向后人交代。

综上所述，地名是完全社会化的，它与社会有着广泛而普遍的联系。随着社会的进步和经济发展，地名已成为不可缺少的基础信息和介质。如何使地名标准化、规范化、科学化，已越来越引起社会的广泛关注，同时也使人们逐渐认识到：地名是城市文化、城市文明的基本组成部分之一，地名规划是提高城市环境效益的重要手段，地名管理则是一项广泛的社会工作。我们有理由相信：只要领导对地名规划和地名管理工作重视，加之广大民众热心参与，定会成就斐然，一些难题也会迎刃而解的。

烟台市地名规范化管理的探索与思考

龙军　　曲鹏

地名作为人们从事社会交往和经济活动广泛使用的媒介，与各种经济社会活动和人民群众日常生活休戚相关，是任何社会、任何组织、任何个人都离不开的大众公共产品。而地名管理是城市管理的一项基础性工作，是指地名机构依据国家有关地名管理的方针、政策和法规，通过地名管理的各项行政职能和技术手段，对地名实施统一的、有效的管理，是国家行政管理的组成部分。

长期以来，烟台市的地名管理工作坚持以管理服务于社会为宗旨，为当地经济发展和人民生活交往做出了很大的贡献。但随着城市化建设步伐的加快，城区新生地名的不断涌现，一些地名的命名由于缺乏行之有效的管理办法和管理措施，出现了重复、崇洋、封建迷信、名称低俗和名不副实的问题。面临新情况、新问题，加强地名规范化管理工作已迫在眉睫。

针对地名管理中存在的这些问题，我们结合近年来工作实际，就如何规范地名管理进行了初步的探索和思考。

一、规范化管理中的几个突出问题

（一）城市大型建筑物名称混乱现象日趋突出

长期以来，城市大型建筑物命名的问题一直处于难以管理的尴尬状态。随着城市建设迅猛发展，新建住宅区、高楼大厦等大型、高层建筑越来越多，而建筑物名称普遍由房产开发商或者房产权属单位擅自、随意命名，从而带来建筑物名称的混乱。现在有一种倾向，以名称越古、越洋、越大越好，于是出现"京都花园""天外天小区"等离奇古怪的名称。由此带来两个问题：一是名称相似或重名。如"福兴家园"和"福兴家苑"、"富豪花园"和"富豪花苑"等等，名称雷同，发音相似，对人们的日常生活造成很多麻烦。城市高楼大厦具有很强的指位性，而且有唯一性、排他性，这种重名现象往往给经济社会活动和人们的生活交往带来不便，甚至还会造成一系列的经济社会问题。二是名不副实、贪大求洋，与国家现行命名更名原则大相径庭。如有的称"市长大厦""贵族城"等，挖空心思追求怪异。有的想尽办法往外国地名上贴，像"泰晤士新城""柏林春天"等，崇洋媚外，有损国家的主权尊严和民族自尊心。

（二）城市地名通名使用混乱、不规范

城市地名通名，具有鲜明的"求别"作用，能把地名所指代的地理实体的层次、属性较为明显地区别开来。但城市地名通名的使用上仍存在不少问题。一是不少建筑物称缺少通名。如本属居民小区的"银河明珠""常青藤""平安里"等，由于缺少"小区""苑"等通名，从字面上很难判断代表的是什么，容易使人产生误解。二是通名使用无标准。如"广场"随处可见，有的既不广阔，也无规模，但出于投资者经商谋略，就称为"广场"；再如"大厦"一般指在城市中较高的楼群，但有的仅有一栋五、六层的商用楼，为提高知名度，便称为"大厦"。这样一来，通名就失去了指类（属性）作用，易造成语言混乱。

二、问题产生的原因

上述问题的产生是由五大因素造成的，一是部分项目单位和个人对地名命名更名的原则不了解不掌握，对地名通名的使用规定不了解不掌握，对地名的相关认识还比较匮乏。二是法制观念淡薄，在居民区、建筑物名称命名更名上，部分项目单位和个人不按规定程序申报，自己随意起名，盲目追求奇、洋、大、怪；三是项目单位和个人在报批开发建设项目时，相关部门沟通不够。四是在公共设施地名命名更名中，不按规定程序征求社会各界、各部门意见，不组织专家进行论证，存在个人意志地名。职能部门在管理上没有罚责依据，也是造成楼盘名称如此混乱的一个重要原因。目前适用的相关地名管理法规，还是 1986 年国务院

制定的《地名管理条例》。该条例只有责任规定，没有任何处罚条款，即对违反规定的行为没有任何法律处罚规定，这必然导致管理力度无法到位。

三、 烟台市地名规范化管理的做法

通过梳理问题，分析原因，我们就如何实现地名规范化管理展开工作，在实践中，我们积极探索，不断总结经验，逐步改进和完善处理方法，初见成效。

一是争取政府的支持，建立规范的管理制度。自 2002 年初，我们针对城区地名管理混乱的问题，集中开展了各类地名规范整治工作，并通过市政府下发了《关于加强地名工作的通知》，起草了由民政、建设、规划、城管、公安五部门联合下发的《关于规范地名命名更名工作的意见》，从管理范围、原则、标准及审批程序上都做了详细规定。通过几年的实践，2008 年，我们又通过市政府制定下发了《烟台市人民政府关于进一步加强地名管理工作的意见》，确定将芝罘区、莱山区、牟平区、福山区、开发区和跨县市区的地名命名更名统一由市地名主管部门审批，增强了五区地名管理的统一性。同年下半年，制订下发《关于地名命名更名的具体办法》《关于规范城市住宅区道路及大型建筑物等地名通名使用参照标准的意见》和《烟台市地名委员会及其办公室议事规则》等三个文件，出台了专家学者研讨、征集市民意见和地名委员会研究决策三项制度，初步形成了执行有标准，管理有措施，落实有保障的工作格局。

二是规范管理行为，健全命名更名申报手续。通过公开办事程序，规定办理时间，使申报单位认识到办理地名是一件严肃认真的工作，是政府的管理职能。手续上，使用地名申报单位要上报哪些材料，具备什么样的条件方可办理都做出明文规定。命名、更名要填写正式申报登记表，所需基本要素全部列项在表格当中，内容包括申报单位、施工地址、拟定名称、含义、承办人意见、地名办主任审核意见、区领导批示，这样就规范了地名办公室在地名命名、更名申报、审批过程中的办事行为。正式申报表经市政府批准后，由地名委员会办公室行文下发通知，全部手续办完后归档，因此一套申报材料及最后的正式通知即是一份完整的个体地名档案案卷，成为地名工作的真实记录，具有查考和利用价值。

三是加强与各职能部门的沟通，形成齐抓共管的格局。地名管理有了比较完整的标准规定，但审批流程还远远不够，对办理人采取一些约束措施是不可缺少的。为此，我们向烟台市政府提交了《关于将市区地名命名纳入城市建设工程审批程序的请示》，经市政府同意，将市区地名命名纳入了城市建设工程审批程序之中，作为项目规划设计前必须具备的手续，使市辖六区的地名命名更名审批，开发建设单位需在项目规划设计前到地名办办理审批手续，取得标准地名后，方可到有关部门办理其他许可项目。同时，与公安、工商主管部门做好工作协调，不经地名主管部门审批地名，公安部门不予办理门楼牌的编号和挂牌，工商部门不予办理注册登记手续。通过几年来的实践，使烟台市的地名管理工作形成了一套基本固定的模式，也证明了这一措施行之有效。

四、 加强规范化管理的思考和建议

实践证明建设单位需要地名，社会生活需要地名，各行各业都需要地名。地名作为社会的交际工具，在城市社会生活运行中时时、事事、处处都离不开它。因此，实施地名规范化管理，实现地名标准化、推行标准地名社会化十分必要。要实现这一工作目标，需要更加规范化的地名管理手段，我们考虑可以从以下三个方面来进一步规范地名的管理行为。

（一）完善地名管理法规

进一步健全和完善地名管理法规是做好地名工作的前提和保障。我国现行的《地名管理条例》自颁布实施至今已有20多年了，目前，在地名管理体制、管理范围、管理方式等方面都存在着不适应新形势的问题。由于地名的广泛性，在管理上涉及多个部门，在应用上遍布全社会，而过时的地名管理法规在一些问题上的不确定性，造成了管理部门之间的相互扯皮和相互牵制的现象，也造成了民间随意使用地名甚至任意冠名的现象。这就需要尽快完成新的地名管理法规的立法工作，制订出符合实际、切实可行的管理法，使地名工作真正步入法制化、规范化的轨道。

（二）出台地名监理制度

明确规定处罚措施，是体现行政执法力度的重要方面。国务院颁布的《地名管理条例》和民政部制定的《地名管理条例实施细则》，大多是一些原则性规定，具体操作性不强，影响了地名管理的执法力度。从而导致了当前擅自命名地名，损坏地名标志，使用非标准地名，乱用地名通名等问题屡见不鲜，屡禁不止。因此必须要制定出台地名监理制度，并作出具体的处罚规定，以应对并杜绝各类违反地名法规行为的发生。

（三）建立地名使用许可证制度

地名的使用相当的广泛，像邮电通讯、公安户籍登记、工商注册登记、签订经济合同、外商投资以及城市管理等部门都需要法定地名。这就需要建立地名使用许可证制度。持地名使用许可证，就可以到上述各部门办理有关手续。就是说，地名使用许可证如同规划建设许可证、土地使用许可证以及工商、税务执照一样重要，这也是加强地名管理力度的一个重要措施。我们目前仅在市辖区以市政府名义下文实行了此项制度，但牵扯到和公安、规划、城管、房管等多个部门的协调，继续推广起来还有一定难度，这就需要上级主管部门联合各相关部门共同制定标准，正式建立起地名使用许可证制度。

引用标注：靳尔刚、张文范著：《行政区划与地名管理》，中国社会出版社1996年第1版。

李炳尧、刘保全著：《地名管理学概论》，中国社会出版社2008年第1版。

（作者单位：烟台市民政局）

以人为本，加强地名管理工作

董智家

以人为本，就是要把人民的利益作为一切工作的出发点和落脚点，不断满足人们的多方面需求。地名是人们从事社会交往和经济活动不可缺少的媒介，与日常生活密切相关，加强地名管理，必须以人为本，促进社会和谐发展。

福山在烟台市区中算是老城区，近几年，随着社会经济的发展，城乡面貌发生了根本改变，新修街路、新建居民小区、落户企业、高楼大厦等大量涌现，部分地名也正在消失。为了更好地适应形势发展的要求，我们在加强地名管理工作中，依据国家、省、市地名命名更名有关规定，特别注重地名的命名质量，严格地名审批程序。

（一）地名命名的原则

1. 规范性原则。主要表现为标准化、层次化、序列化等方面。标准化是地名命名符合上级地名管理规定；层次化是指地名等级要有区别，层次分明；序列化是指地名安排要有规律，排列合理；如：福山高新区西拓工业园区的"梧桐路""凤凰山路""招贤东路""群英路""同兴路"，意为"载有梧桐树，引得凤凰来，招贤纳士，群英聚会，共同兴旺"。

2. 实用性原则。一方面要好找好记、好听好写，读之朗朗上口，看其一目了然，另一方面，地名分布有规律，便于识别；特别是城市地名使用率高，传播范围广，实用性的命名原则，体现的是从人民根本利益出发，服务于人民群众。如："福海路""河滨路""永安街"等。

3. 地方性原则。城市的发展，有着不同的历史文化沉淀，我们把历史文化与民俗习惯紧密结合在一起，体现出鲜明的福山历史文化特色，这样有利于民族历史文化的传承和保护，突出福山文化品位和内涵，提高知名度和美誉度。如："奇泉路""康庄小区"等。

4. 延续性原则。地名是随着社会经济的发展而在演变，地名的稳定尤现重要，便于人们生活和文化交流，我们尊重福山历史文化传统，以约定俗成的地名命名为主体，对具有历史意义的地名和群众习惯使用的传统地名予以保留，保证其历史的延续性。如："县府街""城里街""西山路"等。

（二）命名的主要方法

1. 地理方位指向法，是指其他地理实体的相对方位。这种地名大都有地名参照体，有的依据山、河、海等自然地理实体及其名称，依据居民地、道路、广场等人工建筑、设施名称等。如："凤凰山路""回里路""永福园路""河滨小区"等。

2. 吉祥组词法，适用人们喜欢的、积极向上的、寓意深刻的吉祥用名。如："连福街""鸿福街""聚福路"等。

3. 地域法，是体现本地特点，采用历史事件、物产名称等。如："杏园路""桃园路""梨景路"等。

4. 序数命名法，以数字地名构成方式，即主地名 + 数字 + 通名的组合方法。如：新规划的道路名称"桃园一路""桃园二路""桃园三路"等。

5. 企业冠名法，以知名企业冠街路名称，一般用当地比较有名的企业，便于人们好找好记。如烟台永达实业总公司所在街的"永达街"、福山松霞实业总公司所在路的"松霞路"等，但不作为主要命名方法。

（三）严格审批程序

城乡每一处建设、规划道路，都由区成立的地名顾问小组拟定三套命名方案报区政府审核，审核后确定一套名称方案报市地名委员会审核、审批；新建居民小区的命名，由开发商按照统一命名申请格式，拟定三套命名方案，报区地名办公室审查，地名办公室审查整理后，上报区政府审核，审核后确定一套名称方案报市地名委员会审核、审批。市地名委员会审核审批的地名为合法、标准地名，任何组织和个人都无权更改。

为了使新地名尽快服务于社会，方便人们的生产、生活，我们利用报纸、网络、电视台、通知、编辑出版地名图书等多种形式进行广而告之，最行之有效的是地名标志的设置。国家质量技术监督局发布实施的 GB17733.1—1999《地名标牌·城乡》规定后，区政府立即成立领导班子和工作班子，组织人力、物力、财力对城乡所有街路口、居民小区楼门户牌进行国家标准地名标志设置。目前城乡共设置街路牌 600 块，楼门户牌 10 万块，覆盖了城乡所有街路和居民区，为推广标准地名使用起到了关键性的作用。地名标志不仅具有导向功能，更是一个城市文明程度的体现，为了做好地名标志管理工作，由城市管理部门进行全方位管理，及时修复损坏、缺失、歪斜、锈蚀的地名标志牌，有力保证了地名标志的清新，维护了城市形象。

地名公共服务建设，是适应新形势下服务人民群众的新举措，在做好国家标准地名标志设置、管理基础上，加强领导，明确责任，建立了地名数据库，推进了地名数据信息不断更新、完善；在做好地名规划的同时，开展了数字地名服务。地名数据库建设是开展数字地名的基础，按最新版数据库管理软件要求，经过广泛采集，录入各类地名信息 3000 多条，采集各类照片资料 500 余幅，完成了图库联结工作，将新的地名信息及时充实到地名数据库中；地名规划是数字地名的重要组成部分，2010 年我区启动地名规划工作，在通过社会广泛参与，充分征求福山区地名命名顾问小组成员、部分专家学者意见的基础上，对仉村片区、兜余片区 26 条规划道路进行了命名；与 114 联系，开设了电话问路、电话查询等地名信息化服务，运行了烟台福山地名网站，利用网络平台，更加全面、快捷的服务于社会群众。

地名档案是人类社会实践活动中形成和产生的，是当时活动最为原始的地名记录。古代人为了记忆，采取"结绳"和"刻契"的方法用于保存记忆、进行沟通与交流。地名档案能够帮助我们在历史的长河中追溯事实的来龙去脉。自然地理实体名称多数是传统名称，延续了几千年，记载了很多历史事件，见证了很多历史兴衰，是我国悠久历史文化的重要组成部分。为做好地名档案管理工作，丰富馆藏资料，我们将地名档案分为两大类：一是文书档案。在日常工作中，把行政管理活动中形成的具有保存备查价值的文件，按照分类、排列、编号、编目、装盒等工序，进行分类整理归档，使文书档案规范有序。二是专业档案。依据 1980 年地名普查、1989 年地名补查、资料更新的基础上，将新产生的道路、桥梁、广场、居民小区等地名进行归档。归档不是目的，最终是方便人们查阅，以人民利益为重，把30余年以来库存的档案，通过编辑出版《福山区地名志》、《福山区地图》、《福山区城区图》、电子地图、电话咨询、录入国家地名数据库、运行烟台福山地名网站等多种形式，向社会公众开放地名数据，方便人民群众的查阅和使用。

地名是人们工作、生活、交往不可缺少的工具，加强地名管理，就是不断满足人民群众对地名多方面的需要，方便人们对地名的使用。只要从人民群众根本利益出发，做好地名命名更名、地名公共服务工作，就会取得较好的经济效益和社会效益，促进社会和谐和经济的可持续发展。

（作者单位：烟台市福山区民政局）

浅析地名命名工作的科学性、规范性

凌　刚

　　地名命名工作是城市现代化建设和管理不可缺少的一项基础性工作，代表着一个地域的文化品位，与一个地区居民日常生活密不可分。近年来，随着城乡建设和社会发展速度的加快，新建住宅区、建筑物的大量涌现，一些城市住宅区和建筑物名称在命名上有先建后命名的，有边建边命名的，也有谁建谁命名的。纵观各地，地名命名在现实生活中存在着一些普遍问题，如：有的道路命名与设置地名标志不同步，有的有楼无号，有号无牌；还有的道路名称公布后，由于规划建设等多种原因多年未能设置标志，甚至有的地名标志设置错位，书写指向、拼音注音不规范，地名标志残缺不全，维护、更新不及时；有的地名命名程序不规范，地名使用的随意性较大，造成部分地名重复、混淆。另外，在地名的命名和地名标志设置工作中还存在着民政、公安、城建等多部门管理的现象，管理体制不顺，工作相互掣肘，在很大程度上影响和制约了地名工作的开展。这些问题的存在不仅给城市管理、经济建设和人民群众的日常生活带来了诸多不便，而且与以人为本，构建和谐社会的要求很不协调。

　　为了更好地适应形势发展的要求，充分发挥地名工作在城市建设和社会发展中的作用，预防和解决好当前普遍存在的突出问题，提高地名命名的科学性和规范性。就此，结合烟台市经济技术开发区工作实际，就如何做好地名命名工作，浅谈一点认识。

一、　加强宣传，　提高认识

　　近年来，开发区凝心聚力，积极倡导加快推进城市化进程，推动农村向城市、居民向市民、城市向城市现代化的转变步伐。随着大开发、大发展，特别是 2002 年扩区以来，开发区的许多优惠政策，吸引了更多更强的国内外企业巨头投资兴业，特别是开发区西区的经济发展更是日新月异，区内企业数量和规模双增及城市人口和外来人口的激增，城市建设面积不断扩大，新的住宅区、道路、街巷规划建设此起彼伏，由此给开发区的地名规划、命名更名和地名标志设置等地名工作带来许多新情况、新问题。对此，针对地名工作的不断变化，必须进行系统的研究，加大宣传力度，不断规范完善工作思路和方法，提高地名命名知名度。

一是要加强开发区西区办事处对标准地名使用的推广工作，以多种形式和多种渠道公布和公开标准地名的申报程序，为标准地名的推广提供方便、快捷的政策指引和服务指南。二是要加强对建设单位使用标准地名的宣传，做到建成一处，申报一处，不漏报、不错用、不迟报、不瞒报。三是要积极协调公安部门，监督配合做好标准地名的批准使用工作，方便企业和居民及时申报楼门牌的编号。四是要及时对批准使用的标准地名设置路牌、交通指示牌，门牌号等地名标志。坚决杜绝有路无牌，有户无号和有建筑物无建筑物名称的问题。

二、 完善机制， 健全网络

地名管理工作牵涉部门多，需要多方协调联动。包括政府和企业的协调，部门与部门的协调，部门与居民的协调等。因此在做好地名申报、标志设置等分内工作的同时，还要做好各相关部门之间的协调互应，建立地名负责制，由管委分管领导亲自挂帅督导审定，形成工作合力。

一是要完善运行机制。探索建立地名信息管理网络，建立健全规划建设单位、城市管理督察和地名审批网络，尤其在地名规划、认定以及地名标志维护设置等方面做好沟通，形成一整套程序链接，防止出现政策性和程序上的脱节。二是完善落实机制。加强对非标准地名以及未命名的道路和建筑物的排查登记，发现违规命名及时予以纠正办理，进一步扩大标准地名的推广和使用率。三是完善激励机制。建立和健全培训机制和奖励机制。对地名工作人员进行定期业务培训，对成绩突出的相关人员给予适当的物质和精神奖励。

三、 注重规划，提升功效

地名命名，规划在先，功效为重。应该以对现状地名的深入调研为基础，找出地名产生、衍化和使用的内在规律，按照既定的命名原则为未来地名的规划和命名作出适当的指引。

一是要把握好地名规划要点。城市规划是保证地名规划实施的基础。从近年来开发区地名审批总体情况来看，重点审批集中在新建住宅小区和新修道路层面，特别是道路规划，要充分协调规划部门，根据建成区周围已经形成或即将形成有规划的路网，及时考虑匹配道路命名，以方便居民生产生活需求。二是着重提升地名的社会功效。在符合命名原则和加强地名审美、文化品位的同时，首先要提升地名命名的品位功效，尤其在住宅小区命名上要着重考虑。一个城市的地名，应充分体现该地区的品位形象、历史地理和风土人情等各个方面，综合运用多学科知识，保持城市地名的实用性、独特性和多样性，形成体现城市内在气质和特点的地名体系。其次还要提升历史功效，尤其在适当的道路命名上要着重考虑。在地名规划工作中，要从文化遗产的高度去认识，有些地名既要有历史的深厚积淀，又要能为大众所熟悉和纪念。要尽量避免在城市化进程中忽视对历史地理信息的挖掘，保持地名的历史延续性，在满足地名美学要求和符合相关管理法规的前提下，不随意更改地名，尊重地名历史。

四、 明确思路，强化管理

针对地名管理服务的现状，从适应新形势新任务的需要出发，今后一个时期开发区地名工作的总体思路和要求是：以提高地名规范化、标准化、信息化为目标，重点加强城市地名的管理与服务工作，使地名工作更好地为国际国内经济文化活动和人们的交往交流服务；通过遵照执行地名管理法规及相关技术规范，理顺地名管理体制，形成科学完善的地名工作运行机制；通过规范地名命名、更名、译写和用字读音，设置标准的地名标志，推进地名标准化进程；通过建设地名数据库，创建地名网站，设置地名触摸屏，加快地名信息化建设步伐。

为实现这一目标，在今后一个时期的工作重点是：一是减少命名规划"两层皮"问题。按照有关规定，通过部门协调，要求开发建设单位在向建设规划部门办理项目规划审批的同时，办理建筑物名称登记审核手续，以审核批准的名称作为该建筑物正式启用时的标准名称，杜绝命名滞后。二是加强城市建筑物名称管理，建立命名注册登记制度。近年来各类城市建筑物名称名不副实的问题较多，已给社会交往带来了不便。有的建筑物名曰"广场"实则无场，名曰"花园"实则无花无园，还有的建筑物名称追风赶潮，极易混淆。三是清理整顿地名书写不规则的问题，规范地名拼写译写形式。关于我国地名的书写规范，国务院《地名管理条例》和民政部《地名管理条例实施细则》都做了明确规定。但现实生活中的地名书写不规范问题仍很突出，如使用繁体字、自造字书写地名的情况屡见不鲜，特别是使用英语拼写我国地名的事例近年来有上升趋势，并美其名曰"与国际接轨"。实际上，《汉语拼音方案》是使用字母拼写中国地名的统一规范。这不仅是我国有关法律法规的规定，而且是经联合国批准而成为国际通用的中国地名拼写规则。我们应严格按照国家有关规定和国际通用规则拼写译写地名，这才是真正"与国际接轨"。四是切实抓好标准地名标志设置工作。城市是现代经济社会发展的中心，具有地名数量多，密度大，变化快，使用频率高的特点。当前做好新时期的地名工作，应重点抓好地名标志设置工作。地名标志作为传播标准地名的载体，对于向社会推广标准地名，提高城市地名管理水平，具有不可替代的作用。由于历史原因，开发区尚有一些城市地名标志设置不尽人意，有路无名、有名无牌的现象还时有发生。因此，加快地名标志设置步伐，加强地名标志设置规范管理，及时更新维护各类地名标志，使地名标志真正成为人们出行的无声向导，是推进城市化和城市现代化建设发展的迫切需要。

总之，要不断深化开发区地名命名改革，探索完善专家咨询制度、审批制度、备案制度、协调制度和听证制度等民主决策制度，切实保证城市地名命名的科学性、规范性和有效性，真正达到人与自然、地名与生活的和谐统一。

（作者单位：烟台市经济技术开发区社会事业管理局）

烟台市牟平区地名命名的历史渊源及其发展

倪耀殿

　　地名是国家行政管理的重要组成部分，也是人类历史活动的产物，每一个地名都蕴藏着丰富的文化内涵。一个规范的、文化内涵丰富的地名，可以充分展示一个地区浓厚的历史文化积淀，成为城市的名片，人民群众的向导。牟平在地名命名过程中，既注重尊重历史，弘扬先进文化，又兼顾地域的长远发展，在提高城市内涵和品位上下功夫，使地名命名和使用成为宣传先进地名文化的载体，较好地体现了传统性和现代性的有机统一，具有鲜明的地理、历史文化特色。

一、 地名命名的历史渊源

　　牟平历史悠久，原为西汉初所建的东牟县，唐麟德二年（公元 665 年）改称牟平县，1995 年改称烟台市牟平区，为中国千年古县之一。该区物产丰富，可耕、可牧、可渔，经济发达，已发现的文物与遗址显示，新石器时期即有人类定居、繁衍生息，至唐、宋时期已成为富庶地区，逐渐为政争者所注目。元至正十七年（公元 1357 年），毛贵据山东，于登莱沿海相距三十里立屯，垦田以资军需，并建寨驻军，至今仍有许多以屯、寨命名的村庄。又因地处沿海，倭寇时起，对牟平垂涎、染指，自明庭开始加强军防，于牟平设立宁海卫，牟平省入，改牟平为宁海州，派驻军队，编里甲，清查户口，又留下一些以甲、寨、埠、堡、堠命名的村庄。

（一）与军事有关命名的村名
屯。现仍称屯的村名有高陵镇的双山屯、瓦屋屯，玉林店镇的贺家屯，水道镇的罗家屯等。

寨。现仍称寨的村名有姜格庄街道的金山上寨、金山下寨，王格庄镇的大寨、小寨、辉寨，水道镇的徐家寨等。

埠。称埠的村庄距称寨的村庄都很近，如现仍称埠的村名有高陵镇双山埠（原名草埠，因修高陵水库搬迁到双山西麓，更为现名），宁海街道的高金埠，王格庄镇的清泉埠，大窑街道的羊角埠，玉林店镇的桑杭埠等。

堡。为传递军情而设。现仍称堡的村名有大窑街道的杏林堡、龙泉镇的卧龙堡。

堠。明建土堠瞭望敌情。现仍称堠的村名有武宁街道的南堠子疃、北堠子疃。

战、阵。清初地方势力常和尚、张振纲与清军对阵交战地。现玉林店镇有村名对阵圈、占昌口（原为战场口，因嫌字义含兵凶，改为现字样）。

（二）与里、甲制有关命名的村名

明初按住户编制里、甲，共编户八十四里，每里十甲，每甲十户。后来里改称社，再后人口繁衍增多，原来的甲绝大多数改称某村、某庄、某疃，原来的社也去社字而改称某村，部分的增加了字。

现仍称甲的村名有王格庄镇的四甲，观水镇的二甲、五甲、八甲，水道镇的八甲疃，龙泉镇的头甲、六甲村、八甲村。

莒。牟平境内带莒字的村有南莒城、北莒城、东莒格庄、西莒格庄。现养马岛街道所在地养马岛，明《宁海州志》记载为莒岛，疑系春秋时莒国，于公元前431年为楚所灭，其贵族残余逃亡至此地，为怀念故国，取名仍用莒字，用国名为地名，取其不忘故国之意，虽年代久远，仍代代相传而不改。

大窑街道老人仓村，系明朝时五个预备仓之一的所在地，村名取用"仓"字。现牟平以半城命名的村有东半城、西半城、后半城，系隋朝时修筑观阳城，未及竣工而国灭，城废，后来居于此地的人取村名为半城。龙泉镇有官道南、官道北两村，系古牟平至文登的官道所经地：一在道南，取名官道南；一在道北，取名官道北。武宁街道有个官庄村，原系官府管辖的庄田地域，村名取之。在其众多的村名中，还有一些为姓氏加通名、地理环境加方位或依山、沟、疃、河、滩、埠、泉命名的村名，举不胜举，展现了区域的悠久历史和丰富的自然地理景观，也充分说明了建村取名的历史发展和演变源远流长。

二、 尊重历史， 着眼发展

牟平是一座依山傍海的城市，随着社会的不断进步，城市建设得到了快速发展，城市面貌发生了巨大变化，新生街路、居民区和各种大型建筑物不断涌现，怎样使地名命名管理与城市建设规划同步，使地名规划与城市规划有机地结合，是地名管理部门面临的现实而又紧迫的任务。牟平区本着既尊重历史，又着眼发展的目标，在深入调查研究驻地自然、历史文化特点的基础上，对城镇未来发展需要的新地名进行前瞻性规划论证，并听取有关专家、学者及城建、规划等专业部门和社会各界的意见，用美的寓意、美的文化贯穿于地名规划之中，以彰显城市地域特点，使当地人民易接受、外地人感到美。具体在牟平城区地名规划命名中做到两点：

（一）尊重当地历史和发展， 体现区域地理环境特征

牟平置县建城已有 1300 多年的历史，是座古城，依山傍海，山、海、岛、城融为一体，建城时有东卢（卢山）、西桂（桂山）、南蛟（蛟山）、北崔（崔姑山）四个城关大门分别对应四座山峰之说。为了传承历史，兼顾习惯，体现规划，突出山、海、岛、河和历史古城这一特点，在地名规划命名中，一是充分体现规划，做到与规划同步，地名规划与城市规划相衔接，并具前瞻性。二是突出古城发展的人文历史，在古城东关门原址命名东关路、西关门原址命名西关路、南关门原址命名南关大街、北关门原址命名北关大街。明清时期牟平城为宁海州址，因此命名宁海大街。为纪念胶东特委书记理琪率军在雷神庙打响胶东抗战第一枪的英雄事迹，而命名了雷神庙大街。为缅怀著名侦察英雄杨子荣，而命名了杨子荣大街。三是突出城市区域的地理特征。牟平城四面有山，城中有两条河，养马岛横卧黄海之中，在规划命名中充分体现了这一地理区域特征，南用蛟山大街、金龙山大街；北用崔山大街、三山（崔姑山、系山、牟山）大街；东用卢山路、卧龙山路；西用金牛山路（桂山由于行政区划调整，现为莱山区，取牟平出

金名山金牛山命名)、垛山路;城中有沁水路(沁水河)、鱼河路(鱼鸟河)、鱼河西路;养马岛有环岛路、兴岛路、富岛路、振海路、滨海东路、望海路等,从而把牟平城区区域地理面貌充分展现在人们眼前,给人一种看其名、知其地、身临其境的美好感觉。

(二)适应城市发展,科学规范地名

在地名规划命名中,牟平区既尊重当地的历史,又注重城市建设的发展,承接过去,展望未来,把尊重历史与社会的发展变化、弘扬地名文化与当地经济建设有机地结合起来。

1. 地名规划命名中,广泛征求各方的意见。1998 年和 2010 年,先后进行了两次地名规划,使城区和乡镇驻地地名命名发展与规划建设同步。在编制地名规划中,为使地名规范和符合当地实际,采取以下措施:(1)广泛征求当地有资历的老同志的意见,召开一定范围人员的座谈会,集思广益吸收精华。(2)利用网络的优势,在牟平区政府政务网上广泛征求全区人民群众的意见,达到家喻户晓,人人皆知,从而提出许多地名命名的建议和要求,使地名命名和使用更加深入人心,进一步提升了地名公共服务和使用意识。(3)政府部门召开有民政、规划、建设、公安等部门参加的地名规划命名研讨会,论证审定规划地名,按程序规定填写、上报、审批,从源头上杜绝地名命名管理的混乱现象,提高了地名命名的规范性、标准性。

2. 地名规划命名中兼顾城市的发展变化。改革开放以来,牟平城市建设发展日新月异,地名规划命名更要跟上时代发展的步伐。牟平区在规划命名中,为适应城市的建设步伐和加快当地旅游业的发展,先后用新区大街、新城大街、新建大街、工商大街、牟新路、牟兴路记述了新时期新城区的巨大发展变化。昆嵛山是闻名退迩的疗养、避暑、旅游胜地,是中国全真教的发祥地,有"仙山之祖"的美称,2010 年被国务院批准为国家级自然保护区,境内有烟霞洞、九龙池、泰薄顶、无染寺、丹井、神清观等名胜和地理景观,为进一步综合开发旅游资源,先后命名昆嵛山路、全真路、烟霞大街等。

3. 地名科学布局,易记好找。为使城区的路、街和名多而不乱,街路地名科学布局是关键。坚持老城区街路依据古城延续的历史命名,改革开放以来建设

发展的新城区，以适应时代发展需要的新鲜词义命名，城四周外围，以体现区域自然地理特征的山、海、河命名。在城区地名规划的 250 余条街路命名中，南北道路统一命名为路，东西道路统一命名为街，对主街路派生出的小街小巷（东西也为街、南北为巷），统一用数字序列的方式命名。这样既显得城市地名布局有层次感，又方便人民群众的人际交往，易记好找。如，工商大街以北派生出的小街巷，统一按从西向东的顺序排列，以主街名称"工"字排头，命名工一巷、工二巷、工三巷等；东关路以东派生出的小街巷，统一按从南向北的顺序，以主路名称"东"字排头，命名东一街、东二街、东三街等。这样的布局显得层次分明，极大地方便了人民群众使用地名，找到了"一巷"，就知道"二巷"在前面。

4. 规范地名标志设置。全面推行地名标志标准化，是国家的统一部署和要求，为做好此项工作，我们主要采取三条措施：（1）加强领导，统一部署。区委、区政府成立了地名工作领导小组和设标办公室，区、镇（街）两级把地名标志设置工作列入重要议事日程，下发了《关于进一步加强地名管理的通知》，提出了设标工作意见，制定了设标方案，明确任务，落实责任。（2）由民政部门牵头，统一协调，规划、建设、公安、城管等部门参与，密切配合，齐抓共管，形成合力。（3）落实设标经费。根据城市的拓展变化，分三期设置街路地名标志，区财政共投入资金 40 万元，企业赞助资金达 20 余万元，按规定圆满完成城区和乡镇驻地设标任务，2005 年被评为全省地名工作先进县。

牟平城区在街路地名规划命名中，既尊重历史发展演变，又着重城市的发展变化，既保存了古城的风貌，又注重了区域的自然地理景观，既井井有条，又易记好找，切实保证了城市的和谐稳定，有力地促进了全区经济社会持续协调全面的发展。

（作者单位：烟台市牟平区民政局）

浅谈城市居民区划分和名称的管理工作

王宗宝

居民区是城市进行行政管理的主体和框架，名称是城市文化内涵的外在表现和城市文明程度的象征，它与广大人民群众的根本利益息息相关。搞好城市居民区划分和名称的管理，对于适应社会经济的发展，进一步推动城市三个文明建设，意义非常重大。

一、 目前城市居民区划分和名称存在的现状

当今社会，城市经济迅速发展，特别是居民区建设，在房地产经济市场化体制的推动下，就像春天的花园，各种住宅楼群争奇斗艳，遍地开花，居民区建筑风格各异、名称更是绚丽多彩，在美化了城市环境，满足了城市人民住房的需求后，居民区的划分和名称的管理也给我们带来了不小的麻烦。从面上看，普遍存在着"散、乱、小、多"的现象：一是"散"。表现在居民区名称只注重彰显各自的魅力，个性十足，但缺乏地名群应有的关联度和序列化，整个居民区名称如一盘散沙，使人们寻找起来其没有依据和方向感。二是"乱"。居民区通名标准不统一，大小都叫居民区，哪怕只有几栋楼，名称也冠以××小区、××花园、××城等，使人们对居民区的概念产生歧义。三是"小"。居民区规模普遍偏小，近几年，青州市新建居住区大都在 10 到 30 栋之间，以十几栋楼居多，每个小区按平均 15 栋楼每栋楼按 5 层 3 个单元算，十几栋楼容纳住户也不过几百户人家，根本无法作为独立的居民区管理使用。四是"多"。据初步统计截止于 2010 年 12 月份，在青州市城区不到 100 平方公里的范围内，就有 200 多个新建居民区，另外还有一大部分旧城改造剩余的平房，这些平房也不管有多少，仍然保留和使用原居民区名称，以独立的居民区管理，不方便广大人民群众记忆和使用。

二、 造成居民区划分与名称现状的原因

（一）城市扩展迅速、旧城改造步伐不断加快，对居民区及名称的管理受到很大冲击。旧的居民区区域逐步消失，新的居民区尚未形成，致使居民区建设交叉，新旧并存，名称混乱。

（二）由于建设时间、空间错位，开发商数量多、经济实力薄弱，建设地域面积小等原因，使得居民区规模普遍达不到独立居民区管理的要求。

（三）开发商为了迎合购房者心里、激发消费者的购买欲望，增加商品房的销售量，获得最大经济利益，将居民区名称当作商品刻意进行包装，导致居民区名称个性有余，规范不足。

（四）管理法规不健全，居民区名称命名无法可依，无章可循。导致居民区名称命名使用的无政府状态。如：什么样的居民区应该叫小区、什么样的居民区应该叫花园等，没有相应的规定要求。

（五）职责不清，责任不明，造成居民区划分及其名称管理，多头都管，无人真管。

（六）管理部门存在着为难发愁的情绪，基于居民区及其名称多年来的无序发展，居民区问题多多，要想扭转这种局面一时束手无策，只好听之任之，任其发展。

（七）各职能部门各行其政，各自按照自己的办法进行城市管理，居民区划分和名称管理缺少相应的压力感，造成长期无人过问。

三、 居民区划分与名称管理的方法与对策

居民区作为城市结构的主体和框架，其作用将随着城市化发展进程的不断深入越来越大，名称作为城市居民区的代号和符号，使用频率也越来越高。当今社会中，城市化进程不断加快，人口的密集程度越来越高。新的发展形势需要政府以新的管理模式与之相适应，部门管理模式被属地管理模式取代势在必行，社区

服务、社区建设、公安治安、消防、邮政等都要把居民区作为重要的基础和条件，因此搞好居民区的规划和名称的管理十分重要。如何搞好居民区名称的规划与管理，要做好以下几点：

（一）端正思想，更新观念，切实做好居民区划分及其名称的管理工作

居民区规划及其名称管理，必须打破旧观念，突破老思想，树立新观念，用科学的方法进行规划管理。对多年形成，具有一定规模，且以道路作为分界线划分的居民区应保留，名称继续使用；新建的，规模较小的，且无明显界线的居住区，要按照新时期发展要求重新划分。如青州在居民区规划中除了保留"北关居民区"等几个历史悠久且面积较大的大型开放式居民区外，其余区域全部采用主干道分割全城覆盖的方法，对市区区域进行了重新划分和统一命名，共设置居民区35个；名称由地名专家组根据"尊重历史、照顾习惯、方便群众、好找好记"的原则进行科学规划与设置，形成了一套完整的居民区分布配置体系。实现了城区居民区无缝隙对接，名称全部达到了标准化、序列化、规范化、科学化的要求。

（二）创新管理模式，对居民区及其名称管理实行分级管理制

1. 城市规划的网格化居民区，是政府实施行政管理和服务广大群众生产生活的责任区域，是政府实施城市网格化管理的根基，在市辖区内应实行一级管理，名称独立使用。

2. 位于规划居民区范围内的居住区，虽然规模小、数量多、分布广，但大都有一定的指位功能，地名意义明显，可以实行二级管理，即简化命名更名程序，采取注册登记管理制。即由原来的地名命名更名申报审批程序，改为审核注册登记程序。名称完全由开发建设单位根据自己的需要自行选定，使用前到地名管理部门进行申报注册，地名管理部门做好登记，按照地名管理相关规定把好关，做好向社会的推广公布。登记后的名称即为标准地名，受地名法律、法规的保护，这样不仅满足了开发商需求，而且也便于名称的管理和应用。

（三）强化管理措施，规范名称使用规则制度

1. 二级居住区名称不能独立使用，名称前必须加冠管理居民区专名名称。

如该楼盘在朝阳居民区，楼盘的名称为南燕都小区，登记注册命名时必须冠以朝阳南燕都小区等。实行证照化管理制度。

2. 对经过申报注册登记的二级居民区名称发放名称使用许可证，开发商在申请房地产登记，居民办理户籍、子女上学等方面使用。

（四）完善地名法规，搞好文化服务，切实推进居民区及其名称的管理服务

1. 积极争取政府修订出台地名细则，细化新时期居民区及其名称管理的规则、方法和规定。建立完善的居民区、住宅区名称管理原则和标准化管理体系。加强民政、规划、建设等各部门之间的协调协作关系，实现地名的科学化管理。

2. 以人为本搞好服务，提高地名文化层次、增强城市品位。地名是城市的名片，事关城市形象。在管理好规划好网格居民区及其名称的基础上，在国家地名法律、法规的范围内，一定要充分发挥地名专家团队的作用，积极为建设开发单位搞好服务，在力所能及的基础上，搞好居民区名称命名服务，多提供一些或反映历史或寓意美好或高雅清新的居民区名称供其选择使用。这样既满足了开发商对居民区名称的要求，满足了房地产市场的需要，又美化了城市，给城市居民带来了舒适宜居的居住软环境。

（作者单位：青州市民政局）

浅谈地名的历史演变

管荣芬

地名是人类社会发展到一定阶段的产物，是在特定时期，人们赋予某一特定空间位置上自然或人文地理实体的专有名称，作为地理实体的标志和符号，同人们的日常生活息息相关，在政治、军事、经济、文化各个领域都有不同程度的应用。

地名的起源可以追溯到原始人类创造语言的远古时代，可以说没有语言以前就有了地名，随着时代变迁，朝代更迭，人类社会产生了不同的历史文化，随之也产生了适应时代要求的地名，在这里地名传承着一份历史的温情，使人知道历史的厚度、文化的丰实，产生地方认同、乡情史思。

地名的发展源远流长，在社会发展的各个历史时期中，除了反映当地的地理环境以外，还带有鲜明的时代色彩。下面就地名的历史演变、时代特征谈一下笔者的一点看法。

一、 地名的产生及其初期的主要特点

（一）地名产生的必然性

古地名是人类在生存和发展活动中留下的文化遗产，伴随人类活动的出现，必然要产生地名，有些地名可能与人类活动的历史一样久远，其出现要比文字的形成要早得多，通过一代又一代薪火传承，口耳相传原始地保留下来。在地名产生之初，人类为了生存、生活以及人们之间的交往，就需要对某一地理实体确定称谓，以便识别。在中国，术语"地名"最早的记录是在《周礼》（又称《周官》或《周官经》）一书中："原师，掌四方之地名。"原师当系周王朝专事地名管理的官员，职责是"辨其丘、陵、坟、衍、原、隰之名，物之可以封邑者"。

由于当时语言简单，词汇贫乏，人们对于地名认识粗浅、用途也有极大的局限性，所以在命名的时候，只能是以一些简单的、当时的人常见现象或者常用事物命名，其要求是通俗易懂，易于交流，相当于我们现在的地名专名，至于概括性的通名在当时还不可能产生。

（二）产生地名的条件

一是语言的形成，这是地名起源的首要条件有了语言，人们之间可以进行交流，地名有了存在的实际意义；二是人类对地理环境的认识。也就是说，地名来源于客观存在，来源于人们对这个客观存在的认知需要。人类语言的产生和对地理知识的积累产生了地名。

（三）人类文化初期的地名特点

从远古时代人类生存的环境来看，当时人类还没有固定的居民点，更没有行政区划，人们在最原始的采集、狩猎、捕捞等经济活动中，必须与周围的山、峰、丘、岭、谷、河、湖、江、海等自然地理实体打交道，因此最早出现的是与当时人类生存环境密切相关的山、水、土壤、岛屿等自然地理实体名称，只有音和义，没有形，更没有时、位、类的概念。

我国有非常丰富的古籍，对地名有大量的记载，有很多的地名资料。不过古代对地名的研究不是独立进行的，主要附属于历史学和文字学的范围。在我国二十四部正史中涉及地理方面的有十六史之多，记载了大量的地名，其中以《禹贡》《山海经》为最早。文字出现以后，地名有条件得以积累和迅速传播，具备了音、义、形三个最基本的要素，标志着地名进入成熟发展阶段。

二、 社会发展中地名的演变发展

地名是人类生产活动社会化的结果，社会的发展必然促使地名的演变发展。根据中国几千年的地名发展进程，地名的发展经过了以下几个过程：

（一）原始社会到封建社会前期——地名文化的雏形期

在目前可识的汉字中，甲骨文是最古老的文字，甲骨文中所见到的地名是我国最古老的文字地名，这些地名沿用了数千年，是世界地名文化中最有代表性的"活化石"。据陈梦家《殷墟卜辞综述》说："卜辞记载的地名约在五百名以上。"虽然随着考古工作的深入，发掘出土的甲骨不断增多，甲骨文中涉及的地名也有所增多。经中国地名研究所和从事甲骨文研究的专家共同对甲骨文地名文献进行综合研究，甲骨文地名有一千多个，这一千多个地名在当时可以基本满足当时社会的发展需要，但是现在相对于今天的社会发展，数量是十分少的。

从古籍记载的地名看，中国早期的地名大多数为单字地名，构成极为简单。至春秋战国，单字地名发展到巅峰，形成先秦地名以单名为主的时代特征。例如，在当时，河就是指黄河，江就是指长江。这样的地名用字少、含义简，随着人类活动范围的扩大，已渐渐不能适应社会的发展，所以秦、汉以后，我国单字地名渐趋消亡，地名命名出现双音节词，这种发展趋势与语言发展相同步。由此可见，单字地名由兴到衰，是地名发展、演变的必然趋势，也是社会发展的要求。地名从简单到复杂，地名数量增加、类别增多对地名命名提出了更高的要求。

（二）封建社会后期到近现代社会——地名文化的发展完善时期

从中国古书籍可以看出，古籍记载的早期地名还没有专门的通名，但已开始产生通名的萌芽，在漫长的封建社会中，社会、文化、经济得到快速发展，疆域也极度扩充，这一切都给地名发展带来了广阔的空间。通名的出现标志着人们对自然环境和社会发展认识的进一步深化，是地名发展演变的必然趋势，标志着地名由简到繁、由少到多的发展过程，是地名命名趋于成熟的象征。

1. 地名内涵丰富，数量增多

秦汉时期，国家统一，经济发达，各民族联系加强，科技文化进一步发展，民族关系和对外交往都发展起来。社会的发展、文化底蕴的积累产生了很多来自当地的自然环境、风土人情、民族特征、名人逸事、神话传说等的地名，具有丰富的内涵，反映着一种知识的积累和交流。随着历史车轮的前进，发生在当地的历史事件，不断地汇集到地名上，使地名的附加含义越来越多，这在政区地名上表现得尤为突出，特别是历代地方志的编修、地名辞典的编写出版，发掘、积累了大量的史料，使地名的含义越来越丰富多彩。

当时封建生产关系的确立和郡县制的推行导致一批重要郡县名称的命定，形成了全国性地名网络。《汉书·地理志》记载地名多达4500余个，之后，《后汉书·郡国志》《晋书·地理志》《宋书·州郡志》《南齐书·州郡志》《魏书·地形志》等均记载了大量地名，至明清时期，中国传统地名学的发展达到了鼎盛时期。地名数量的增加是人类社会发展的结果，也是地名发展演变的必然趋势。一方面，随着社会的进步，探知和活动的空间范围日益扩大，地名命名的领域不断拓展，新的地名不断出现，旧的地名日积月累，新的地名必然大量涌现；另一方面，随着各民族之间的交流日益频繁，对不同语言地名了解、使用的需求越来越大，结果产生了数量巨大的转译地名。

2. 地名类别从无到有，不断增加

人们认识到的自然地理实体比如平原、山峰、江河、海洋至海底乃至天体等越来越多，需要更准确、更详尽的名称来进行确定，方便人们之间的相互沟通交流以及在各个领域中的研究应用。随着社会的发展，随之出现的人文地理实体比如居民点、行政区、各类人文设施等，新的地名类别大量涌现。如行政区地名，夏、商、周三朝对地方行政管理普遍采取的办法是"分封"。所谓"分封"，就是将"天下"的全部版土分成若干个小块，按照血缘和宗法的远近，通过"封邦建国"或"分土封侯"的形式，交给自己宗子宗孙、亲戚和功臣去管理。一般情况下，君王的嫡亲子孙所受封的土地面积与人口数量当然要大要多一些，谓之"国"。外戚次之，谓之"都"。功臣者最小，谓之"邑"，"邑"一级相当于现在的县。秦朝统一天下后，"废封建、兴郡县"。从东汉后期开始，出现了州一级行政区划，州辖郡、郡辖县。之后又陆续增加了道、路、府等行政区划，有的随着历史变迁已经消失，有的沿用至今。到了明清时期，行政区划比较规范，主要是省、府、县三级。

人们对地名类别的划分越来越精细。例如，仅海域地名就分为海洋（包括洋、海）、海底地理实体、海湾（包括港、湾）、海峡、岛屿、海岸带6类，每一类又分为若干小类。

3. 近现代社会的地名特征

（1）地名日趋标准化

随着人类社会经济的发展、科学技术的进步，国内各族人民经济文化交流和国际友好交往不断加强，对标准化地名要求越来越高，也越来越迫切。一方面，作为人们在社会交往中使用最频繁、用途最广泛的工具之一，地名的社会价值和社会地位不断提高，表现为地名使用范围越来越大、频率越来越高、使用的手段越来越多；另一方面，对地名称谓的统一、书写的一致提出了更加严格的要求。因此，按照一定的标准将地名的称谓和书写进行统一和规范，明确其使用条件和范围，慢慢将其固定下来，就形成了标准化地名。

（2）地名信息储存的数字化

随着社会发展，地名信息量越来越多，为满足社会政治、经济和科学技术发展的需要，方便人们的社会交往，促进国际交流，推进全球一体化进程，实现地名管理手段现代化，实现地名信息储存的数字化。我国于 2005 年实施了国家地名数据库建设，2010 年已经基本完成。

三、 我国地名的现状及发展趋势

（一）保护渐失的古地名文化

地名，特别是古地名，是一个地方不可多得的文化遗产，也是一座城市永不褪色的名片。然而，能流传千古的老地名，坚强却也脆弱。历史上，最常见的就是因避讳而更改地名。新中国成立后，因汉字简化和地名标准化，全国规划了一批地名。后来，在"大跃进"、"文化大革命"时期，一些古地名先后被更改。近年来，因招商引资等原因，更换地名的风波又不断涌起。

中国地名研究所原所长刘保全认为："要把对地名文化的保护，提高到非物质文化遗产保护的高度，首先，要保护濒危地名，尤其是对已成为当地文化标志的古老地名，绝不能打着商业开发等旗号随意变更或废弃。其次，确需更名时，要通过专家严格论证，注意保持地名的稳定性和连续性。"

（二）地名管理实现现代化

随着社会经济的发展，地名数量不断增加，涉及的领域日益扩展，地名的附属信息更是海量数据。因此，必须实现地名的标准化和地名管理决策的科学化、规范化、法制化，要满足社会各界对地名信息快速查询、检索的要求，就必须实现地名管理手段的现代化，建立以计算机技术为核心的地名管理、决策支持系统。

（三）由传统地名向数字地名发展

现代社会迅猛发展，信息传输技术高度发达，传统的地名信息已不能满足人们生活的需要，迫切要求将传统地名转化为数字地名，建立以计算机技术为核心的地名信息数据库，实现网络传输。

（作者单位：寿光市民政局）

对加强规范住宅区和建筑物名称
管理工作的思考

李志强

一个城市的竞争，不仅是经济的竞争，而且很大程度上取决于文化的竞争。随着经济和社会的发展，地名发挥的作用越来越明显。加强住宅区和建筑物名称规范化管理，对于提升城市形象和文化品位，增强城市竞争力，促进经济和社会发展，具有十分重要的意义。住宅区和建筑物名称，同街路名称一样，是地名管理的重要内容，是当地人的脸、外地人的眼。但当前，地名管理还未完全纳入法制化管理的轨道，普遍存在着随意命名的现象，特别是住宅区和建筑物名称，随意命名的现象越来越普遍，导致命名和管理很不规范，直接影响着经济和社会事业的发展。因此，加强规范住宅区和建筑物名称管理已是势在必行。

一、 随意命名住宅区和建筑物名称的现象制约着城市发展

近年来，随着我国改革开放的深入和经济迅速发展，城市的开发建设进入了前所未有的高速发展期。在住宅区、建筑物变大变高的同时，住宅区和建筑物的名称管理出现了诸多问题：有先建后命名的，有边建边命名的，也有谁建谁命名的。由于命名随意性大，管理工作又跟不上形势的发展，因而出现了名称命名较为混乱的局面。突出存在崇洋复古、格调低俗、名不副实、无通名及通名重叠使用等现象。如：名为"广场"，实则无场；名为"商城"，实则无城；名为"中心"，实非中心。从全国各地情况看，街路名称使用与管理日趋规范，文化品位不断提高，切实提高了城市的形象。但住宅区和建筑物名称的管理，相对经济社会发展和居民要求差距很大，全国各地对住宅区和建筑物名称管理一直没有一个

明确的具体管理规定，处于随意命名状态，致使住宅区和建筑物在命名中出现不良倾向，削弱了城市的竞争力，制约了经济和社会的发展。

二、 住宅区和建筑物随意命名影响功能作用的发挥

地名是最常用的社会公共信息之一，是现代社会进行各种联系、交流的基本工具，发挥着指位功能和传承历史、弘扬文化的功能作用。新中国成立以来，由于实行计划经济体制，城市建设纳入国家计划管理，城市发展相对缓慢，建筑物规模较小。改革开放以来，国家加大了城市建设的投入力度，房地产业迅速成为国民经济的新兴支柱产业，独立住宅区和建筑物的规模在不断扩大，一些大型的建筑物，已成为城市中标志性建筑，由于所处的位置适中、知名度较高，因此具有很强的指位功能和鲜明的地名意义。过去，因建筑物的规模较小，其功能也相对单一，住宅、办公、商用建筑区分明显，多功能型的建筑物较少。而现在则不同，大型建筑物通常开发成集居住、娱乐、购物、写字楼于一体、互为相依的建筑群，这些建筑群人流、车流、物流量大，在城市中具有十分重要的地位，但指位功能和传承历史、弘扬文化的功能得不到发挥。造成这种现象的原因，主要体现在两个方面：首先，房产开发单位为适应市场需要，推出了大量休闲、景观型的住宅区，住宅区和建筑物的功能呈现出多样化发展趋势，但指位功能却不明显。其次，地名管理的公共服务职能还非常薄弱，缺乏对历史地名的保护和宣传力度，地名命名更名过程中公众参与度较低，群众不了解地名工作，对地名违法现象不敏感，没有建立起完善的地名公共服务体系，缺乏传承历史、弘扬文化的作用。城市是历史文化的象征，历史地名是城市发展的产物，它记录了一个城市的历史变迁，反映了一个地方的文化特色。当大量的历史文化街区被拆除时，历史地名就成为当地历史文化的唯一标志。但是目前人们保护历史地名的意识还不强，保护措施不够得力。地名命名中喜新厌旧、追求新意的风尚占主导地位，大量的历史地名消失，地名寓意雷同，并且没有区域特色。目前住宅区和建筑物名称可分为两类，一类是机关企事业单位建设的办公用房，其建筑物名称通常是单位名称加上通名命名，这类建筑物名称不存在不良文化色彩，且数量也较少。另

一类是由房产开发单位推出的建筑物，这类建筑物在命名上存在的问题较多。房地产开发单位为追求最大商业利润和社会效应，在所谓"产品"名称上做文章，推出响亮的商品房名称来吸引用户。由于缺乏管理，这类名称存在贪大、求洋、复古的倾向，有的与所处的位置和城镇整体规划不相符，有的出现重名现象，还有文化品位不高、存在异化或名不副实的现象。这些建筑物名称，违反了国家的地名管理法规，有损于现代化城市的形象和社会主义精神文明建设。

三、 多措并举规范住宅区和建筑物名称管理

（一）提高思想认识， 有序规范管理

禁止使用格调低俗、文化品位不高的住宅区和建筑物名称，避免不科学、不规范、名不副实的名称出现，是地名行政管理的基本要求。加强对城镇住宅区和建筑物名称的管理，纠正目前住宅区和建筑物名称命名中存在的不良文化倾向，杜绝随意命名的现象，是加强精神文明建设的具体体现，有利于提高现代化城镇的形象。因此，要做好住宅区和建筑物名称管理，必须提高思想认识，实行规范化管理。

（二）完善法规政策， 加大执法力度

加强和规范住宅区及建筑物名称管理必须明确职责，强化地名立法工作。我国地名管理工作现行的最高法规，是国务院 1986 年颁布的《地名管理条例》。25 年来，地名工作在各个方面都发生了很大变化，《条例》已不能完全适应当前地名管理工作的需要：地名管理职责不明，管理范围不清，地名使用和管理中的违规行为法律责任不明，地名管理执法艰难。尽管民政部于 1996 年颁发了《地名管理条例实施细则》，对《条例》的一些条款进行了细化，但《细则》无法超出《条例》的范围。现有的地名法规虽有关于建筑物名称管理的内容，但对建筑物纳入管理的范畴，没有做出具体规定，工作中很难把握，不具有操作性。因此，加强和规范住宅区及建筑物名称管理应从法规建设入手，明确地名命名更名应遵循的原则、审批权限、审批程序、违章违规责任追究办法，才能有效控制和解决

目前住宅区和建筑物命名更名中的混乱现象，才能使地名命名更名工作真正有章可循、有法可依。因此，要做好住宅区的建筑物名称管理，各地应根据实际情况出台相应的管理规范，通过对住宅区和建筑物面积、高度等量化指标来明确管理范围，对名称的专名和通名使用、申报程序等做出详细规定。

（三）明确部门职责，加强前置审批

住宅区和建筑物名称的管理，不同于其他地名管理工作，因其各投资主体分布于各行各业，与民政部门不具有隶属关系，且在建筑物的立项、规划、征地、施工、房产销售及办理产权等每一个环节都不经过民政部门，管理难度相对较大。因此，要做好这项工作，必须取得相关部门的密切配合，做好前置审批工作。在工程立项时，将工程名称作为项目审批的内容之一，在建设工程的规划许可、施工许可、办理房地产过程中，将住宅区和建筑物标准名称作为办证审批的必备条件之一。因此，必须要明确职责，理顺关系，密切配合，共同推动落实，这是当前加强规范住宅区和建筑物名称管理工作的关键。

（四）注重宣传引导，优化管理环境

加强和规范住宅区及建筑物名称管理必须做好宣传引导工作，运用各种舆论媒体，宣传住宅区和建筑物命名的原则、工作程序等政策法规，对审批的标准名称进行及时公告，引导人们使用含义健康、积极向上的地名，避免使用有损国家和民族尊严、带有封建迷信色彩、违背社会公德和格调低俗的地名，弘扬先进地名文化，使全社会树立地名标准化的意识，形成做好地名管理工作的良好社会氛围。

总之，随着城市化的快速推进，城市综合管理水平不断提升，城市地名管理工作将面临越来越重的任务，地名管理部门应从实际出发，依法行政、开拓创新，积极推进地名标准化、规范化建设，使地名管理工作切实服务于经济和社会发展。

（作者单位：高密市民政局）

关于地名有偿命名的一些思考

孟庆芳

随着市场经济的不断深化，经济社会取得长足发展，城市建设和信息化水平不断提升，地名作为城市信息化时代的重要组成部分，也越来越受到人们的重视，地名潜在价值日益显现，有偿命名登上历史舞台。本文就市场经济条件下开展地名有偿命名工作的必要性认识、在实际工作过程中出现的问题和解决办法谈一下个人粗浅看法和思考。

一、 地名有偿命名的客观必然性

（一）地名的经济功能

地名属于上层建筑的一部分，是由经济基础决定的，反过来，它也必然为经济基础服务。一些地名的起用，主要是为了促进贸易和交流，促进地区的经济发展，使人们一提起这些地名，就会想起买卖开发、投资、发展，使它们与经济连在一起。一个带有土特产信息的地名，能为土特产扬名，促使土特产贸易在经济建设中发挥重要作用。我国各地有众多著名的土特产品，如河北省：张北马、祁州药材（大宅门）、赵州雪花梨、衡水老白干；河南省：道口烧鸡；洛阳市：唐三彩；南阳市：玉雕。另外，把地名用于产品，用于广告，用于商标，使地名和经济直接融合产生效益的事例也越来越多。

（二）地名公共服务管理经费多渠道筹资的需要

地名工作，是一项服务全社会的基础性工作，对经费依赖程度比较高。随着社会经济建设的快速发展，地名管理工作的量和面都成倍扩展，如地名设标、地名规划、数字地名管理与服务等，均需大量的经费保障。经费的缺少已成为制约地名工作开展的主要问题，这为开发利用地名资源，拓展经费来源渠道，实行市场化运作提供了可能。南京市委托拍卖公司，对市区内五条市政道路名称进行了拍卖；天津市出台了《天津市地名商业冠名管理办法》，并对一座跨海河大桥进行公开招标拍卖冠名权；全国各地的许多城市，均已拿出部分标志性道路、桥梁实行地名有偿拍卖。

（三）社会总福利改进的需要

从社会福利方面看，开展地名有偿命名是对社会总福利的一种改进。市场经济条件下，破坏阻止有利于双方或多方的交易都是对社会总福利的损失，是不合时宜的（经济学上称之为"无谓损失"），地名有偿命名正是对这种不合时宜的避免。对企业来说，获得地名命名权，可以通过广告宣传来提升知名度，从而促进自身的发展和效益的提高；对政府来说，地名有偿命名会带来一部分收益来保障城市设施管理等公共支出；对社会大众来说，政府命名时会考虑地名的历史文化和指位功能等因素而征求其意见，但他们没有地名命名权；实行企业有偿命名时，在政府充分考虑历史文化和指位功能等因素前提下，通过规定有偿命名的范围和名称预审等办法同样可以避免新地名对社会大众、历史文化及其指位功能的冲击。相反，若获得命名权的企业在当地有很大的影响力，可能还更有利于地名指位功能的发挥。

二、 现状与问题

（一）法规政策的滞后和不完善，地名有偿命名无依据、无标准可循

《地名管理条例》颁布已经20余年，20年间地名工作的发展和创新速度非常快，现有的《地名管理条例》显得有些滞后，已经不能满足地名工作的发展和不断创新的需要。《地名管理条例》和民政部的实施细则对于地名有偿命名没有明确规定，这就直接影响了地名有偿命名的规范性，各地操作起来不统一，无标准可循。目前我区开展有偿命名的探索实践工作主要依据地方所制定的有关文件、规定及其他地区做法，层次较低，而且操作办法和程序也未明确，不利于这项工作的推进。

（二）有偿命名企业条件、期限难明确，有偿标准难制定

由于地名有偿命名工作无标准可循，潍坊市滨海经济开发区这项工作的开展也一直处在不断摸索的过程中，在对企业参与有偿命名的资格审定和有偿命名的期限制定等方面，还没有形成能兼顾各方利益、严格、科学的标准。例如潍坊市滨海经济开发区的海化街的命名，是因为在此路上有个大型企业海化集团，如果该企业在多年以后搬迁或因经营不善不存在后，该路是否还继续命名为海化街，这一问题值得商榷。

（三）微观主体之间的外部性问题

外部性是开展地名有偿命名工作不可忽视的现实性问题，主要表现有以下两方面：（1）在对住宅小区开展有偿命名后，小区众多业主在他们办理房屋产权、土地证、身份证明和其他相关证件时，都无条件地为取得小区命名权的企业做了广告宣传，企业得到了超额收益。若是对小区、道路等开展有偿更名，那么取得有偿更名权的企业在得到超额收益的同时，对其他的企业、商店、住户等还会带来证件修改的麻烦和其他不利影响，更名成本太高。（2）竞争企业之间的外部性。在对道路开展有偿命名时，当一家企业取得命名权后，那么该路两侧的其他企业在法人登记、产品包装、广告宣传以及名片信封等都无条件的使用这家企业的字号、产品信息等相关内容，这就免费为这家企业做了广告，这家企业同样得到了超额收益，特别是对一些同行业竞争性企业之间，还一定程度上损害了其他企业的利益，外部性尤为突出。这些都要求我们在有偿命名范围设定过程中要有所取舍，在方案设计上要尽量避免这种不利影响。

三、思考与建议

（一）规划先行，明确地名有偿命名范围

稳妥、规范地开展有偿使用地名工作，使其在政府主管部门的主导下有序地进行，使地名工作直接为经济建设服务。首先，要明确哪些地理实体可以有偿命名。名称有偿使用的地理实体，应该主要是那些新建或改扩建的立交桥、过街天

桥、广场、隧道，而街道、住宅区等不宜实行有偿命名，具体应由地名主管部门
会同有关部门进行确定。其次，要明确哪些企业或商标名称可以用作地名。可以
用作地名的名称，不仅要含义健康，用字规范，而且要符合国家关于地名命名、
更名应遵循的原则和地名用字的有关规定。只有那些形象好、影响大、知名度高
的大型企事业单位的名称（含简称）、字号、商标名称或选定的其他名称，才适
宜做地名有偿使用的对象。

（二）名称审核先行

地名有偿命名作为地名命名的一种拓展方式，同样不能违背地名法规的有关
规定。如一般不能以人名、生僻字、外国地名命名地名等，地名中也不能含有不
良文化色彩等。有偿命名地名同样必须遵循地名的规范化。为避免企业取得命名
权后的地名命名不规范情况，在有偿命名企业提出有偿命名意向、确定有偿命名
的地名前，地名管理部门对这些地名进行审核，对符合规定的可以命名，不符合
法规、办法规定的，限制其命名资格或修改名称重新命名。

（三）加快法规、政策的完善和有偿命名实施办法的出台

地名有偿命名是市场经济条件下的新生事物，《地名管理条例》《地名管理
条例实施细则》还都没有相关政策规定，各地还都处在积极摸索过程中，在实施
中容易造成操作方法、程序不统一，比较自由，给工作的开展带来很大的盲目
性。要想地名有偿命名工作有序开展，急需在法律法规上加以完善、明确，使地
名有偿命名工作有法可依。此外，在相关实施办法的制定上，应着重注意在以下
几方面加以明确：

1. 地名有偿命名企业的资格审定。在地名有偿命名的实施过程中，应对有
偿命名企业的资格加以审定。有偿命名企业首先必须是注册合法的。同时还要求
企业实际经营是正面的、信誉好的、有一定规模和知名度等。因为地名作为城市
的"眼睛"、一种不可再生资源，必须是正面、向上、严肃的，决不能搞负面、
落后、低俗的，也不是什么企业想有偿命名就可以有偿命名的。

2. 地名有偿命名的方式。地名有偿命名是新生事物，社会各界和企业界对
此都有一个逐步认识和接受的过程。因此在工作初期应广泛宣传，可以借助新闻

媒体和网络信息传递等办法，广泛调动企业参与的积极性。在具体实施方式上，根据提出申请企业的情况，区别对待，灵活采取不同方式。对地理实体规模较大的、企业参与度高的，可以考虑采取政府组织公开拍卖形式，做到公正、公开、透明；对于地理实体规模较小的、企业参与度低的，可以考虑通过协商的方式实现，确保地名有偿命名成功。

3. 地名有偿命名期限。地名有偿命名还涉及期限问题。地名不稳定不但不利于地名指位功能的发挥，还给民众、单位的生产生活带来不便。在有偿命名时，不但要考虑到地名资产的效益，更要考虑到今后地名的稳定。对涉及千家万户的地名，有偿命名地名期限宜长不宜短，有的甚至可以规定为永久；对城市广场、桥梁、隧道和一些公共建筑等，考虑到城市地标性建筑的相对恒久性和城市对外宣传的需要，可以设定为永久。对产业集群、专业性强的园区内道路，由于涉及集群竞争企业之间优胜劣汰和宣传外部性等问题，可以根据竞争、合作关系等实际情况而定。

4. 地名有偿命名收费标准的制定及经费分配。根据地名地理实体的位置、规模、年限，结合当地实际，综合考虑，量化收费标准。在费用的分配上，根据城市公共设施建设和地名管理经费的需要合理设定比例。

5. 严格限制企业取得有偿命名权的转让。企业取得的有偿命名权，一旦转让，则会引起前述的地名稳定问题，在有偿命名时要严格限制。

地名有偿使用是一项新生事物，规范地名的有偿使用活动，使"地名经济"有序、健康地发展。通过拍卖地名使用权所得的款项，除少部分用于正常的地名业务开支以外，应纳入到国家的财政收入之中，并取之于民、用之于民。同时，地名一经命名，就与其他兄弟地名及其管理方式一样，成为永久性、纯粹性的地名，不因原出资方的变故而变化。总而言之，地名有偿使用是一项新事物、新工作、新课题，必须慎重行事。只要我们认真研究、缜密决策、科学运作，就能抓紧抓好地名有偿命名工作，使"商品"地名在市场经济中大步前进。

（作者单位：潍坊市滨海经济开发区公共事业局）

城镇地名命名问题之我见

张培安

地名命名是地名工作的核心内容。近年来随着改革开放的深入和经济迅猛发展，我国城镇涌现了大批居民区、大型建筑物名称，这些地名，由于命名随意性较大，管理又跟不上形势的发展，出现了许多崇洋的地名，如伯爵中心、巴黎花园；有的名不副实、夸大其词，如国际村、世界城；有的格调低下、含义不健康，如南霸天酒家、夜猫子餐厅等。我国城市道路命名，就像我们城市建设千篇一律、千城一面一样，也存在同质化、格式化倾向，表现在命名模式单一、命名方法趋同现象。比如甲城市用全国的行政区划、大城市、名山大川命名路名，乙城市也照搬套用等等。笔者两次参与济宁地名规划的编制工作，现结合当前地名命名谈一下体会和看法，不当之处，敬请有关方家批评指正。

一、 城镇地名规划中地名的设计

（一）地名命名所遵循的原则

"尊重历史、照顾习惯、立足现实、着眼未来、反映特色，好找好记"的地名命名原则。

（二）好地名的美学要求

一个好的地名，除了应符合国家的地名法令法规之外还必须做到以下几点：一是要有个性，能比较鲜明地与其他地名相区别；二是反映当地突出的特点，做到顾名思义、顾名思地；三是叫起来美感雅致，有美学内涵，当然也需要雅俗共赏；四是从字形到表达的事物，易使人产生联想，有色彩，富有生气，从字形和发音上有视觉和听觉冲击力；五是简洁明确，易记上口，字形不繁琐，书写容易，不晦涩，不易误解，不多解，不歧解，老幼妇孺使用起来也不犯难。

（三）地名命名的方法

一般说来，地名的命名方法有三种：

1. 采用引用和组合的命名方法

以济宁为例，将56个吉言嘉语字分别组合，形成一个序列地名群，这56个吉言嘉语字是：

> 顺裕兴隆瑞永昌，元亨万利复丰祥。
>
> 泰和茂盛同乾德，谦吉公仁协鼎立。
>
> 聚益中通全信义，久恒大美庆安康。
>
> 新春正合生成广，润发洪源厚福长。

整个地名群寓"孔孟圣地，昌明兴盛，礼仪之邦，富裕康宁"之义，以展现孔孟之乡丰厚的文化渊源和风貌。以此得名的有天成路、大康路、文华路、仁泰路、正丰路、宏源路、协兴路、和祥路、集贤路、广安路等。

2. 采用借用命名法

即借用济宁市的各县市区的山河湖泊名称作路名，通过这些山河湖泊地名群，形成一个自然地理实体微缩地名景观，以展现济宁市的人文自然地理特色。如以嘉祥山名命名的鹰山路、玄武山路、紫云山路、秀阳山路；以河流命名的响水河路、卸甲河路、赵王河路；以湖泊命名的蜀山湖路、南旺湖路、马踏湖路等。

3. 采用沿用和组合的命名方法

其名称取义济宁市各县市区的自然地理实体、名胜古迹、民间传说、物产等，以反映孔孟之乡的历史地理文化特色。由此得名的有圣水路、禹皇路、择邻路、金谷路、稻香路、崇文路、书贤路、礼人路、大成路、育才路、学优路、宾归路、恭俭路、笃诚路等。

为了使规划新区的地名多彩增辉，我们在命名设计时注意了地名用词不搞千篇一律，既要尊重历史特点，延续文脉，又要反映区划功能，体现特色，注重命名的层次化、序列化、规范化。根据山东省关于地名工作的有关规定，不用全国的名山大川、行政区划和大城市的名称命名地名（历史上已有的除外）。不用时尚性过强、政治色彩过浓或口号式的词语命名地名，不用含有外国地名、人名和外来语的企业名称命名地名。力求地名用语的千姿百态，绚丽多彩。

（四）对地名规划的点滴体验与看法

城镇地名规划的核心内容是命名设计，在采词用句时，应注意下列问题。

1. 突出地名个性，防止"一枝蔓延"

地名标准化一直是我们地名工作者强调的工作，这对于提高地名工作质量具有重要意义，但是在命名方法和采词用句上过分强调统一，就会约束地名个性，形成千篇一律、呆板僵硬的地名套式，不利于地名的百花齐放。以名山大川命名城市街道为例，过去个别城市取得了成功，现在有的地方争相仿效，虽然这种命名方式也是可取的，但这种命名方法一旦成为模式，就不足取了，因为这种命名方式没有地方特色，约束地名的个性，也不符合地名的基本特征——指代性。因为你那里没有长江、黄河、泰山、黄山，你叫长江路、黄河路、泰山路、黄山路，对当地区域没有什么反映，只是一个地名符号。再如上述吉言嘉语的组合命名方法，窃以为这种方法固然可取，但一个城市一下子组合几十个这样的吉言嘉语地名（尽管笔者在组合这些地名时费了一番功夫），似乎也有呆板之嫌，可以这么说，假如一个城市的区搞了一个这样的吉言嘉语命名方案，那么再让另一个区也去搞，在地名采词上就会非常困难，弄不好就会出现撞车，导致地名重名现象，因此在地名规划时，要力求命名方法的多样化，名称的配置力求色彩丰富，不单调，不枯燥，克服"一枝蔓延"的缺陷。

2. 突出地方特色，地名才有生命力

一个地名，要反映和突出地方特点，反映当地的历史、文化、经济和地理特征，这样的地名，易为社会承认且具有生命力。在地名规划过程中，尤其是一些规划新区，由于规划区属空白地带，又没有一定历史、文化、经济和自然地理特征作依托，在命名设计时，可以说是"纸上谈兵"，这样的命名，往往有人工雕琢的痕迹。拿济宁市高新技术开发区命名来说，我们以"新区腾飞，振兴济宁"

八个字为词根，配以相关的字组成八条路的名称，即元新路、英萃路、祥龙路、鹏举路、振发路、兴华路、济仁路、宁远路。通过征询意见，大家都赞成这个命名方案，但在开发区雏形形成实施命名时，我们发现这里主干道上建有科苑城、火炬城小区，通往曲阜的大道，便对原方案作适时的调整，将这三条路分别命名为科苑路、火炬路、崇文大道，这样的名称，既体现开发区特点，又符合时代要求，顾名思地，名地相符，有信手拈来，无雕琢生硬之感。因此，地名规划在实施时，应变和适时的调整也是必要的。

3. 遵循地名的内在规律，保持地名的基本特征

地名的命名与演变，有一定的内在规律，地名的约定俗成以及音、形、义三要素决定了地名的错综复杂，一个只用二三个字，或三五个字，能够构成千万人使用千百年而且传诵流行的精致艺术品，不容易，违反群众的意愿，强制用行政命令的办法命名地名和更改地名，除了给人们的生活造成某些不便之外，还会留下一些历史的笑柄。尤其是与居民在历史、文化、风俗和心理诸方面的密切联系的地名，用片面追求"雅驯"的方法去命名更名，实际上会形成一种新的八股。如北京的"鬼门关"北洋政府命令改为"贵人关"，名称倒是雅了，但是直到解放时取消这个地名，仍改不了。再如公主坟这个地名，北京市委常委会都进行过研究，最后也没有改成。这就是片面追求"雅驯"带来的后果。

二、 老城区如何处理 "一街一名" 与 "分段命名"

（一）街道 "分段命名" 是客观需求

城市街道名称是地名体系的一个重要分支，是城市功能作用的描述和定位。

我国城市街道名称的构成情况，大体有三种现象：一是走向相同的一条街道只取一个名字（以下简称"一路一名"），如武汉市的解放大道、沿江大道等等。二是走向相同的一条街道分段取几个不同的名字（以下简称"分段命名"），如开封市贯穿城区南北的主干道，就分为北门大街、旧坊街和新门关街等9个路段。三是走向相同的一条街道以含有同一要素，但用方位词或数词加以区分的方式命名，如上海市的"南京西路、南京东路"等等。这是我国目前许多城市普遍

采用的一种命名方式，其实质上也是"分段命名"。

所谓"分段命名"现象是一座城市长期发展、演变的结果。同一条道路分段命以不同的名称，包含着城市发展变迁的大量的历史信息，蕴藏着丰富的城市历史文化宝藏，是城市生长的年轮。通过街道名称的演变，你可以触摸到城市发展的历史脉络。在我国北京、南京、西安、洛阳、济南等历史文化悠久的古城，可以说分段命名比比皆是。如横贯北京城东西、从天安门前经过、颇具世界知名度的"长安大街"，就分为东长安街，西长安街、建国门内大街、建国门外大街、复兴门内大街和复兴门外大街等多个路段；济南知名度很高的泉城路，也是一条大道分段命名为泉城路、解放路几个路名。

"分段命名"体现了街道命名方法的科学性，符合街名功能的内在要求。街道的功用不仅仅是通行，它还是城市的骨架，是各种城市要素的坐标，具有区域指向定位的功能。也应含有地理因素，这是地名功能的内在要求。应该说，古人对城市街道的命名是很有讲究的，他们把城市公共建筑和标志性建筑如钟楼、鼓楼、城门、庙宇、官署等融入道路格局中，并以此为起、止点而划分路段，分别命名，给人以明确的方位感、段落感，便于人们根据标志物判断出方位。

现在，有一种观点认为"分段命名"不科学、不规范，一路多名，易造成混乱，"一路一名"是规范，从根本上说是忽略了街道的起、止点问题。任何一条街道都是一个特定的明确的段落，所谓"一条街"，应该是"有明确起、止点的一段街道"，而不是"走向相同的一条街道"，后者没有给出清晰的段落界限。起止点是街道名称构成中一个必不可少的要素，或是显性的，或是隐性的。如北京的东、西长安街，隐含的起点是"天安门"。可以说街道名称的本质是按段落命名的，即使"走向相同的一条街道"取一个名，也是特指一定的路段，并非向两头无限延长。

（二）不要盲目改变街道 "分段命名" 的现状

1. 街名的命名、变动，要从实际出发，不能凭主观想象简单处理，切忌随意性和一刀切。即使原有的城市格局、道路体系发生了根本变化，确实需要变动街名，也应认真研究、反复论证、谨慎操作。

2. 城市街道"分段命名"，是城布街名的功能特点决定的。尤其是现代城市社区的复杂性和密集程度，要求街道名称有较强的段落感、区位感。城市人口和建筑密集，社会成员众多，为方便查找、指认、沟通和交流，需通过编排门牌号码来进行定位。如果街、路很长，门牌号势必也长。当你看到一个三位数甚至四位数的门牌号时，很可能会无从判断它的大体位置，也不好记忆。济南的经十路就是如此。

3. 走向相同的一条道路分段命名不同的名称这本身就是一种比较科学的分段，给人以清晰、明确的段落感、区位感。为了整齐划一，统一合并为一个名称，看似简化了街名，实际是削弱了其指向定位的功能，会带来不必要的麻烦。石家庄市在 1996 年，将贯穿城区东西的三条干道，分别统一为裕华路、中山路、和平路，但每条道路长度都在 10 公里以上，按一个序列编排门牌号则太长，不方便，于是在分段的基础上，每段按一个序列编排门牌号。这样，每个路段都有相同的号码，加之路段划分没有明显、突出的标志，别说外地人搞不清，就连本地人也一脸茫然。其中的"东、西、一段、二段"等，极易混淆，稍有遗漏，或笔误，或言语不详，便南辕北辙，谬之千里。仅仅时隔 6 个月，有关部门便又取消了这种不科学的整合。

4. 街名是城市文化不可缺少的一部分，是城市历史文化遗产保护的重要内容。历史文化名城的保护不仅包括那些物质的、有形的东西，还应包括街名等无形的东西，即使那些"土"的掉渣的街名也不该轻易抹掉，即使那些历史地名、街名中内含的地理因素或标志物不存在了，也不要随便更改。须知，随意打乱、更改一个历史文化名城的街名体系，不亚于对古城建筑等有形文物的破坏。

即使对于历史不够悠久的新兴城市或现代城市来说，也不该动不动就改街名。因为流传至今的每一个街名的来源和取义，总有其具体的原因和文化背景，随便丢弃它们，实际上是在抹掉自己城市的历史，是对自己城市历史的不尊重。另外，街名是重要的公共信息资源，变动过于频繁会影响城市的运行效率和运行秩序。若确实很有必要变动街名，也要对街名的历史文化因素和实用功能等进行全面考虑，科学设计，慎重决策。而把所谓"一街一名"视为规范，到处套用，追求形式上的整齐划一，在"统一、简化、雅化"的说辞下对城市街名大动刀斧，则是万万不可取的。

人可以赶时髦，但地名不能赶时髦。社会要开放，地名还不能开放，英文书写就不行。社会时尚流行，但地名不能唱流行歌，一流行地名就会千篇一律。地名要规范书写，你草书写得再好但不适用。地名功能不仅仅是使用，它还有美感，有欣赏价值。地名的稳定是地名的生命，地名不能搞一朝天子一朝臣。地名一旦约定俗成，就不要轻易变更。

三、 地名专名字数以多少为宜

我们现在地名命名专名用字一般都是 2~3 字，现在我们一些城市做的地名规划都是 2~3 字，这已成了惯例，我们基本上看不到用一个字或四个以上的字命名专名了。2~3 字命名的最大优势是简洁明了，易记上口，但我认为地名应该丰富多彩，不拘一格，我们古人命名倒是比今人大胆，很多用一个字，比如兖州、青州等很多，济宁的街道有两条街名就是一个字：一个新街，另一个活巷。也有字数最多的达七个字，如：小闸口上河西街，大闸口下河南街，虽然字数多，但是指位很清楚，这些一字命名和多字命名弥补了地名命名的单调，使城市地名增加了民俗性、口语化。建议在命名当中对于适合的区域不妨适用。如济南有佛山赏菊、明湖泛舟等八景。聊城有崇武连墙、铁塔烟霏等。济宁有墨华泉碧、南池荷净、麟渡秋帆等八景。这些名称都有诗情画意，用来命名可增强城市的美感。

四、 地名有偿命名与以企业名称命名地名

近年来，各地地名主管部门为了多渠道筹集资金，搞了些地名有偿命名，有的很成功，但有的也出现了问题，所以现在民政部门不提倡搞地名有偿命名。不搞地名有偿命名，但不能说就不能以企业名称命名地名，关键是如何把握。以企业名称命名道路地名应该注意三点：一是适用对象应是形象好、影响大、知名度高的大中型企业和事业单位。二是企业名称适合做地名且驻地在这条路上。三是最好新建道路且是首家进驻的企业。如济宁有德源路、嘉达路都是新建道路且是

首家进驻的企业，我们就以首先进驻的企业名称命名了道路名称，但没有实施有偿命名，现在看来也很好，笔者认为这些地名发音和语义都很好，重要的是区域相符、指位清楚、名地相符，再比如济宁有个如意毛纺集团，在其驻地的路上命名为如意路，因为事事如意、万事如意是人们美好追求。

五、 谨慎处理地名的生僻字、 冷僻字

对于地名的生僻字、冷僻字，一是前几年济宁民政部门以地名标准化处理了一些地名的生僻字、冷僻字，如济宁市的鱼台县的老砦乡、嘉祥县疃里镇、嘉祥县满硐乡、曲阜市西陬乡。二是近年公安部门为办理"第二代身份证"，由于字库中缺乏生僻字、冷僻字对部分村庄进行了改名。如广东地名中，至少有 19 个生僻字没加进新的字库，无法办理"二代证"，引发了村庄改名姓氏变更。中华民族源远流长，汉字实在太丰富了。在历史的长河中，古人命名了许多当今看似生僻字、冷僻字、但却蕴含丰富历史文化内涵的地名，尤其是一些村庄名称，这些名称都有一定寓意、含义。笔者认为，这些地名的生僻字、冷僻字，是地名的活化石，融入了古人的智慧，是中华民族文化博大精深的体现。有些地名、姓氏生僻字、冷僻字蕴含的历史文化，已经融入人们的生活和记忆之中。

（作者单位：济宁市民政局）

浅论邹城市街道名称对城市发展的意义

李养峥

　　地名是人类历史活动的产物，是一个地域历史文化的"化石"。简言之，地名就是人们对具有特定方位、范围的地理实体赋予的专有名称，是人们在生产、生活、社会交往活动中广泛使用、不可缺少的一个重要工具。它涉及内政外交、军事国防、交通运输、邮电通讯、新闻出版、测绘制图等众多领域，与各种经济社会活动和人民群众日常生活休戚相关，与我们的城市规划、建设和管理工作也密不可分。

　　邹城是千年古县之一，历史悠久、文化灿烂，是著名思想家、教育家孟子的诞生地、国家历史文化名城。《邹城市志》记载："邹城城市建设是从整修道路开始的"。从 1950 年起，基本以古城墙基为路基，修筑了环城（古城）路。对于古之邹城主要街道，历代《邹县志》都有明确记载。由此可见，一个城市的街道名称，不仅起着指路导向的作用，而且也向世人们展示着这个城市的悠久历史、文化品位，同时也体现了这个城市的文化底蕴，对加强城市文化建设具有重要的现实作用和深远的历史意义。

　　随着改革开放的深入和城市建设的加快，邹城市城区道路发展迅速。为有效避免地名命名的滞后性、随意性和盲目性，邹城市认真做好城乡地名的命名管理，结合城乡建设现状和发展规划，着眼现实需要和长远发展，对城市未来需要的新地名进行前瞻性规划论证，科学编制地名命名更名规划，本着"尊重文化、历史习惯、易找好记和方便人民群众生产、生活，有效发挥方位指示作用"的原则，从源头上把好地名命名、更名关，对城区的 1204 条街巷进行了调查摸底，对新修道路及时进行命名，对不规范的地名进行标准化地名处理，对地名的命名和更名进行规范，使地名命名更贴切地展现邹城市的文化底蕴和发展水平，突出塑造邹城"山、水、文化"城市鲜明而独特的城市形象，体现邹城特色，确保地名命名管理工作更趋科学完善。邹城市对现有街道名称为适应城市不断发展上做了积极探索：

一、 地名作为历史文化的载体， 保护老地名， 保持街道名称历史的延续性， 有助于凸显城市发展的文化内涵

地名，尤其是在城市中存在了上百年的老地名，它们不仅仅是一条街、一座桥，它们见证了这座城市的兴衰，它们生长着这个城市的记忆，是城市的"名片"，也是历史文化的载体。保护老地名是十分必要的，特别是那些能够反映地域文化特征的老地名我们更要悉心加以保护。因此，作为城市地名管理部门在考虑为新建的路街巷取名时，应尽量多地使用一些有纪念意义的老地名，以使世人更好地了解这座城市的历史变迁及文化特征，使它有迹可循，人们可经常耳濡目染，从而使城市地名文化遗存得以延续传承，也使市民们对老地名的浓浓情结不致断裂。从这个意义上讲，保护老地名工作是实施城市文化遗产保护的重要举措，是加强地名文化资源开发的必要手段，是营造城市特色文化氛围的特有途径，并要从痛失老地名的反面教训中牢牢记取，随意改变老地名将造成继承文化和历史传统等方面的缺失，使之成为永久的难以挽回的遗憾。作为专职从事地名工作的地名管理部门，有必要对城市地名中的老地名和已经消失的老地名进行调查摸底、逐条梳理，并广泛收集有关史料典籍和档案资料，开展翔实细致考证研究工作，界定确需保护的老地名的范围和条数，做到心中有数。在旧城改造中，对有历史意义的老地名要特别注意保护，邹城的老城区保存较好，目前还残存着不少青砖灰瓦的老房子，依稀能看出老城的影子。基本保持原貌的当属现"邹城市第一实验小学"附近的几条街道。这些长长的街道为老邹县城的街道之一，两边店铺林立。房屋虽然破旧了，但仍不失城市的韵致。此外，也应加大对老地名的宣传力度，我们曾做过几期电视专题片《寻根老城》，播出之后群众反映强烈，都说很有意思，像"电灯房街"（1922 年，邹县商会在北门里组建"电灯股份有限公司，但这个柴油发电机年发电量只有 5.25 万度。仅供城中几条街道的富户和工商业户照明使用。邹县城开始告别夜晚只能烟熏火燎的煤油灯。"）、"塘子街"（辛亥革命后不久，田黄拐子河的来家在邹县开了一家名为"暖香春"的公共澡堂，一次可容纳十几位客人洗浴，城中人冬天也可洗澡了。虽然洗澡是生活中一件小事，但能折射出城市的进步。后来澡堂旁边的小街就被命名为"塘子

街”）等路街的名称来历深深吸引了他们，这些沿用多年的老地名对城市的文化起到了很好的传承作用。

二、 地名作为城市发展进程的见证， 加强社会参与， 提高街道名称在社会上的知名度， 提升城市发展在百姓中的影响力

地名作为人类创造的一种文化形态，不同的城市发展史，有着不同的历史文化积淀，不仅有利于历史文化的传承和保护，还能够凸显地方文化品位和内涵，提高城市发展中的知名度和美誉度。地名是社会公众资源，因此在地名规划实施过程中应充分借助社会各方面的力量和资源，营造"人人关注地名，人人关心地名"的良好氛围。

（一）加强组织领导， 健全工作制度， 努力搭建地名管理公共服务运行平台

领导的重视支持，是做好区划地名工作的重要前提。一直以来，邹城市委市政府都高度关注并全力支持地名工作，并将其作为全市经济社会事业科学发展的重要内容，列入重要议事日程，民政部门积极协调，全力工作，建立健全各项工作机制，努力搭建地名公共服务平台，确保了区划地名工作有人干事、有钱办事，实现了区划地名管理工作的又好又快发展。

（二）建立健全工作机构

成立了由邹城市政府分管领导任主任，民政、财政、建设、公安、工商、交通、邮政、旅游等10多个部门和单位及各镇街政府主要负责人为成员的区划地名工作委员会，在邹城市民政局设立了区划地名管理办公室，配备了专职工作人员，负责组织领导和工作协调。邹城市政府先后三次召开专项会议，理顺了地名管理工作的关系，地名的日常管理统一归属民政部门，各类地名标牌的设计、规划、制作、安装由邹城市地名办公室负责实施，市财政拨出专项资金配备了地名办公和服务设备，搭建了地名工作的基础平台。

（三）借助媒体广泛宣传地名，增强地名的影响力

如与邹城电视台《关注民生》栏目开展宣传"市民保护地名标志牌"活动；与邹城龙之媒报、新邹城报推出"我给社区街道起名"活动，在社会上引起强烈反响，如邹城市大胡社区居民，大胡社区因地下水资源丰富，素有"千泉"之称，该社区居民在参与本次活动中，就把社区内的街巷全部以"…泉"命名，如"澄泉巷"、"浣泉巷"、"甜水泉巷"等，使新命名的街路名称好找易记，比较方便，社会反映较好。

（四）借助企业做好地名工作，为城市经济发展服务

为了提高全社会依法命名的意识，我们在报纸上发布对兖矿国宏化工有限责任公司厂区周围几条道路以企业命名的公告并在道路标志牌上对这个公司进行宣传，借企业之力做地名之事，此举不仅规范了道路命名，也彰显城市建设面貌，它就像一个"广告牌"扩大了企业知名度，对全市经济发展也是一个促进。

（五）发动市民做强地名，形成地名规划的合力

近年来，我们通过组织系列活动吸引广大市民共同参与地名文化建设。如结合政协提案组织了"东城新区道路命名要体现孟子文化"路名有奖征集活动，征集活动共收到全国不同省市 210 个方案，充分调动了广大市民的参与热情，进一步增强地名工作的透明度，在集思广益的过程中，把地名的服务理念融入社会主义和谐文化建设之中，从而形成地名规划的社会合力。

三、加强部门协作，紧扣城市发展主题，展现城市发展特色，充分调动社会力量推进地名命名规划工作

地名是服务百姓、惠及社会的好事，但也是涉及面广、牵扯部门多的大事。很多城市都存在着地名规划与城市规划建设不同步、各自为政的问题，地名规划的受重视程度与其发挥的作用还不能成正比，不能及时为城市建设提供

服务，不能从长远规划着眼，停留在"建一地，命一名"的模式当中，我们在工作中也出现过这种情况，例如规划的新城区道路没有在我们这备案，造成了有些道路重名等情况，因此造成很大的麻烦，许多市民打电话咨询此事，所以在开展地名规划工作中，要充分调动各方面的力量和资源，做到优势互补、齐抓共管，协调市建委、市规划局等部门参与开展，真正做到"城市规划，地名先行"。

（一）建立健全法规制度

先后以市政府文件出台了《邹城市地名管理规定》《邹城市人民政府关于对全市路街巷标志和门（楼）牌进行整顿实施意见》和《关于切实做好城区路标设置工作的通知》，进一步理顺了地名管理体制，建立健全了区划地名工作规章制度，确保了地名标志设置和地名图志出版发行等工作的顺利进行。

（二）加强工作组织协调

城镇化快速发展，需要命名的地理实体和区域持续大量涌现，社会对地名服务的需求持续增加，人民群众对地名工作的要求也越来越高。作为民政部门必须及时跟上，主动出击，做到规划到哪里，区划地名工作就跟进到哪里。在新、老城区道路规划命名及新建道路街巷命名工作中，市委市政府领导同志主动帮助民政部门解决问题，多次召集民政部门和有关市直部门负责同志召开专题会议研究道路规划命名事宜，市委市政府领导同志还多次就地名命名设标工作作出重要批示，要求各级各有关部门要协调一致，高标准地将地名工作做实、做好。领导的关心支持，使得相关各方配合密切，形成了工作合力。

（三）加大财政资金投入

针对城区道路和城镇主干道设标工作及地名图志出版工作资金紧张的实际，市政府在财政状况比较紧张的情况下，根据工作需要，及时拨付专项经费，确保了城市街道名称设标和地名图志出版发行工作的顺利完成。各镇街也先后拨出专项资金用于镇驻地道路标志设置和居民楼门牌的安装工作，确保了全市城乡地名设标工作扎实有效进行。

（四）组建专家命名和撰写小组

为更好开展街道命名和地名图志编撰工作，我们专门组建了由市级老领导、文化界知名人士和相关部门人员组成的地名命名专家小组和以市政府史志办、民政、文化、城建、旅游等部门参与的邹城市地名志和地图编撰领导小组。先后召开了各种工作协调会议30余次，对每一条街路巷的命名进行了专题研究，确保了道路命名科学合理、文化内涵丰富，并完成了近百万字的《邹城市地名志》编写任务。

通过多方努力，最终确定了"道路建设以棋盘式方格网状为骨架，内成网、外成环、宽通道、大出口"的体系目标，确定了市区街路名称的总体框架，即"南北道路以境内山系命名，东西道路以境内地理名称命名"，以104国道为中轴线，南北向主干路命名为岗山路（岗山北路、岗山中路、岗山南路）、峄山路（峄山北路、峄山中路、峄山南路）、护驾山路，东西向主干路命名为平阳路（平阳东路、平阳西路）、太平路（太平东路、太平西路）、东滩路，把规划中重名的"唐王山路"更名为"普阳山路"（因此路为市委、市政府办公之地，取"阳光普照，恩泽市民，百姓靠山"之意），规划中的"牙山路"更名为"接驾山路"，与"护驾山路"遥相呼应，并且经地名专家的反复评议，将东城新区的东西道路全部以邹城境内河流的名称命名，独具创意，突出了东城新区在城市发展中的重要战略地位，更突出了邹城"山、水、文化城"鲜明而独特的城市形象。

（作者单位：邹城市民政局）

对城市地名规划及命名规则的探讨

张　文

随着我国城镇化进程的加快，城市各类地名不断涌现，地名管理成为城市管理不可缺少的组成部分。城市地名规划作为专项规划被纳入统一的城市规划体系当中，成为城市地名管理的基础，是个体地名命名、更名的依据，是地名管理工作变被动为主动的关键。

一、　城市地名规划应为城市规划体系中专项规划的重要组成部分

城市是历史文化的象征，也是文化过程的产物，被誉为仅次于语言的人类文明的第二大创造。就现代观念来看，城市地名的重要性，可以表现在三个方面：第一，实用定位价值。这是地名最基本的功用，也是地名命名中必须首先满足的要求。从这个角度来看，城市地名中又以道路名称最为关键和重要。第二，历史文化价值。城市地名不论是历史地名还是当代新形成或确定的地名，因使用的长久性（或希望使用的长久性）都会表征出特定时代历史、文化、美学方面的印记和追求，因而会成为历史文化遗产，具有一定的历史和美学价值。这在城市各类地名中均可表现出来。第三，经济效益价值。城市地名因其使用的广泛性和强制性，具备一定的广告宣传作用，随着经营城市观念的兴起，地名的有偿使用应运而生。如果运用得当，将获得较好的经济效益，而如果滥用，也会导致严重后果，甚至腐败丛生。

随着中国城市化进程的迅猛推进，城市地名将会较之现在有几倍甚至几十倍的增加，这就要求预先进行地名规划，并制定一套命名规则。

城市地名规划应该集城镇建设、改造和发展为一体，与城镇建设规划同步设计、同步实施和同步修改完善。建立健全地名规划管理制度，有利于城市地名层次化、序列化、标准化体系的形成。加强城市地名管理的科学性和计划性，掌握地名命名滞后的现象，防止各部门自行取名，以及地名命名的随意性和盲目性，使城市各类地理实体的名称，从建设设计、图纸绘制及申报的文件、报告、甚至向社会公开报道时，就统一启用地名规划中标准名称。地名规划的实施，将为提高地名管理的整体水平，全面实现地名标准化奠定基础，将在城市发展的长时期内发生作用。

二、 城市地名规划编制重点在于城市道路地名规划

地名可以包括地物和地域两类。所谓地物，既包括山、岭、河、湖、海一类的自然物，也包括人类建造、利用的一些人工物，如建筑物、构建物以及运河、道路等；地域则是包括各类自然与人工物所组成的大小不一、类别各异的区域、包括政区、自然区以及林带、渔场、工厂、农庄、居住区等。城市地名由于城市主要的由人工建造这一特殊性质，其人工物和人文区域地名特别繁多。城市地名可以包括：区、县、（市）、乡、镇、街道、居民区、村等名称；山、山峰、山脉、山谷、河流、湖泊、岛屿、礁、沙洲、滩涂、水道等地形实体和地理实体名称；海塘；江堤名称；大型公共建筑物名称；具有地名意义的农场、林场、专业市场等名称；门牌号、住宅楼幢号。

从上述规定可以看出，城市地名中数量最多、地名命名、更名等活动最频繁的，当属如下三类：一为点状的突出物（如大型公共建筑、构筑物等）；二为面状的各类区域，尤其是居住区、住宅小区；三为界于其间的线状物，主要是道路街巷。所谓的城市地名规划和管理，主要工作应该是这三类。这其中，就城市规划部门将其作为单项规划角度而言，应以城市道路地名规划为重点。

首先，道路街巷是一个城市的骨架，道路街巷的名称，不仅直接指城市道路，具有重要的定位意义，而是城市中许多其他类型地名命名的基础。典型如道路两侧的各类地域（如单位、居住小区等）和各建筑物等的门牌号码，完全就是

以道路名称为基础编制而成的。这也是道路实用定位、指位价值的突出表现。因此对它的命名应非常慎重、准确、合理、迅速，并要有相当高的权威。

其次，道路街巷名称又是城市的"脸面"，反映出城市的历史文化内涵、社会生活特征和美学追求及品位高低。

再次，城市道路具有不同于其他类型地物的一个显著特点是其公共性，其建设维护是政府行为，其名称的使用也具有强制性。因此，其地名命名也必须满足公众要求，而不能仅由个别人、个别单位随意命名。应规定有偿命名使用条件，如果满足条件，也应该公开操作，收益归政府，并用于城市建设。

最后，就另外两类城市地名来看，单个的建筑物、构筑物等尽管重要，但在规划层面不确定性太大，即建什么、何时建、谁来建等不可能在规划时期明确规定。因此，其命名由相应的建设主体自行进行是顺理成章的，也只能如此，政府主管部门只负责审批，只要不违反有关规定，政府不应干涉。相对而言，城市规划对城市道路的规划是一个重点，深度也较高，正好彼此衔接。即从操作层面而言，只能以道路地名规划为主。

例如，根据城市总体规划，可以命名出新街路名称，再根据新街路长短，设计出新街路门牌总量及各门牌的基本位置。这样一旦新街路开工建设，即可对号入座，适时给予相应的门牌号，这不仅方便全社会使用，而且确保了全社会使用标准街路名和门牌的及时性。从这一点也不难看出，门牌只有实行统一规划和统一管理，才能确保门牌与城镇建设规划接轨，才能符合实际和发展趋势，增强应变性，保持稳定性，增大时效性，确保标准地名的全面推广和使用。

三、 从城市地名规划到城市地名命名规则

地名一般包括两个部分，即通名与专名；地名又有有偿地名和无偿地名之别，有城区地名、郊区地名、主城区及副城区和镇等的区别。就目前所进行有限的城市地名规划来看，实际即"城市地名命名规划"，也可以说是在城市地名规划的基础上，划分各区特征，对专名进行系列化命名。作为地名规划也只能在这一主要涉及地名专名的层面上进行工作。

但是，城市地名所涉及的问题或者需要进行规范、指导的方面还有很多：比如地名专名的城市地名规划，尚无法全面涉及和覆盖，如城市各类地名（道路、居住区等）的通名规范问题，地名的有偿无偿使用问题。城市内外地名的衔接和协调问题。而各层次的《地名管理条例》《办法》等又过于原则和抽象。所以有必要在对城市各类地名进行调查、分析和深入研究的基础上，制定更具可操作性的《城市地名命名规则》。该规则应按照不同类型、区域和级别的地名规定命名原则，使各类地名（如道路、居住区、建筑物等）形成体系各区地名（按照城市发展的时序和一般地名）由不同级别机构或业主个体，经由不同程序、区分有偿和无偿等来确定。这对地名化管理，更具可操作性，对城市历史文化遗产保护和城市文化建设、旅游事业发展以及经营城市方面均有作用。

我们认为《城市地名命名规则》应在下述几个方面加以明确规定：

1. 区分地名类型，规定各类地名的通名系列

——行政区系列：区（县）街道（乡、镇）、社区（行政村）等以及如开发、风景名胜区等具有政区性质的区域。

——实体系列：住区、学校、工厂、农场、车站、市场。

——道路系列：大道、路、街、巷、里、弄。

——单个地物：（建筑物、构筑物）系列：楼、堂、馆、所、桥、堤。

2. 进行地名区划、明确各区地名的专名特色

应在深入研究城市地名发展的特征，规律的基础上，进行城市地名"地名区划"，即根据城市不同片区发展历史自然人文特征、地名传承等因素进行城市地名区划，各区确定地名专名的命名主题或构成基本语词。今后该区域内如道路、居住区等重要地名均围绕这一特色或主题开展，并可直接指导"地名规划"的编制。当然，一些专业性的地域、地物据实命名即可。该地名区划即相当于地名的分区区划，可附图表示。

3. 划分地名等级、明确地名监管的管理权限

城市各类地名繁多，地名主管部门既无可能也无必要事无巨细、事必躬亲的一一命名。因此，应合理划分地名管理权限，明确哪些由政府部门命名，其余自然一概由业主自行决定（但应符合各项规定），由政府主管部门认可。两类地名均应规定命名和审批的程序，杜绝随意性。

4. 合理经营地名，适度进行地名有偿转让

地名由两部分组成：通名和专名。通名指类，地理实体若不发生变化，则其通名亦不发生变更。专名指位，尽管位有大小、远近、上下，但是都通过专名及通名得到限定。而专名的取舍是由人的主观意识决定的，自然带有感情色彩。在不影响国家、公众利益的前提下，采取正当的方式将地名纳入到个体名下，即可以适当实施地名命名有偿化。

5. 引进数字地名，适应大都市发展和信息化时代管理需要

道路命名方面。随着大都市区的发展，城市范围迅速扩展，城区外围的，各组团之间的交通性道路也日趋增多和复杂。这些道路不仅对于外地入域车辆不熟悉，就是对本地居民而言，对于许多其他组团"行同陌路"。道路及其名称的指向意义，成为需要首先考虑和保证的方面。在这种情况下，可借鉴国外的做法，对于主要的交通性道路依据一定的规律编号，即进行"数字化命名"，同时给予统一的正式名称（即数字化和文字化并行）。国内目前也已有北京、上海等地开始对这一类地名按照这种方法命名。

实体地域内部的建筑物命名方面。居住区内部楼名必须强制规定按照数字化方式编排（如规定从南到北，从东到西的顺序）。单位内部建筑物视情况自行决定，但如占地较大，亦应以数字化编排，以便于使用。

其他命名方面。除了上述需要正式以数字化方式命名的地名，对于其他地名，为适应现代化地名管理需要，也应及早制定数字化方案，以便输入电脑和进行查询。

（作者单位：金乡县民政局）

浅议泰安城区街道地名命名管理工作

路守财

地名是地点的名称，其科学定义是人类依赖其主观认识，共同约定而赋予客观存在的地理实体的一种代号或标记，是各种信息的载体。现代社会是一个以信息为核心的社会，而地名信息从某种角度来说，代表着效益，代表着财富，代表着生活中的很多东西，与人民的生活息息相关。它是人类社会特有的一种社会现象，而人类社会的需要是地名产生的源动力。研究、管理、使用、发展地名成为社会发展进步的重要标志，为加强地名管理和使用，丰富拓宽地名文化内涵，逐步形成符合地名发展需求的一种特有文化。

泰安城区坐落在泰山南麓，地处北纬36°15′，东经117°08′，古曾为泰安州、岱岳镇。宋开宝五年（公元972年），由乾封县迁此筑城，为县治之始，至今已有1000余年的历史。而泰安城区街道名称的形成和变更也独具泰山特有文化色彩。它从一个侧面反映出了泰安在不同时期的历史、政治、经济、文化、民间风俗及地物地貌等方面的状况。因此，探讨和研究其发展规律性，对挖掘当地地名文化底蕴，具有积极的现实意义和历史意义。

一、 泰安城区街道名称的命名特征

地名的形成有其特有的历史原因、包含其特定的文化内涵。泰安是一座古城，其街道名称命名涉及地理、历史、人文、社会等各方面的因素，独具特色，其主要命名特征可归纳为以下几点：

（一）以名胜、 自然地理实体命名

泰安北依泰山，泰山古称大山、太山、又有岱宗、东岳之称。市区内主干

道东岳大街、岱宗大街、泰山大街便以名胜泰山为载体命名；漯河东路、漯河西路、泮河路则以河流漯河和泮河名称命名。由自然地理实体得名的还有虎山路、科山路、傲徕峰路、金山路、灵山大街等，据统计共 34 条，占市区街道名称的 17%，此类名称从不同侧面反映出了泰安市独特的山城风貌及地理地质等状况。

（二）以古寺庙、城池、古迹命名

此类地名多由庙宇、寺观、城垣、官府衙门、牌坊、军营校场等古迹而命名。泰安是历史文化名城，寺庙古迹甚多，民间有"济南府之人多，泰安城之神多"之称。庙多神自多，故泰安也有"神州泰安"之称。以普照寺、清真寺命名的普照寺路、清真寺路；以古建筑红门宫，迎暄门命名的红门路、迎暄大街；因清雍正年间存有泰安营练兵校场而得名的校场路，映射出古城泰安的地物地貌、历史渊源。还有一些庙宇古迹等也成为城市街道命名的依据之一，如：迎春路（旧有迎春庙）、关帝庙街、龙王庙等。此类命名道路共 42 条，占社区街道地名总量的 21%。

（三）以民间故事、历史典故命名

此类命名大都反映了当时历史时期的民间文化、历史传说和社会状况。如卧龙街，据《泰山小史》记载，清乾隆皇帝曾在此驻跸，故取名卧龙街；明德街的来历则因传说街东首有一关帝庙，建于县衙西墙旁，墙内是县太爷的内宅，有冤无处诉者都到此处喊冤，县太爷听到后升堂审理，故名明德街。此类命名道路共 17 条，占市区街道名称总数的 6%。

（四）以姓氏命名

以姓氏命名街道是我国传统的地名命名方法之一。在此类道路区域人口密集、常为居住生活区。泰安以姓氏命名的街道有：徐家园、赵家花园、施家胡同、杨家胡同、封家园西巷、封家园东巷等，共 36 条。占街道名称总数的 18%。

（五）以商业贸易活动命名

泰安集市贸易发展由来已久，经济贸易非常繁荣，街道命名上也反映这一方面的信息。街道之一的"大车档",旧时此街为省京大道所经,车马行人,南来北往,因名大车道,后演变为今名;又如以专卖品命名的粮食市街、瓷器街、旧货街、运粮街、运舟街、杂货街等。此类街道名称数量约占街道名称总数的7%。

(六) 以吉祥嘉言、 美好愿望、 生活理想命名

这是我国传统的地名命名方法之一。这类地名力求高雅文明,又反映出人们对社会安定、幸福生活的美好愿望。如:平安巷、同心巷、致富路、福全街、永福街、康复路、升平街、兴隆街、通天街、万吉路、财源大街、茂盛街等。这一类街道名称数量占街道名称总数量的8%。

(七) 以村庄等居民点名称命名

随着城市建设的飞速发展,市区面积不断扩展,原来距市区较近的村庄,被城市覆盖,成为市区的一部分。因此有些村便成为街道命名的依据。如旧镇路、御碑楼街、天外村街、凤台路等,这些名称的专名部分皆因原居住地村庄名称而得名。此类街道名称数量占街道名称总数量的7%。

(八) 以企事业单位名称命名

这类街道名称主要是历史变迁产生的,是以某一较大的单位或企业名称为命名依据。如育才街、校园街、园林路等,这类街道名称约占街道名称总数量的6%。

此外,还有以其他因素命名的街道。如:以数量词命名的三里大街、五马街;以方位命名的南胡同、西胡同、北新街等;以民间传说命名的登云街等;以历史事件命名的灵芝街、祥符街等;以人工建筑物名称命名的金桥街、立交道、立交桥胡同等。这一类街道名称数量占街道名称总数量的10%。

二、 泰安城区街道名称的通名特征

泰安街道名称的通名具有明显的等级命名特征。

（一）泰安街道通名主要有以下几类

1. 街——《辞海》解释为城市的大道。据统计泰安街道名称以"街"作通名的有 82 条，占街道总数的 42%。

2. 路——《辞海》解释为道路。据统计泰安街道名称以"路"作为通名的有 48 条，占街道总数的 25%。

3. 胡同——《现代汉语词典》解释为小的街道。泰安以"胡同"作通名的街道有 36 条，占街道总数的 19%。

4. 巷——《辞海》解释为小于街的屋间道。泰安以"巷"为街道通名的有 24 条，占街道总数的 12%。

另外，尚有一部分街道仅有专名，而无通名。如徐家园、大车档、赵家园等共 9 条。这类街道名称，缺少通名，在使用过程中往往容易产生模糊概念和错觉。

（二）泰安市街道通名的层次结构较为明显。 大体分为三个等级

第一级，即主干道，一般用"路"或"大街"作通名。如红门路、青年路、龙潭路、东岳大街、岱宗大街、泰山大街、财源大街、灵山大街等。

第二级，即次干道，一般用"街"作通名。如运舟街、通天街、洼子街、运粮街。

第三级，即小巷道，一般用"巷""道"或"胡同"作通名。如东更道、西更道、杨家胡同、赵家胡同等。

（三）泰安街道通名的分布特征

1. 泰安街道通名的分布，以一级通名分布最有规律。一般南北方向延伸称"路"，东西方向延伸称"街"，即所谓"南北为路，东西为街"。呈南北走向的街道如青年路、虎山路、长城路、迎春路、龙潭路、天烛峰路等通名都称为"路"。呈东西走向的街道如东岳大街、岱宗大街、财源大街、创业大街等通名都称"街"。但其他层次的街道名称部分保留传统风貌的街道，则无此规律。如：通天街、运舟街等，虽都为南北方向，但通名仍称"街"。

2. 通名称街的街道一般多集中在市区中心的"旧城区"。通名称路的街道一般多分散在市区中心之外的新建区。

三、 泰安城区街道名称使用中值得思考的几个问题

地名是一种社会现象和人类社会发展到一定阶段的产物，有其起源、发展和演变的规律，同时，地名也是人类社会交往中不可缺少的工具，特别是人类社会进入到今天的信息时代，信息快捷准确传递是信息时代的特殊要求。地名作为信息的载体和传递的龙头，其标准化和规范化即为准确传递的重要保证。笔者认为，地名的管理和标准使用上应在以下几个方面下功夫。

（一）对通名的使用， 要在层次化、 序列化、 标准化上下功夫

特别是次干道和小巷道通名的使用上，力求像干道街道通名的使用一样，经纬分明，层次清晰。如纵向的为巷、道或其他，横向的为胡同或其他。做到有规可循，使人们一看通名便知道街道的大小走向等基本信息，易用好记。

（二）对缺少通名的街道， 应补充通名

如大车档、徐家园、宫后门等后面可以加"街"或"巷"字，加以规范。

（三）与主地名有关的名称， 一定与主地名相吻合

如，不应在东岳大街上出现仓库路××单位，龙潭路上出现泰山西路××等，而应与主地名保持一致，规范使用地名，切实在大众社会生活中发挥地名公共服务基础作用、指引作用、导向作用。

总之，社会发展、生活富裕、城市规模的拓宽和新农村建设的不断深入，街道等地名名称在使用和管理上也出现很多新情况和新问题，为适应社会发展和人类对外交往日趋频繁的新形势，必须在地名的使用和管理上加大探索和投入的力度，重点放在地名的标准化、规范化上，应本着尊重历史、突出特色、提升品位、好找易记、方便管理的原则，抓好城区的街、路、巷命名或更名工作。

（作者单位：泰安市泰山区民政局）

浅议制约地名事业发展的"三大软肋"

王志雪

随着经济建设的发展及城市化的快速推进，城市的开发建设进入了前所未有的高速发展期。新开发区、工业区、居住区不断涌现、街路的新建、改建、扩建，不断造就新的地名，使得城市地名数量和密度较之以往快速增加与扩大，城市地名的重要性更加突出，也对地名工作提出了更高的要求。自 1986 年初国务院发布了《地名管理条例》以来，我国地名工作由开创阶段进入了以地名管理为主的新阶段。经过二十几年的工作实践，逐步实现地名的标准化、科学化、现代化和法制化，取得可喜的成绩。由于事物发展需要一个过程，人们对事物的认识也需要一个过程，加之职能分工的不合理性和部门之间的牵制性，也给地名的发展带来了很多弊端。解决好这些问题，是地名事业发展的基础和关键。根据我县地名管理工作现状，提几点粗浅的看法。

一、 体制编制不匹配， 制约着地名事业的发展

一九八七年八月劳动人事部发出《关于改变地名工作领导体制的通知》后，地名工作移交到民政部门管理，由非常设机构转变为政府行政序列中的常设职能机构，由开创性的基础工作转入以法制化管理为重点的阶段。政府机构经过几次改革，但是现在仍然存在一些误区，不能融入于民政工作的大布局中。在体制管理上，还存在着多种形式。如有的地名工作在其他科室中作为一项业务；有的局领导兼任地名办公室主任，选派一名副主任负责具体工作；有的虽然有其科室，组织部门在机构调整时却没有编制这个部门。有的县是行政科室；有的县是事业科室。在人员编制上更是参差不齐，我省县级地名机构大部分只有一个人，有的甚至是兼职或兼任其他职务。只有少数县市人员超过两人以上。这种工作体制、

编制的存在给地名事业的发展带来了很大的束缚。1998 年《国务院办公厅关于印发民政部职能配置内设机构和人员编制规定的通知》进一步明确县级地名管理工作的职责与任务，理顺地名管理工作体制。

二、 经费保障不匹配， 制约着地名事业的发展

随着城市化的快速推进，城市综合管理水平不断提升，城市地名管理工作将面临越来越重的任务，随着信息化时代的来临，地名信息的传递速度不断加快，使用频率日益提高，无论是社会交往、文化传播、社会生活，都迫切要求提供快捷、标准化的地名信息。人们对地名信息的依赖程度越来越高，也对地名工作提出了更高的要求。近几年来地名工作业务量逐渐增大，但在经费管理上，却有减无增，使地名业务不能正常开展。有的县区虽然有预算，但是没经费。比如数字地名建设是一项庞大的系统工程，其显著特点是投入大、消耗大、服务广、收益小。由于数字地名建设前期投资大，后续维护运行资金压力也不小。因此，在目前大多数地方财政还比较困难的情况下，要做好数字地名建设服务工作绝不是一件容易的事。加上一些地方由于认识不到位，政府相关部门之间协调配合不够，管理体制不顺，导致建设资金难以保障到位。目前，除少数经济较发达的城市由地方财政基本提供建设运行资金外，一般中等经济条件的城市，大多数是借助地方财政提供的前期少量启动资金，勉强完成部分服务项目建设，而后再靠自筹资金来逐步开发建设，致使有些服务项目因后续资金投入不够，出现了运行停滞的现象。而更多经济欠发达的城市，由于地方财政困难，前期资金投入无法保证，因而对开展数字地名建设信心不足，导致数字地名建设规划只得停留在口头上，记录在案卷里。地名工作的重要性和紧迫性未能引起全社会的共同重视。只有经费的有力保障才能更快更好地推动县级地名管理工作的健康发展。

三、 地名干部队伍建设不匹配， 制约着地名事业的发展

近年来，广大地名工作者努力奋斗、辛勤工作，在各自岗位上创造了不俗的业绩，为经济社会发展做出了应有的贡献。但我们身上表现出的政治素质、业务水平、创新精神与新形势新任务的要求还有不少差距。地名工作是民政工作的重要组成部分，从人员上来看，地名工作队伍的人员构成、知识结构、业务能力等方面还需要进一步的拓展和提高，目前还不完全适应新时期地名工作的要求。因此，提高地名工作队伍的业务水平，就显得非常迫切和必要。

（一） 要加强干部队伍建设

科学整合人力资源，配强配好区划地名干部力量，要将懂政策法规、熟悉专业知识并且热爱区划地名工作的优秀人才充实到队伍中来，从事区划地名工作的同志也要加强学习，更新观念，勇于实践，不断提高理论政策和专业知识水平。

（二） 努力提高队伍专业化工作水平

要在保持工作队伍相对稳定前提下，按照建立一支政治素质高、业务能力强的地名专业工作队伍的总体要求，切实抓好地名工作人员的业务培训工作，坚持每年组织业务培训，确保全省每位地名工作人员都能接受业务轮训。加强地名工作队伍思想作风建设，牢固树立 "为民服务" 的理念，强化服务意识，发扬敬业精神，培养一支作风踏实、业务过硬、廉洁高效的地名工作队伍，不断提高管理服务能力与水平。

（三） 加强学习， 不断提高自身综合素质

只有通过不断加强学习，努力提高自身的综合素质，才能承担起身上肩负的使命与职责。首先要加强政治理论学习。要认真学习 "三个代表" 重要思想和邓小平理论，尤其是党的十六大以来的重要文件、重大决议，中央以及省市委领导有关解放思想、鼓励创新创业的重要论述，努力提高自身的理论素质和解决实际问题的能力。同时要牢固树立起 "立党为公、执政为民" 的思想，树立起全心全

意为人民群众服务的思想，进一步增强对工作的激情、对人民群众的感情，全力为群众提供优质高效的服务；其次要加强业务知识学习。为推动工作健康发展，要认真学习地名方面的有关法规、政策，努力熟悉掌握，做到依法行政，按章办事，不仅要保证地名命名更名科学、规范、有序，也要发挥好地名名片为地方经济发展服务的作用；要认真学习地名尤其是住宅小区及建筑物命名方面好的方式、方法，为政府出谋划策，当好参谋，使地名名称更能反映各地的人文特色，充分体现地名文化，着力提升各地发展的吸引力；要认真学习发达地区成熟的制度、规定和做法，大胆去探索、去尝试，把地名服务做得更好更快。

随着人类的进步与信息化的发展，地名已经是各地城市的名片，地名信息已经成为全社会使用频率最高的公共信息。时代的发展、社会的进步、群众的需求，给地名工作带来了新的机遇和挑战。只要我们正视问题，立足管理，强化服务，注重规范，不断改善服务质量，提高服务水平，我们将会迎来新的地名管理时代。

（作者单位：东平县民政局）

关于城市地名规划有关问题的探讨

李仁海

　　城市地名规划是城市建设总体规划中必不可少的配套专项规划，是城市各类地名管理的重要依据。根据国家民政部、建设部和省民政厅、建设厅的安排，城市地名规划是我市今明两年地名工作的一项重要任务。为了搞好地名规划，现就这项工作中的有关问题及基本做法研究、探讨如下，不当之处，欢迎批评指正。

一、 关于地名规划的范围、 对象和任务

　　所谓的城市地名规划，就是按照城市发展的历史和地名的现状以及地名变化的规律，结合城市发展的空间布局，做出对该城市地名标准化的总体设计和超前控制，实现命名与规划同步。

　　因此，地名规划的范围就是城市建设总体规划的范围。对威海市而言，就是2004～2020年城市总体规划的范围。这个规划几乎包括了整个威海市区（环翠区、高区、经区），既有已经建成几十甚至上百年的老城区（中心区）、已经建设了十几年的开发区，也有新规划的工业新区和建制镇驻地。为了工作方便，根据城市建设和地名的分布现状，整个规划区可分为中心区、高区、经区、度假区、刘公岛、温泉、孙家疃、草庙子（工业园）、羊亭、桥头、崮山、泊于、初村等13个区域。其中，中心区、高区、经区、度假区、刘公岛、孙家疃属于建成区或半建成区，草庙子、温泉、羊亭、桥头、崮山、泊于、初村属于新规划区域。

　　城市地名规划的对象，原则上应包括规划区域中的所有人文地理实体的名称，具体来说是：路、街、巷名称，居民住宅区名称，区片名称（含广场、绿地、街头公园等开放式公共场所），桥梁名称（含人行天桥、立交桥等），隧道名称（含地下通道、山体隧道等），大型建筑物名称，游览地、风景区、纪念地

名称等。对威海市来说，这次规划的主要对象是街道，对其他地理实体只提出命名原则，不作具体名称规划。

地名规划的任务，简单来说就是根据城市建设规划，对上述人文地理实体的名称进行总体设计和超前命名，对已有的各类名称进行规范化处理，对新规划的各类实体给以命名。先起名字再搞建设，使规划名称、施工的项目名称和竣工后的正式名称一致，改变过去先有建设、后有名称的命名滞后现象。杜绝出现建一处道路，起一个名字的"零敲碎打"式的命名。建成区和新规划区的任务各有侧重。建成区的地名数量较多，并且大多数是城市地名，这次规划的任务，主要是根据规划（道路拓宽、旧城改造）对已有的地名进行调整（更名）。新规划区域的地名数量较少，并且都是农村地名，任务则主要是对新规划的地理实体进行命名。

二、 关于地名通名的问题

通名，是地名中表示地名所指代的地理实体类别的那一部分。绝大多数地名都是由专名和通名组成的。相同的通名，在同类地名中具有相同的意义。确定地名的通名，应把握两个原则：

一是层次化的原则。地名的通名层次化，主要是指道路名称的通名，应该与道路的规模（长度、宽度）相适应，从地名通名的用字上就能区分出道路的等级层次。

威海市城市道路名称通名的等级层次，是根据道路的长度和宽度确定的。这个层次，早在 20 世纪 30 年代就已经形成，迄今已有 70 余年的历史。现在，老城区分为路、街、巷三级，在开发区则是大道、路、街三级。参照国内其他城市的做法，地级市的道路一般为三个层次，这次规划仍然按照大道、路、街三个层次，即：市区内连接省级以上干线公路的快速干道以"大道"作通名（一般用于新城区），主次干道一般以"路"作通名，支路一般以"街"作通名。新规划区内原则上不再以"巷"为通名命名街道，老城区内已有街道名称的通名一般不作变动。

二是规范化的原则。地名的通名规范化，是指住宅区和高层建筑、大型建筑群等名称的通名要符合语言规范要求，名实相副，不得夸大其词或使人误解、产生歧义。

　　住宅区名称的通名可以根据不同情况，分别用小区、花园、新村、苑、园、庄等通名命名，也可以用舍、宅、楼、邸、别墅、公寓、庭、府、庐、居等有居住地、房舍含义，能指明其类别的词语为名。同时，允许根据居住区的环境、建筑物景观特点和设施水平等，在通名前加简约、贴切的修饰词，以丰富实体的意境，如雅园、丽苑、山庄等。但其中某些住宅区的通名，必须符合一定的条件，不能给人以言过其实、盛名难副的感觉。如：园、花园，用于有一定的绿化面积（绿化率40%以上），且高档豪华、典雅秀丽的住宅区名称；山庄，用于依山而建、环境幽雅的低层高级住宅区名称；公寓、新寓，用于高层住宅楼或多幢住宅楼群的住宅区名称；苑、花苑，用于花草林木面积较大的住宅区或从事文化、艺术、科技等活动较集中的建筑群体名称。

　　广场，作为特指具有宽阔公共场地的建筑群名称的通名，一般用于有一定面积的户外公共活动场地并具有商用、办公、娱乐、居住等多功能的大型建筑物群。在一般情况下，大型建筑群不得任意使用"广场"命名。取名广场的，名称前面可以加功能性词语，如"××商务广场""××贸易广场"等。

　　此外，还要注意通名的系统性，在一个市区内，道路通名的等级层次应该统一，不能孤立的有一条道路就起一个通名。

　　当前，我国的有些城市不是以街道的长度和宽度来确定通名层次，而是以街道的走向来确定通名层次。整体布局城区的地名时，确定东西走向的道路通名为"路"，南北走向的通名为"街"，或者反之。我认为，强调道路通名系统性的好处，是便于人们记忆和寻找。但是，如何确定自己的通名系统，应该根据本地传统和实际情况而定，不可勉强行事，不应该搞"一刀切"。无论对哪个城市来说，改变已有的街道名称的通名层次，都意味着对半数左右的街道进行了更名，都是一个大工程，需要十分慎重。

三、 关于地名专名的问题

　　地名的专名，是地名中用来区分各个地理实体的部分。不同的专名，是对同类地理实体中的不同个体进行识别的标志。确定地名的专名，除了要符合国家的有关法规外，还要把握三个原则：

1. 地域性原则。即地名的命名要因地制宜、名地相符，尽量使城市地名的专名体现本地特征，具有地方特色。要使用能反映当地特征的描写自然景观的名称（方位、距离、地理、形态、物产和其他特征）、记叙人文历史的名称（居民族姓、史迹事件、人物传说）、寓托思想感情的名称（歌颂、崇仰、祝福、言志）等作专名，与原有地名的命名传统和风格相一致，以形成鲜明的地名群体效应。由于这类地名具有较强的稳定性和排他性，可避免雷同化。另外，还须注意不要移植外地的名山大川和行政区域名称作本地地名的专名，以造成地名千人一面的局面。

2. 时代性原则。寓托思想感情的名称，能反映群众的愿望和社会的文明进步，不可避免地具有时代性，具有地名产生的那个时期的一些印记。就我市而言，新中国成立以来，各个历史时期产生的名称就各有不同的时代印记，如，五十年代有"和平路""民主巷"等；"文革"期间有"反修路""反帝路"等；改革开放后又问世"科技路""深圳路"等。当前，面临建设和谐社会的新形势，以新观念命名的地名定会应运而生。这就要求在择词时应慎重稳妥，既要考虑有强烈的时代气息，表现健康向上的积极意义，也要杜绝出现一味标新立异、华而不实、空洞的口号式的名称。

3. 系列化原则。所谓的专名系列化，就是在编制某个区域内的地名规划方案时，将专名设计成特色相似的地名群体，如历史文化系列、本地山水系列、名胜古迹系列、风物特产系列、植物花卉系列、吉祥嘉言系列、时代特征系列、方位序数系列等，不一而足。地名专名的采词没有固定的模式，构思地名群要善于联想，要触类旁通。异彩纷呈、雅俗共赏的地名群，会给人以美的享受，也反映了一个城市的文化氛围。

此外，在拟订地名的专名时，还有三个问题应该注意：

一是地名的采词，要符合大众心理，尊重当地群众意愿，选用群众喜闻乐见，好找好记的名称。为防止闭门造车和主观臆断，除从有关史料典籍等中选择和联想外，还可以采用召开各界座谈会和公开征名的方法，征集各类地名。对各方汇集而来的地名要进行可行性研究，逐条分析，反复酝酿，择优录用。

二是地名要排列有序、布局合理，符合一定规律。如用本地山系、水系名称命名的街道名称，应该根据这些山体、水系分布的具体位置，或从南到北、或从东到西按顺序排列，不要给人产生杂乱无章、颠倒错位的印象和感觉。

三是要注意市政道路不用公司、楼盘等名称作专名；用字要规范，避免同音、重名和谐音，也不要用生僻字。

四、 关于道路的分段问题

同一条道路的不同路段存在着不同的名称，这种情况在我市并非个例，除了已经更名、合并的世昌大道、统一路等 10 条外，还有昆明路与科技路、大连路，福山路与吉林路，古寨南路与天津路，环山路与新规划快速道路，柴峰路与珠江街，新威路与塔山中路，北山路与安海路，以及新规划的若干条。

这种状况的产生，主要有两个方面的原因：一是各个区域的分区规划建设。高区、经区和度假区都是分区进行规划建设的，除文化路、青岛路、海滨路等少数主干道外，其余道路都是各自规划、各自命名的；二是城市建设的分期发展。在城市各阶段的发展过程中，这些道路都是分段延伸，每延伸一段，就新命名一个路名。现在，经过十几年的城市发展和道路改扩建，几个区域基本相连，许多道路亦已经贯通。随着道路通行速度和能力提高以后，更显得路名过多、变换频繁，使用不便的矛盾比较突出。明明是同一条路，却有几个不同的名称。这种"一路多名"的现象，对一个旅游城市来说，很容易使外地游客在此"摸不着北"。

这种"一路多名"的现象，是这次城市地名规划要注意妥善解决和避免的问题。要按照总体规划，对主次干道采用一线一名的原则统一命名，对连接 13 部分城区的道路（跨区道路），也要统一命名。为此，在制定地名规划时，就要明确道路名称分段命名原则。参照其他地方的做法，大道长度在 10 公里以上，其他街道长度在 6 公里以上，应该根据方便社会使用和门牌编制、管理的需要，适当予以分段。名称分段的具体方法是：大道在统一的名称后，以方位词加"段"字分段位命名，如××大道（东段或中段、西段）；其他街道在统一的名称中，以方位词相区别，方位词用于专名之后、通名之前，如××北路（或中路、南路）。同时，要注意走向相平行的道路，应尽量采取统一的相交道路作为道路分段的位置；其他使用对称方位词命名的街道名称，方位词应放在专名之前，以示区别。同时，支路可以不分段命名。

五、 关于已有街道名称的更名问题

道路名称涉及路牌和门牌楼号的编制、设置，涉及地图的绘制出版，涉及户口簿、身份证、房产证、驾驶证等许多与政府机关行政管理、群众日常生活密切相关的证件、档案，名称一旦变更，会带来户籍、门牌、工商、税务、房产等一系列信息的变更，将牵扯许多精力，既给市民的生产生活带来不便，又会增加社会管理成本。所以，道路名称一旦产生并付诸使用，一般不宜变动，可改可不改的名称一般不要更改，更不能大量地、经常地变更道路名称。但是，这不是说名称一旦形成就不能变动，而是要在恰当时机进行变动，要尽量减少更名带来的麻烦和不便。同时，在城市发展中，有些名称变动是不可避免的。

这次地名规划，要根据规划情况对建成区的已有地名（包括一路多名）制定更名规划。由于已有道路名称的情况比较复杂，对那些确实需要进行调整的名称，不能搞一刀切，要从各条道路的实际情况出发，照顾历史、方便使用和群众习惯，先制定统一的调整方案，然后根据道路改造情况分期、逐条地择机实施调整。地名规划一旦确定，规划名称就是日后工程施工时的项目名称和工程竣工以后使用的道路正式名称。

六、 关于规划工作的实施程序问题

城市地名规划工作是在城市规划的基础上进行的，具体工作主要由市民政、公安、建设、规划等部门和各区民政、建设等部门负责进行。规划部门负责提供、确认有关规划图纸，民政部门负责拟订名称规划方案，其余部门负责对名称规划方案提出修改意见。一般的操作程序是确定思路、收集资料、制定方案、专家论证、政府审批、社会公布。威海市的地名规划工作，准备大体分前期筹备、具体规划、汇总研究三个阶段进行。

在前期筹备阶段，主要进行三项工作：市规划部门负责提供2004～2020年城市规划资料；市民政部门根据规划资料提出城市地名规划方案和分区规划意见草案；召开会议，研究安排地名规划工作。目前，这一阶段的工作已经完成。

在具体规划阶段，主要工作是各区民政和城建部门根据市民政部门提出的规划意见稿，对所辖区域内的全部道路提出名称规划意见。重点是做好对新规划道路的命名和现有名称的处理。当前，这一阶段的工作正在进行中。

在汇总研究阶段，主要进行五项工作：市民政局对各区上报的规划意见进行汇总；召开会议对汇总的规划意见进行讨论、征求意见；对反馈的意见进行汇总，并在有关新闻媒体上进行公示；召开会议对经过公示后的规划方案进行研究确定，并再次征求各部门和各区意见；根据反馈意见对规划方案再次进行修改，协商一致后，报市政府审批。

（作者单位：威海市民政局）

对威海市三个开发区道路命名的反思

李仁海

在 1991 年 4 月至 1995 年 5 月四年多的时间内，根据威海火炬高技术产业开发区、威海经济技术开发区和威海环翠旅游度假区（以下分别简称高区、经区、度假区，统称三个开发区）规划建设的需要，我们先后对三个开发区内的 158 条道路进行了命名、更名，对 4 条道路进行了合并。这些命名更名意见的提出都是按照三个开发区当时的建设规划，在规划图纸上进行的。如今十几年过去，回顾、总结一下当年的这些命名更名工作，并进行一些反思，对做好今后的城市地名规划工作是很有必要的。

一、 关于当时道路命名情况的回顾

高区道路的命名工作是在 1991 年 4 月至 1994 年 1 月间开展的，先后进行过三次：

1991 年 4 月 26 日，威海市人民政府《关于公布市区部分街道名称的通知》（威政发〔1991〕72 号），对高区北部的 15 条规划道路进行了命名。这次命名的特点是：有 11 条道路是以词语组合命名的，将近似东西走向的三条道路，自北向南分别以振兴、昌明、向荣为名，近似南北走向的八条道路分成东西两组，分别以东昌、东明、东兴、东盛、西富、西康、西裕、西宁为名；其余四条道路则以当地的哈工大、钦村、烟山（烟墩山）、麻山（麻子山）等学校、村庄、山峰名称命名。

1992 年 9 月 19 日，威海市人民政府《关于公布威海市区部分道路名称的通知》（威政发〔1992〕271 号），对高区南部的七条规划道路进行了命名更名。这次命名的特点是，全部名称都是以市县区名称命名的。将东西走向与原烟台路平行的道路，以省内的滨州、淄博、东营等地级市名称为名，寨田路亦更名为潍坊路，南北走向与原烟台路相交的道路，以烟台市所辖的蓬莱、福山、牟平等县级市（区）名称为名。

1994年1月15日，威海市人民政府《关于对市区西北部部分街道进行命名和更名的通知》（威政发〔1994〕6号），对区内的69条规划道路进行了命名，对10条道路进行了更名。这次命名更名的特点是：将区内18条主次干道中的15条以哈尔滨、长春、沈阳、大连、承德、天津等东北和华北的城市名称命名（包括将东昌、东明、西裕、西宁等八条道路也改为相应名称）；将支路和生活区内道路则以相同的词组派生命名（如以德州命名的4条街道、以青州命名的4条街道、以滨州命名的4条街道）和首字相同的词组合命名（如以恒字为首的4条街道、以兴字为首的7条街道、后峰西村以峰西为首的4条街道、毕家疃村以长字为首的7条街道、东西涝台村以华字为首的8条街道）或以序数命名，如火炬一至九街，组成了九个相对集中的地名群体。同时，将原振兴、麻山、烟山、滨州等四条道路并入其他道路。

经区道路的命名工作是在1992年9月至1994年2月间开展的，先后进行过4次。

1992年9月19日，威海市人民政府《关于公布威海市区部分道路名称的通知》（威政发〔1992〕271号），对区内的19条规划道路进行了命名。这次命名的特点是：西部与青岛路平行的南北向道路，分别以泰安、日照等省内地级市名称命名；东部四条通海的南北向道路，分别以渤海、黄海、东海、南海名称命名；其余道路则以天东、海埠、杨圃（杨家滩—苗圃）、天凤（天东—凤林）、海峰（大海—长峰）、虎山、青山、红山等村名、山名或村名组合命名。

1992年11月13日，威海市人民政府《关于对市区部分道路命名或更名的通知》（威政发〔1992〕309号），将区内南部新规划的四条道路，分别以荣成、石岛、文登、乳山命名，并将虎山路更名为凤林路。

1993年6月12日，威海市人民政府《关于对市区南部部分街道进行命名和更名的通知》（威政发〔1993〕34号），对区内的两条规划道路进行了命名，对9条道路进行了更名。这次命名更名的特点是：将西部的南北向道路包括以泰安、日照等命名的道路，分别以恒山、华山、嵩山、泰山、黄山等名山名称命

（更）名；将原四海、杨圃、蒿东、红山、天凤、青山等路分别以上海、浦东、厦门、深圳、珠海、海南等特区或开放城市名称更名。

1994年2月22日，威海市人民政府《关于将原厦门路更名为齐鲁大道的通知》（威政发〔1994〕9号），将厦门路更名为齐鲁大道。

度假区道路的命名工作是在1995年春天开展的。1995年5月8日，威海市人民政府《关于对市区西部部分街道进行命名的通知》（威政发〔1995〕20号）对区内的21条道路进行了命名。度假区道路名称的特点是，东西向或近似东西向的道路，以水系名称为专名，以街为通名，如黄河街、淮河街、长江街等，共有12条；南北向或近似南北向的道路，以山峰名称为专名，以路为通名，如峨眉路、九华路、武夷路等，共有七条，另外两条道路，则以环翠路、金海路为名。

二、 三个开发区道路名称的变化及现状

自1995年以来，随着开发区建设的发展和规划的变动，三个开发区的道路名称亦有一些变化。

高区，2002年11月到2005年6月间，区内的道路名称发生了以下变化：新命名道路有环山路、万宁街、九峰街、新蔡街、仁柳街、福田路、南苑路、新田路等8条；更名道路有：解放路和烟台路更名为世昌大道、古寨北路更名为崇文路2条；合并道路有潍坊路并入顺河街、莱州路并入火炬路、招远路并入丹东路、淄博路并入古寨南路、钦村路并入花园中路、北环海路与西环海路并入环海路、远遥墩路北段并入古寨西路等7条，同时注销潍坊路、莱州路、招远路、牟平路、蓬莱路、东营路、淄博路、钦村路、北环海路、西环海路等名称。

目前，高区道路名称的现状是：主次干道多数以长春、沈阳、大连、天津等东北和华北的城市名称命名（以省内市县区名称命名的道路仅有福山路），支路以词组（恒泰、恒瑞等）和序数命名，新生活区道路以词组派生命名，如以德州、青州、滨州命名的几条街道，老生活区（旧村改造）内的道路名称基本没有使用，如以兴、长、华等字和峰西为首的街道。

经区，1998 年 5 月到今年上半年，区内道路发生了以下变化：新命名道路有海疃路、海兴路、红槐街、丹枫街、百果街、芙榕街、国泰路、永祥路、清华街、通达街、滨海大道等 18 条；更名街道有黄山路更名为海滨南路、南海路更名为香港路、浦东路更名为大庆路、泰山路（一段）更名为华夏路、荣成路更名为青山路、石岛路更名为虎门路、文登路更名为豹山路、渤海路更名为华夏路 8 条；合并道路有泰山路（含华夏路）并入统一路（名统一南路），同时注销泰山路、华夏路。

目前，经区内道路名称的现状是：以山名命名的 5 条道路，只剩下嵩山路，恒山、华山两路因规划变动没有建成，泰山、黄山两路已经更名；以特区或开放城市名称的 6 条道路，尚有上海、深圳、珠海、海南等 4 路；以四个海洋名称命名的道路，还有黄海、东海 2 路。原来规划的地名群体基本分解。其余道路名称多数是以词组和当地已有名称组合命名的。

度假区，2000 年 6 月以来，区内道路名称发生了以下变化：更名道路有湘江街更名为昌华路，新命名道路有柳沟路、里口山路、翠微路、双岛路、天山路、万泉街、昆仑路、东鑫路、天目路、香江街、径山路、文殊路等 12 条，合并道路有蓬莱路并入沈阳路（名沈阳中路、沈阳南路）、雁荡路并入火炬路（名火炬南路）两条。虽然增加不少，但是，原来的东西向道路以水系名称为专名，以街为通名，南北向道路以山峰名称为专名，以路为通名的特点，基本未变。

三、 几点反思

1. 城市道路名称应该用什么来命名？古人将地名的命名原则概括为"凡地名必从山、从水、从事迹，除此之外，必取美名"，山与水是自然环境，事迹是历史环境，美名则是社会环境。我国历史上的各类地名，绝大多数来源于四个方面：描写自然景观的名称，如方位、距离、地理、形态、特征、物产和其他特征；记叙人文历史的名称，如居民族姓、史迹事件、人物传说；寓托思想感情的名称，如歌颂、崇仰、祝福、言志；其他的名称，如古老原始地名、移用地名、序号地名。移用城市或山川等名称命名街道，是 20 世纪 30 年代以来产生的一种对城市街道的命名方法，并成为近一、二十年来许多城市街道命名的通行做法。但成功的不多，往往造成许多城市街道名称的雷同，不能反映城市的特征。所以现在一般不提倡这种命名方法。

随着城市的开发建设，新地名不断出现。在地名的命名中，是沿用原地名，还是另起新名，早有争议。有的主张沿用原名，如神道口村改造后新名神道口小区；有的主张起新名，如古陌村改造后新名祥云花园。孰是孰非？仁者见仁，智者见智。改革开放以来，随着人们思想观念的变化，许多地名的命名创意别开生面，洋溢着当今时代的全新气息，令人耳目一新。但也有一些人盲目地求新求大，一味地标新立异，出现一些不伦不类的名称。这其中既有审美问题，也有心理问题，还有社会思潮影响问题。

以前三个开发区的道路命名工作，有许多东西在今后的命名工作是需要借鉴的。我们新的城市地名应该在既有地名特征的基础上，有所继承，有所扬弃，推陈出新，形成我们自己的地名特色，不能亦步亦趋，单纯地仿效别人。

2. 主次干道要采用一线一名的原则统一命名，支路可分段命名。以前三个开发区的道路命名，是各自分别进行的，除个别主干道路外，各区内的大多数道路名称自成体系。随着城市建设的发展，这些道路基本连接在一起，致使明明是同一条路，却分成了若干个名称，害得外来的人们"摸不着北"。这种一路多名现象，在威海并非个例，除了已解决的蓬莱路与沈阳路、雁荡路与火炬路、招远路与丹东路、淄博路与古寨南路、钦村路与花园中路外，还有科技路与昆明路等。这种现象的存在，特别是在道路经过改扩建，通行速度和能力提高以后，使得路名过多、变换频繁，使用不便的矛盾更加突出。这些问题主要是因分区命名没有统一的总体规划造成的。

今后的城市地名命名，应该吸取这些教训，在规划中不仅要妥善解决昆明路与科技路、大连路，福山路与吉林路，古寨南路与天津路，环山路与新规划快速道路，柴峰路与珠江路，新威路改道后与塔山中路，原新威路南段与青岛路，菊花顶路东端通过隧道与合庆的街道，北山路与安海路等9条道路的一线一名问题，更要避免出现新的类似问题，对连接各部分城区的道路（跨区道路），一定要统一命名。

3. 地名更名要慎重，可改可不改的地名，一般不要更改。这里包括两种情况：一种是像解放路与烟台路那样，利用道路进行改扩建的机会进行更名。在这种情况下，不仅原来的路牌、门牌都失去了作用，需要重新编排设置，而且道路面貌焕然一新，这时更名成本要小一些，人们的接受能力要大一些。这是比较成功的更名。另一种是道路没有改扩建，只是由于其他原因更名。如 1990 年命名的寨田路、新寨路，1992 年分别被更名为潍坊路、辛汪寨路，到 2003 年潍坊路又被并入顺河街。这种近乎随意的更名是应该避免的。地名一旦产生并开始使用，最忌反复地更改。改的次数多了，不仅增加了许多成本，而且往往让人们弄不清它的真正名称是什么。寨河路与潍坊路、顺河街就是典型例子，至今在这条路上三个名称的标牌俱在，让人们疑惑。类似情况还有原钦村路与文化二路、凤林路与博通路、古寨西路与阮家寺路等。同时，地名亦忌不顾原来的总体布局，零打碎敲地改，失去原来地名群体的特色。

今后的城市地名工作，一定要坚持"可改可不改的地名，一般不改，以保持地名稳定"的原则，在调整解决一线一名问题时，也要审时度势，有规划地择机分期分批地调整，不搞一刀切。

（作者单位：威海市民政局）

当前影响地名事业发展的瓶颈及其对策

丁原中

地名是人们赋予个体地理实体的专有名词，是某个区域文化的折射和缩影。随着社会经济的发展、科学技术的进步，人们的活动空间迅速扩大、社会交往日益频繁，地名作为人们在社会交往中使用最频繁、用途最广泛的工具之一。如何在经济社会快速发展过程中促进地名事业的大发展，是新形势下政府履行公共服务职能的必然要求，是贯彻落实科学发展观，构建和谐社会的重要举措。为此，要针对当前制约地名事业发展的瓶颈问题，分析存在的问题并加以解决，提高地名工作的管理服务水平，促进地名事业的大发展。

一、 影响地名事业发展的瓶颈问题

（一）地名管理体制尚未理顺

改革开放以来，我国的地名管理机构、职能随着经济社会发展发生了很大的变化，地名管理工作对象内涵和外延更是发生了显著扩展。特别是随着《行政诉讼法》、《行政处罚法》、《行政复议法》和《行政许可法》等相继出台实施，地名行政管理职能受到了进一步规范和约束，由于现有的《地名管理条例》《地名管理条例实施细则》对地名管理审批程序、执法主体、违法责任都未做出必要规定，以致造成地名管理工作无法可依、监督乏力、管理无据等被动局面，导致违法命名、随意更名、一地多名、重名以及不使用标准地名、损坏地名标志等现象普遍、问题凸显，不仅给人民群众出行、交往带来不便，同时，也给抢险救灾、测绘、户籍管理、地籍登记、房产登记、邮政通讯等政府部门管理带来诸多问题，损坏了政府形象。可以肯定地说，"体制不顺"是制约地名事业发展最主要瓶颈，是根源所在。

（二）新建建筑物命名、更名随意

在新建建筑物和道路命名、更名中，存在很大的随意性，或者简单的"复古"，或者盲目的"跟风"，或者另类的"创新"，命名很大程度上只考虑了自身方便，没有考虑到诸多负面影响。如"复古"的产生，不曾考虑古建筑早已不存在是否会有名不副实的现象；盲目"跟风"商业化冠名，从表面上看虽然解决了地名工作经费不足的问题，但是，若不考虑企业的规模、发展前景等因素，若频频更换名称，那么当地居民的门楼号牌、身份证、房产证、营业执照等相关证件是否也能随意更换，由此造成的后果如何解决，许多专家对此已提出质疑，这已成为社会关注的热点话题；另类"创新"崇洋媚外，用英译（音译）名称，看似时尚，具有时代感，在南方很盛行，但是否实用缺乏考验。

（三）部门之间协作不够

参与地名工作的部门大小有十几个，由于沟通途径不够，存在利益之争、部门之间信息传递脱节等情况，致使地名工作出现被动。如地名命名更名问题，由于缺乏必要的事先沟通，往往出现先修建道路，建设部门起名，然后民政部门再跟着命名，造成被动；如地名普查等相关资料的征集，涉及国土、规划、交通、水利等部门的资料因保密和高额有偿使用费等问题，导致地名数据迟迟不能按时统计完成，影响工作的进展；而有些相关部门需要地名相关数据资料时，又通过市政府协调，要求地名部门无偿快速提供，这势必使部门之间或是接口人员之间产生矛盾。因此，部门之间形成良性协作机制非常重要。

（四）地名基础设施管护困难

地名基础设施包括地名标志、地名电子屏、查询触摸屏等，是展现地名标准化的有效载体，发挥了无声向导作用，为城市文明增添了光彩。但这些地名标志等基础设施丢失、被无端破坏、乱贴乱画的现象屡禁不止，层出不穷，损失严重，着实让管理者头疼。

（五）地名工作者队伍弱化、素质不强

从 20 世纪 70 年代末 80 年代初，开始建立各级地名工作机构以来，地名工

作队伍从无到有，逐步壮大，通过老一代地名工作者们的"传帮带"，以及吸收了一批大专院校毕业生，地名工作队伍素质得到了较大提高。近几年来，随着行政事业机构改革调整，各地地名机构、编制配备出现弱化，就日照市的情况来看，全市2县2区1个开发区，现共有编制人员为8名，其中公务员编制仅2名、事业编制6名，其余均为临时人员，可见行政管理力量严重不足。另外，随着信息化时代到来，现有地名队伍中"老同志不懂计算机技术、新同志缺乏地名专业知识"结构型人才断层现象越来越明显，"传统守旧""经验管理"观念太强，"改革创新""注重科学"意识薄弱，地名队伍复合型人才缺乏，成为制约地名事业可持续发展中的又一瓶颈。

二、 对策

客观认识规律，紧紧把握趋势，脚踏实地，创新进取，才能推进地名事业又好又快地发展。当前及今后一段时期，笔者认为要解决好地名发展的瓶颈问题，应采取以下五个方面的对策。

（一）加强地名立法

当前，应从国家和省层面，加快推进《地名管理条例》的修改工作，打造一部能涵盖地名业务需要、适应地名发展、具有保障措施的行政法规，为各市制定法规提供法源依据。地名立法，要解决好四个方面的问题：

1. 把地名规划、地名公共服务、地名文化保护明确为地名工作新内容；

2. 把规范地名命名程序，落实建设、规划、房管、国土、工商等部门协作职责，实施建筑物名称命名前置化管理；

3. 进一步增强地名依法行政能力，进一步细化地名管理程序与标准，提升地名管理可操作性；

4. 规范地名违法行为处理程序，违法必究，设定地名违法行为处罚标准；

5. 明确门楼牌的设置管理权属问题，权属不明确容易导致政府不作为问题的产生。

（二）加强地名规划

古人云：预则立，不预则废。规划就是地名工作的"预"。近几年来，我省市、县（市）已完成城市地名规划编制工作，即将进入专家论证阶段，总的来说，成效明显，有力地引导城市地名向统一、规范、有序发展，但是，从编制和实施过程来看，还需切实抓好四个方面：一是进一步提高规划编制质量，在开展第二轮规划修编时，应要注重地名规划与城市建设规划衔接，规范通名与优化专名相协调，注重地名的历史文化传承，要凸显城市地域特色，注重地名指位功能，不苛求华丽，力争达到"名副其实、规范有序、雅俗共赏、好找易记"的目标；二是进一步提高地名规划实施能力，要明确规划实施部门间的协作职责，健全地名命名工作机制，制定配套政策制度建设，民政部门作为地名规划工作的主管部门，要认真负起组织实施责任，大力推进城市地名分区与详细规划编制工作，有条件地区还应当积极向乡镇、村延伸规划管理，从源头上把好地名命名关，全面提升规划的执行力；三是逐步提高规划队伍素质，要加快省、市两级地名专家库建设，吸收规划、地名、历史地理、文化、语言文字等有关专家、学者积极参与市、县两级地名规划编制、实施的指导工作；四是进一步提高规划知晓程度，要充分利用报刊、广电、网络等宣传工具，广泛宣传地名规划内容、作用与意义，争取社会各界的共识与支持，进一步树立地名规划的权威性和严肃性，为地名规划顺利实施创造有利环境。

（三）完善相关机制，加强协作配合

地名工作涉及多部门多方面，管理体制不顺一直是制约地名工作发展的一个瓶颈。要完善组织领导机制，发挥民政部门的主导、协调、指导作用；完善部门协调机制，发挥市、区各有关部门的积极性，合力做好工作；完善人员经费保障机制，争取成立机构（地名办），增加人员编制，经费纳入预算，加强队伍建设，保证工作经费；完善处罚制约机制，加强监督，对违反地名管理法规的行为及时制止纠正。如何从源头上解决管理难题？第一，要采取前置审批管理的办法，在建设项目立项前就把名称确定下来，发展和改革委把地名命名文件或地名办审核意见，作为办理建设项目备案、核准和审批的前置条件；第二，要科学编码，市房管局在办理商品房面积预测手续前，要求开发商提供地名办核准的住宅区地名

编码方案；第三，要加强地名标志验收，市规划建设局在进行建筑物竣工验收时要请地名办派人参加验收工作，把地名标志设置验收作为建筑物竣工验收的必备内容；第四，土地、公安、工商等有关部门在办理备案、核准、登记、审批和许可时要查验地名命名文件或门牌证；第五，要加大现有非法地名的整治力度，所在地乡镇（街道）、主管部门和地名办要密切配合，通力合作，督促未规范命名的开发商或物业公司抓紧申报命名。

（四）加强地名队伍建设

观念体现一支队伍的发展理念，素质决定一支队伍的战斗力。只有先进理念和高强素质才能使队伍具备旺盛的生命力和强大的创造力。一是地名工作者自身应当进一步解放思想，创新发展思路，强化大局意识，大胆创新，知难而进，大力解决发展中各种难题，有效地推进地名工作向纵深发展。二是加强地名工作业务技术培训，努力提高队伍专业化工作水平。要保持工作队伍的相对稳定，按照建立一支政治素质高、业务能力强的地名专业工作队伍的总体要求，定期与不定期地开展地名业务和信息化应用技术培训工作，不断提高管理服务能力与水平。三是各级民政部门要大力支持地名工作者开展探索与理论研究工作，活跃创新思维，激发创造活力，促进地名理论成果应用，认真抓好典型示范，积极推广创新经验，促进地名工作队伍向复合型人才队伍发展，为我们地名事业科学发展提供有力的人才保障。

（五）制定有效措施，加大管护力度

针对地名基础设施损坏严重问题，究其原因主要集中在两个方面：一个是因道路改建或拓宽，道路施工单位擅自挖出，不及时处理造成丢失；另一个是因交通事故撞坏路牌，未及时发现，造成丢失。

针对这些问题，一是要加强部门联动。地名标志等基础设施作为城市公共基础设施的一部分，有关单位在施工或巡查时，凡涉及地名标志拆迁或发生交通事故造成路牌损坏的，要与地名主管部门主动联系。二是开发管理软件。对所有地名基础设施建立档案，开发管理软件，标明具体位置，实行图文和实地位置相对应，实现管理规范化、查询立体化、问题处理快速化。三是加大宣传力度。通过

新闻媒体大力宣传地名标志是国家法定标志物，地名标志设置是城市文明的重要组成部分，是构建和谐社会的基本环节，提高全社会的地名意识。如针对地名标志管护难问题，可在路牌广告板上张贴公益广告，呼吁动员各界群众要爱护地名标志，为城市文明添彩；同时，也可在广播电视、报纸等新闻媒体对破坏地名标志的行为给予曝光，唤醒社会群众对管护地名标志的责任意识。

（作者单位：日照市民政局）

地名普查实施中的困惑与思考

丁立明

2009 年 10 月，国务院办公厅下发通知决定开展第二次全国地名普查试点工作，标志着我国第二次地名普查工作全面启动，这是继 1979 年开展第一次全国地名普查以来，历经 30 年，国务院决定在全国开展的又一次地名普查，也是今后一段时期内加强全国地名工作的一项重要举措。作为参加第二次全国地名普查先期试点工作的一员，本人亲身经历并参与了这次地名普查试点相关工作，通过近一年的探索和努力，取得了一些经验，同时在实践中也感受到了不少困惑，针对这些困惑，笔者也进行了一些思考。

一、 地名普查实施中的困惑

地名普查被界定为是一项公益性、基础性的国情调查，是一项复杂的系统工程，可见这项工作的重要性。各先期试点的省市区县都认真开展了地名普查试点工作，且取得了显著成效。纵观各级从人力、机构、经费、技术支持、责任分工等各个方面对先期试点工作都予以高度重视，作了充分安排，保障了这次试点工作的顺利开展，并取得了可喜成果。但这是在国家保障专项经费、开展先期试点的前提下，进行的地名普查试点工作，若没有专项经费，作为一项正常的部门业务来部署，是否还能取得满意的成果？这或许是最为值得思考的问题。通过实践，笔者认为地名普查、甚至地名管理等工作在法律保障、制度体制建设、标准规范、舆论宣传甚至公众认可等方面还存在一些不足、甚至是缺位或空白，致使各相关单位的地名普查工作难以在相关法规框架内按照规范的工作程序正常开展。

一是舆论宣传方面。由于国家对这次地名普查在对外宣传方面的定位是"不做宣传报道，按照内部工作稳妥推进"，非业内人员没有听到一点国家关于地名普查方面的声音，这与"工作未动，舆论先行"的常规不符，不像国家开展历次人口普查、经济普查那样，从国家领导人公开出面讲话到宣传部门、各大新闻媒体全部参与进来，全国上下形成铺天盖地式的宣传氛围，从而引起全社会的共鸣共识。而这次普查试点工作不做宣传报道，宣传工作滞后，引不起全社会的共识，地名普查的社会参与度低，只是内部相关人员在开展普查，给人一种无群众基础、蹑手蹑脚、孤军作战的感觉，无形中，降低了各级领导的重视程度和社会的参与度。很多地名文化爱好者，甚至一些掌握大量地名知识、信息的专家、专业人员，由于不知情，不能参与其中，难以发挥作用，给这次地名普查造成了损失。同时通过试点看，个别掌握着本部门本单位相关地名信息的部分领导、人员，由于对地名普查工作认识不足，而片面认为民政部门在无事生非，多管闲事，认为地名普查与己无关、不重视、不支持，或者以涉及单位机密为由推诿塞责、敷衍应付，无形中加大了普查工作难度，拖延了工作进度，造成工作被动。而从群众朴素的观点认为，既然地名普查是一项公益性、基础性国情调查，同时又是一项复杂且重要的系统工程，其意义重大、影响深远，应该像人口、经济普查中大张旗鼓地利用多种手段多个渠道进行宣传报道，重视舆论宣传在地名普查工作中的作用，加大地名普查工作的舆论宣传攻势，呼吁各界人士积极参与到地名普查工作中来，研究悠久浩瀚的中国地名历史，繁荣丰富多彩的中国地名文化，既能增强国人的民族自豪感，又可弘扬爱国主义精神，进而提升综合国力。

二是制度建设方面。地名是最基础的地理信息，地名普查又是一项基础性的国情调查，关乎国家主权和国防建设，关乎国家经济发展和人民群众的日常生活，也关乎先进文化的发展和国际交流，地名普查涉及各行各业，工作复杂而又敏感，工作量大难度高，而且有的还涉及国家机密，仅靠一个组织或部门，在缺少法规支撑和健全制度的情况下，难以圆满完成任务。即便当时完成任务，但地名信息是在不断变化的，又掌握在不同的部门，靠一个单位再去重新核查，难以使地名工作跟上发展的需要。在这次地名普查中，确有不配合的现象，理由是该部门的"三定"方案中没有地名普查这项任务，没有岗位人员从事这项工作。尽管各级在制定地名普查工作方案时，提出了部门协作、各负其责的要求，甚至更明确地分配了相关的普查任务，但普遍认为是临时性的，不是本职工作，引不起重视。主要原因是地名普查工作制度不健全、部门分工不细致、职责不明确。鉴于此，从国家层面，应将地名管理作为各相关业务主管部门的一项本职工作，纳入正常职责范围，按照"政府领导、民政备案、部门分工、分级负责、各司其职"的地名管理原则，制定出台地名管理相关法律法规和标准规范，加强制度建设，将各类地名普查和管理任务按照国家各部门的职能和权限，细化分解，明确职责，纳入部门"三定"方案，成为日常工作，使国家地名管理走上长效动态备案管理机制的轨道。民政部门就像公安部门汇总户籍、统计部门汇总统计那样，各相关单位按照职责，将本系统内的地名信息及变更情况，及时报同级民政部门备案管理，地名信息的对外发布由民政部门负责，这样，地名管理就形成一套完整的体系，走上规范化正常化。

三是普查标准方面。为全面做好第二次地名普查工作，国家制定了试点实施方案和工作规程，这是国家制定的纲领性指导文件，在这次地名普查试点中起到了决定性的指导作用。但在具体工作中，地名普查的范围和标准难界定，应查地名的标准范围不明确，用"有无地名指位意义"来衡量，也太模糊。而在实际生活中，只要是个地名，在一定区域内就有指位意义。例如，在一个村内南街、北巷、东井、西沟，社区内一条街上的理发店、小卖部等专指地名都有极强的指位功能，是否在普查范围？从一个村、一个社区角度看，这些地名确有普查的意义，若这类地名也全部普查纳入国家地名数据库，不仅工作量大，而且数据会是非常庞大的。这就需要在全国统一的标准和要求下，探索研究地名按类分级逐级管理的办法来解决这一问题。国家要在地名分类管理的基础上，按各类地名的区域范围、功能作用、历史地位、影响大小等，制定细致具体、可操作性强的地名等级划分标准办法，各级各业务主管部门严格按各类地名等级标准进行地名等级评定，按管理权限和地名等级，从国家到村级，对地名实行按类分级逐级管理，实现有地必有名、有名必调查、地名必备案、按级逐级管的地名全覆盖管理目标。

四是专业人员方面。地名普查专业性强、技术性强，涉及政治、经济、军事、历史、地理、测绘制图、建筑设计、调查统计、计算机等多门学科，甚至涉及考古、野外生存、民间传说等相关知识，因此，就必须有一支专业精、能力强、素质高的专门普查员队伍。国家在启动第二次地名普查试点后，先后多次举办地名普查员业务培训班，培养了一批业务骨干，但一个区县仅靠两三个骨干，难以在短时间内完成普查任务，尽管各地也培训了一批普查员，但由于培训时间不足，参训人员是临时抽调的，他们来自不同岗位，对地名普查生疏，再加上普查不是本职工作，普查中出现业务不熟、糊弄应付、漏查错报的现象，影响了工作进度。为改变这一现状，国家应建立一整套针对不同行业的地名普查员培训计划，在各级各相关业务主管部门培养一批专业化水平高的地名普查管理员队伍，专门从事本部门、单位的地名普查和管理工作，在全国建立地名信息员网络，实现领土领海、村庄社区、部门系统全覆盖的地名信息员管理目标。

在当前地名管理模式下，由于受职能和权限的制约，很难把涉及各行各业、各领域的地名全部及时进行调查登记管理，地名管理工作往往滞后于社会的发展，这样，隔一段时间内就必须开展一次全国性大规模的地名普查工作，以弥补地名管理的不足，完善地名服务，跟上社会发展。可以说这是无奈之举，也是唯一的好办法。纵观两次地名普查，各级在人力、物力、财力、时间精力等投入都很大，而且地名普查涉及面之广、时间跨度之长，远甚于其他普查，开展这样一次全国性普查，确实不易。

作为地名而言，其历史性、稳定性的特点很强，多数地名，特别是自然地理实体，其标准名称、含义、沿革、实体描述、坐标等地理信息已经普查核实，在该实体未消亡情况下，其地名信息基本保持不变，很多地名可"一查永逸"，无须再次进行普查。当前地名管理模式下，几十年开展一次地名普查，势必要对所有地名进行一次拉网式普查，但对大部分地名而言，普查的确是重复劳动，这样既加重了工作负担，又造成了不必要的浪费，同时，这种间歇性大规模集中地名普查模式，已不适应地名管理工作的需要，跟不上社会及经济的发展要求。随着社会的发展、技术的进步及国家对地名工作的重视、有关地名管理法规、制度的完善，在第二次全国地名普查建立完备的地名数据库的基础上，今后的地名管理工作中，不会再有第三、四……次地名普查，"地名普查"将成为历史概念，"地名普查工作"也将随之消亡，取而代之的是在第二次地名普查完善国家地名数据库的基础上、建立的长效动态备案管理新机制，地名管理工作也将步入法制化、规范化、正常化的新时代。

（作者单位：日照市东港区民政局）

浅谈蒙阴县城区及小城镇道路名称规划

薛　剑

一、　蒙阴县基本情况

蒙阴，西汉初置县迄今已有两千多年历史。地处山东省中南部，蒙山北麓，东汶河上游，是沂蒙山区的腹地。全县总人口53.8万人，总面积1601.6平方公里，其中山区丘陵面积占81%，准平原区占10%，水域占9%。蒙阴县山脉以东汶河为界，河以北系新甫山脉，河以南系蒙山山脉，海拔1000米以上的山峰有12座，属于"崮"（地貌学上称"方山"，被地质学界命名为岱崮地貌）的有36座；河流属淮河流域、沂河水系。全县主要河流有东汶河、梓河、蒙河，5公里以上的支流44条，均系季节性河流。全县有大中小各类型水库100余座，总库容量近10亿立方米，其中云蒙湖为山东第二大水库。

蒙阴县是著名的全国双拥模范县、全国科技工作先进县、全国文化先进县，被誉为"中华蜜桃第一县""中国算圣文化之乡"。近几年，蒙阴县坚持以"生态立县"的观念，积极争创"全国绿化模范县"，森林覆盖率达到55%，形成城在山中、水在城中、人在绿中的山水生态特色。

二、　充分论证，科学规划，体现蒙阴特色

（一）立足蒙阴人文地理特点，确定道路命名规划主题

地名代表着一个地域的文化品位，文化品位的高低是与本地的发展相联系的，文化品位越高也就越被人们重视和熟知，从而也就越能促进经济的发展，发

挥好地名的社会作用和有效实施的关键是提高地名命名的科学性，要以人为本，促进全面、协调和可持续性发展；在地名命名方法上要善于统筹兼顾，促进城乡区域、经济社会、人与自然的和谐发展；在地名命名内容上，突出区域内容，有效地保护蒙阴文化特点，提高文化品位；在地名命名体系上，要形成功能清晰、指位准确、衔接协调的城乡地名体系。而要在蒙阴县道路命名规划中做到以上几点，首先，要明确蒙阴县道路命名的主题，没有一个好的主题，命名规划中随意性就重，有时可能脱离蒙阴县实际，一味地追求所谓的"文化品位"，用一些不顺耳而又难以明确其涵义的路名，使得全县道路命名杂乱无章。

"绿水青山"是蒙阴县的地域特点，"生态立县"是蒙阴县发展的根本战略。山东省委、省政府去年就决定把蒙阴县树立为全省生态文明乡村建设的典型，蒙阴县城的城市建设定位在山水生态城，因此，蒙阴县的道路命名亦应以此为主轴，在这一主轴下面，可分为山、水、人（历史名人）三个纲目，来体现蒙阴山川秀美、地灵人杰、历史悠久、文化灿烂。

1. 山

蒙阴有很多山名都是很好的道路名。如：天蒙、云蒙、东蒙、孟良崮、岱崮、龙须崮（一九三三年共产党领导龙须崮起义）、天马山（即界牌北的马头崮，孟良崮战役中的天马山阻击战是关系战役全局的战斗）、玉皇山、凤凰山（此山名蒙阴有多处，在城市规划区内的是曹庄北的山，明朝著名文学家公鼐墓在此山下）、聚粮山（《水经注》上叫巨围山，常路河源头）、浮来山（在常路驻地北，《春秋》隐公八年，鲁隐公与莒国国王会盟于浮来）、尧山、舜山（以上两山传说是古代圣君尧、舜到过的地方）、巨山、嶅山（此两山为古代名山，《春秋》、《国语》都有记载）、云云山（现名司马寨，古代名山，古帝王祭祀地神的地方）、五女山（现叫青山，《水经注》桑泉水南源头也就是东汶河源头之一）、九女山、栖凤山、方山、中山、宝山、重山、金山等。

2. 水

如：东汶河、蒙河、梓河（以上为蒙阴的三大河流）；堂阜水、著善河（坦埠）、桑泉水（以上三水都是《水经注》里的名字）；龙泉（位于常路镇南泉村常路南泉，《水经注》叫诸葛泉，龙泉漱玉是蒙阴古八景之一，有多首古诗赞美之）、顺德泉（今坦埠镇西崖村彦奶奶庙内，顺德夫人即彦文姜，古代孝敬公婆的典型代表)、洗砚泉、落花泉（古在县武装部东）。

3. 人（历史名人）

刘洪（东汉泰山郡蒙阴人，是伟大的天文学家、历算学家，发明了珠算，被后人尊奉为"算圣"）、蒙恬（古代军事家，秦国名将）、公鼐（《明史—公鼐传》记载光宗赠以"理学名士"称号）、秦士文（清县志载：秦士文"姿秉英敏，才裕经纬，三任繁邑，累官戎政，兵部尚书"）。

（二）根据蒙阴县城区域特点和功能，分区进行命名规划

根据《蒙阴城市总体规划》，蒙阴县城共有道路 56 条，其中东西向 29 条，南北向 27 条，依据县城不同的区域特点，以及依城市建设总体布局划分的不同功能，在县城道路命名规划中，把整个县城分为中心城区、城东区、城西区三个区域进行命名；在坚持山水生态这条主轴的前提下，根据不同区域的地理特点和文化历史特色进行分区域命名。

中心城区。该区域是蒙阴县城的主要部分，是全县的政治、文化、经济、商业中心，多数道路为前期所建，而且经县政府进行了命名，并且得到广大市民的认同，道路的名称已渗透到市民生活、生产的诸多领域，这些道路的名称也充分反映蒙阴的历史文化，体现了蒙阴县的山川壮美，如纵穿县城中心的南北主干道以县境内的名山——蒙山命名为"蒙山路"，沿东汶河而建的观光大道命名为"汶河北路"，顺汶溪河而建的路，称为"汶溪路"，与汶溪路相交的东西路，依据县境内独特的地貌景观——崮（崮是山东独有的特异地貌景观，海拔多在 400 米至 600 米之间，多呈驼、帽形态，似高山城堡，又称"方山"），命名为"方山路"，位于第二实验小学门前的南北路，以秦朝大将蒙恬命名为"蒙恬路"，地处蒙阴汽车站前的南北路以汉朝天文学家刘洪命名为"刘洪路"。每当提到这些道路名称，人们就自然联想起蒙山的壮美，东汶河的秀丽及蒙阴源远流长的人文历史。因此，中心城区道路总的命名原则以保持老地名的相对稳定为主，对于新修、新规划的道路依所处的方位及单位（村居）名称进行命名，体现好找好记的命名原则，反映出该地的地域特点，如地处宝德社区的东西道路，就命名为"宝德路"。城北道路主要侧重于新区的建设，依托拟建设的行政中心进行命名，如"府前路"、"府东路"。

城西区。城西道路多为新修、新规划，总的命名原则以县境内的名山、河流

名称进行命名。东西向的依河流名称命名，南北向的道路，以县境内的名山名称命名，如："蒙河路""梓河路""岱崮路""中山路""青山路"等。

城东区。以县境内的名山名水名称派生地名，如"汶河一路""汶河二路""蒙山一路""蒙山二路"。

各乡镇驻地道路命名，则坚持以反映乡镇境内的山水特点，独特的人文历史文化进行道路地名规划命名原则，象常路镇以历史上著名的"管仲脱囚"事件发生地——堂阜河，而将贯穿镇驻地南北的主干道命名为"堂阜路"；垛庄镇则突出红色旅游胜地——孟良崮战役旧址这一独特资源，将镇驻地的主要道路命名为"孟良崮大街""燕翼街"（共产党早期领导人刘晓浦、刘一梦故居燕翼堂所在地）。总之，各乡镇在进行驻地道路命名规划方案时都体现出各自的山水生态、历史文化背景，突出了各乡镇的地理特点，所进行的命名规划好记好找，各自的方案一经公布，均受到社会各界的好评，得到人民群众认可。

三、 集思广益， 做好全县地名规划方案

地名规划主题确定好以后，如何制定出一个科学的地名命名规划方案，以满足全县人民群众的愿望，适应城区迅速发展的要求，必须做好以下几个方面的工作：

（一）加强协调， 搞好道路规划

地名管理工作涉及社会的方方面面，仅仅依靠民政部门是不够的，需要社会各界的配合和合作。为此我们主动联系建设、土地、规划等部门，在《蒙阴县城市总体规划》基础上，重新绘制了"蒙阴县城区道路规划图"。

（二）规范城区道路名称

近年来，县城城区建设日新月异，城区面积不断扩大、新增加的道路不断涌现。规划城区道路名称刻不容缓，迫在眉睫。去年冬天，在县委、县政府的大力支持下，我们将《蒙阴县城区街道规划图》《蒙阴县城区道路征名通知》，在当

地报纸、电视台上公布，向全社会公开征求县城道路名称，短短半月内就收到200多份建议和意见；在县府办公室协调下，组织部分知名人士及教育、文化、史志等方面的业务骨干，对收到的建议和意见进行筛选，初步制定了六套命名方案，又通过登门拜访、发函等形式对方案进一步完善，形成三套命名方案，在此基础上再组织有关领导、专家现场查看道路分布情况，对已形成的三套命名方案再进行修订完善。又通过和有关专家、县人大、县政协领导及部分离退休的县级、科局级老干部进行座谈，制定出了《蒙阴县城区地名规划方案》，经县政府常务会议通过，并对社会公布，使我县的城区道路名称权威化、标准化、规范化。方便了人们的生产生活，提高了县城的品位，得到广大群众的认可。

由于我们在制定城区地名规划方案工作中，坚持体现山水生态，反映历史文化，突出地理特点的命名原则，完善了专家咨询制度、协调制度、听证制度、审批制定，有效地解决了城区地名规划与城市建设规划脱节问题，从法规上杜绝了新的地名盲目命名，随意命名现象的出现，确保了地名命名总体上同城市建设发展的同步。

（作者单位：蒙阴县民政局）

做好地名档案管理工作　挖掘地名档案效益

刘庆美

　　档案是国家机构、社会组织和个人从事政治、经济、科学、文化等社会实践活动直接形成的文字、图表、声像等形态的历史记录。地名档案是人们从事地名工作的真实记录及其历史凭证。随着全国地名事业的蓬勃发展，地名档案工作也随之建立和发展起来，它是一项新兴的重要工作。地名档案工作是整个地名工作的一个重要组成部分，又是"地名"这一多面体的信息集中载体，地名必须通过地名档案的使用，才能充分发挥其经济效益和社会效益。

　　地名档案的整理工作就是把地名工作中形成的地名文件材料进行分类，组成保管单位以及地名档案的分类编目工作。本文对如何做好地名档案管理工作，挖掘地名档案效益进行阐述。

一、　加强地名档案管理的必要性

　　地名是一个社会关联度很高的工作，是一个大众化的传媒，也是一个公共文化产品。首先，地名在和谐社会中的作用，也就是在整个社会管理、社会建设中的作用。社会管理、社会服务离开了地名很多东西都很难实施到位，特别是在信息化时代的今天，社会的交流、交往非常的频繁。地名工作实际上也是一个历史文化的传承，一个历史文化的印记，在很多地名里面，包含了丰富的历史资料。地名文化是整个社会文化、历史文化的一部分。比如临清城区中的一条道路柴市街，旧系柴禾交易市场，明清时代临清生产皇城建筑物的皇砖，需特殊的柴火，在此处交易，因而得名，此地名记载了旧临清的主要产业。

　　同时，我国正在进行新农村建设，通过城市化和工业化，改善农民的生产、生活条件，城市率的提高是一个必然的发展趋势。这样就必然有一些新道路、巷、街道产生，因此对城镇地名规划、命名更名和地名标志设置等方面必须进行系统的研究，尽快提出一些思路和方法。地名档案工作尤显重要。

二、 地名档案整理的重要原则

（一）地名档案的整理必须保持文件材料的形成规律和内在联系

在整理地名档案时要做到：1. 注意文件材料在来源方面的联系。是指文件材料在形成者方面的联系。地名文件材料源于地名工作，它们的形成者是各级地名组织和广大地名工作者，地名工作和地名是地名档案的最根本的首要来源。2. 注意文件材料在时间、内容方面、形式方面的联系。在分析地名文件材料形成时间、内容、形式等方面的特征的基础上对它们进行分类、组织保管单位。

（二）档案的整理必须便于保管和利用

档案的整理不能为"联系而联系"，只有辩证地、统一地考虑文件材料之间的联系才能科学地组织保管单位，既便于保管也便于使用。

（三）档案的整理应该充分利用原有基础

充分利用和重视先前的整理基础，以确定档案整理的任务和要求，不要轻易打乱重整。这就是力求保持其原有的整理体系，只做必要的加工整理或是补救不足，并且事先要考虑成熟，制订出整理方案，提出整理要求和明确任务不要轻率动手打乱原基础。

档案的整理，不但要重视和利用原来整理的成果，并且还要给予充分地研究，继承整理的长处，克服不足，以保证整理的质量和提高整理效率。

三、 完善地名档案管理政策和法规

做好地名管理工作，除了应掌握档案管理基本知识外，还要建立健全档案管理的规章制度，这是地名档案科学管理的依据和准绳。因此，要重视规章制度本身的科学性，这种科学性也是地名档案工作客观规律的反映，有了科学的规章制度，才能达到科学管理档案的目的和要求。地名档案是一种专业性档案，除具有一般档案的共性外，还有它自己的独特个性，也是提高地名工作效率和质量的必要条件之一。

要做好地名管理工作，首先应有健全的政策法规。而法规又是贯彻国家方针、政策的保障。我们现有的政策法规，有的只是一个框架，不具体；有的规范还未制定；有的还不够完善，因此要抓紧这方面的工作。

四、 切实做好地名档案信息系统建设

随着科学技术的迅速发展和新时代的不断推进，电子计算机和网络技术的应用给档案工作提供了很大的方便。随着我国各项事业的发展，尤其是电子计算机及其应用技术的普及，促使各级行政管理、计划、经济产业部门对地名信息的使用提出了新的要求。为了适应市场经济的发展和政治、文化、科技、军事、公安、旅游业等各个方面的需要，我们必须拓宽地名服务领域，进一步开发地名档案信息资源，使地名信息为社会服务。

根据当前我国经济发展的现状和科学技术条件，建立国家、省、地区、县市各级地名信息系统的条件已经具备。通过建立地名信息系统，可以把地名档案及时地运用数据处理、汉字信息处理、网络通信、自动制图等现代先进技术手段，传入社会信息管理领域，不断促进地名信息处理方法和技术手段的现代化。

五、 挖掘地名档案的效益

地名为社会产物，人类进行有效活动离不开地名媒介，地名工作从广义上说应是社会工作，因此地名档案具有很强的社会性，多方面服务于社会。地名档案同国家领土完整、外交活动、国防军事等密切相关。根据名从主人的原则，地名的命名、含义、沿革等历来是确认领土的重要依据，这些依据必须依靠地名档

案。我国在处理中越南海诸岛争端都应用地名档案作历史考证，从而论证并阐述了这些争议岛屿自古就属于我国领土的一部分。地名从纵的方面说是历史的延续产物，从横的方面说是空间的方位代号，时空的交叉点即地名信息，地名被誉为文化历史的"活化石"，地名档案对众多学科的研究帮助颇大，效益彰显。地名为人而设，地名档案为工作而建立，与人民群众利益关系密切的工作离不开地名档案。"地名录"是地名档案编译出版类中的重要构成部分，为社会提供了全面的标准地名，多年来产生了普遍的社会效益和经济效益。

以档案养档案，是新形势下对档案工作提出的一个新要求，地名档案也不例外，从地名档案本身的经济需要出发，应挖掘地名档案自身创收效益潜力，广开渠道，推进有偿服务，激发活力。因此，地名档案工作应不断开辟门路，广开渠道，如积极提供地名咨询等。在当今信息时代，各行各业的咨询活动如雨后春笋般出现，既为服务对象带来好处，又给自己创造了经济效益。编写地名资料进行出版也是种创收的好办法，可利用地名档案出版的出版物种类繁多，像地名图、游览图、地名掌故、地名趣闻等。

地名档案工作是一项默默无闻、细微而技术强的工作，要做好地名工作，必须做好地名档案工作。随着社会的发展，地名档案管理工作面临新的挑战，这就要求我们必须适应时代发展的需要，不断创新，为社会创造更多有价值的地名信息，从而实现以人为本、立足服务这一地名工作的基本理念。

（作者单位：临清市民政局）

加强地名管理　推动地名标准化

魏延龙

　　地名，是人类进入文明时代的重要标志。在历史的长河中，地名发挥了积极的作用，是各族人民文化起源、行政沿革的可靠记录。反映了民俗风貌及民族的融合变化。因此，地名成为历史、地理、语言、社会以及民族、风俗学研究的窗口。

　　地名标志领土主权。著名历史地理学家，现代地名学的开拓者之一谭其骧曾说"地名是各个历史时代人类活动的产物，它记录了人类探索世界和自我的辉煌；记录了战争、疾病、浩劫与磨难；记录了民族的变迁与融合；记录了自然环境的变化，有着丰富的历史、地理、语言、经济、民族、社会等科学内涵，是一种特殊的文化现象，是人类历史的活化石。"

　　然而我们在大力发展经济的同时对地名的管理和保护力度还不够，主要表现在以下两个方面：

一、 历史地名的管理保护混乱

　　历史地名是指中华人民共和国成立以前形成的具有历史文化价值和纪念意义的地名。

　　老地名是城市的记忆。其记忆功能主要表现在两方面，一是激活市民对自己悠久历史的家"寻根"与热爱，二是加深外地人对这个城市的了解和向往。现代人对一座城市的认识，首先是通过旅游"触景生情"的，城市厚重的历史文化往往成为吸引游人的第一要素。城市古老历史构成中，博物馆、古迹堪称是硬件，而老地名就是软件，共同组成博大精深的城市历史。老地名是城市独特文化的符号，每座城市都有自己独特的文化特色，老地名便是如此，它恰恰是对这种独特文化的传承，是提高城市知名度，增添城市魅力最好的佐证。

联合国第六届地名标准化会议的 9 号决议指出："地名有重要的文化和历史意义，随意改变地名将造成继承文化和历史传统方面的损失"。

（一）我国历史地名保护的现状

我国现存千年以上的古县 700 多个、古镇千余个，每个县、镇都有一定数量的历史地名，数量庞大，每条历史地名都蕴含着深厚的文化内涵。然而，近年来，由于人们对地名文化缺乏认知，乱更名乱起名现象屡屡发生。很多古老的地名正面临濒临消失或已经失传的危机，亟待保护。

比如赫赫有名的徽州在 1987 年改名黄山市，许多人感到很不理解。徽州在长达近九百年的历史发展中已经形成了独具特色的、完整的、系统的区域文化，成为中国三大地方文化代表之一（藏文化、敦煌文化、徽文化），徽州这个名称内涵极为丰富，徽商、徽州民居、徽墨、徽雕以及徽州的历史文化名人等早就成为响当当的地域名牌，在国内有着一定的知名度，并很有可能走向世界。为什么要舍弃自己祖宗创下的巨大无形资产去戴上和自己不相干的一个山岳名胜黄山的帽子呢？难道只有改为黄山，当地的经济、旅游业才有一个长足的发展吗？答案是否定的。

再比如云南省思茅市改为普洱市。云南省普洱市原名为云南省思茅市，因一时的"普洱热"，2007 年更名为普洱市；再有河北省完县为金代所置完州，以"山川完美、坚固"之意而得名，但在 1993 年因投资商认为"完"是"完蛋"之意，而草率地更名为顺平县。

在城市化进程中，有的地方改变地名往往提出冠冕堂皇的理由，如发展旅游产业，提升城市知名度等，但将其放到中华民族的历史长河中看，则极不具有合理性，实质上会造成对历史文化资源的严重破坏，因为地名是历史的积累和沉淀，地名语词的含义是对地理实体的专指，它揭示了地理实体的历史沿革和语源文化，地名一旦更改或消失，其包含的历史意义也随之消失。

（二）历史地名如何进行保护

那么我们究竟该如何加强对地名文化的保护呢？

要从保护文化遗产的高度重视地名文化的保护。

1. 要保护濒危地名，尤其是对已成为当地文化标志的古老地名，绝不能打着商业开发的旗号随意变更或废弃。

2. 成立各级地名专家委员会。确实需要更名时，要通过各级地名专家委员会的专家严格论证，在命名时注意保持地名的稳定性和连续性。比如北京的武定侯胡同因道路拓宽改造更名为武定侯街，原来的专名没变，既保留了老北京胡同的文化价值，也方便了群众使用。这就是很好的范例。

3. 对老地名进行收集和整理，在城市规划、开发命名时地名机构必须参与，并且首先考虑选用具有历史意义的老地名，这样也是保护历史地名的很好的方式。保护老地名的最好方式就是让它"复活"，根植于百姓心中，真正融入市民生活中，如果只是在档案馆的老资料里保护，时间久了必然从人们的记忆中消失。

4. 用立法的方法防止老地名丢失也十分必要，通过立法的方式对历史地名加以保护，也是可取的。在第九届联合国地名标准化大会暨第二十四次联合国地名专家组会议上确定地名属于非物质文化遗产，适用《保护非物质文化遗产公约》。地名保护为什么会引起国际社会如此高度的重视呢？因为地名是历史的产物，具有本身的文化认同性与延续性。特别是历史悠久的地名，具有深厚的历史文化、独特的地理文化和质朴的乡土文化内涵，是民族文化遗产。许多国家都把地名文化遗产的保护与研究作为地名科研与地名工作的重要内容。

二、 现代地名的管理不到位

中国是文明古国，政府历来非常重视地名标准化工作。1978 年成立了中国地名委员会；1986 年国务院颁布《地名管理条例》，1996 年制定了实施细则，新的《山东省地名管理条例》也正在修订中。国际社会也非常重视地名标准化工作，早在 20 世纪 60 年代，联合国地名专家组就提出地名标准化的问题。1967 年第二届联合国地名标准化会议做出制定国际标准的决议。1975 年我国开始参与联合国的地名标准化工作。1977 年联合国第三届地名标准化会议上，通过了我国提出的用汉语拼音拼写中国地名的提案。1978 年国务院批转了中国文字改革委员会、外交部、国家测绘总局、中国地名委员会《关于改用汉语拼音方案作为我国人名地名罗马字母拼写法的统一规范的报告》。

许多人都有过这样的经历：来到一个陌生的地方，最头痛的是不认识路，在人生地不熟的情况下，最希望看到清晰准确的地名标志牌。近年来，随着城市建设步伐加快，城市面貌日新月异，但各种地名标志的设置和更新却未能及时跟上。

一些新建、改建的道路和居民区未设置地名标志，许多路、街、巷原有的标志也存在着不标准、不规范的现象；原有的一些村碑大多数已经消失不见；更有一些地名标志牌年久褪色、毁坏、无人管理，不少地方随着城市的不断扩建，原有的一些门牌号已经不适应城市发展，不少单位无门牌号码，名胜古迹、旅游景点、河流、桥梁、纪念地等公共场所和建筑物也未建立适合其特点的地名标志，甚至有的地方自己随便起名，无人监管。这些问题的存在不仅对居民出游、商务、贸易都造成了影响，甚至影响了中国的国际形象。

（一）地名管理中存在的问题

1. 地名管理体制不顺。民政、城建、公安、国土、工商、文化、旅游等部门各自为政，虽然有各级地名委员会机构，但是缺少强有力的制约机制，是导致地名管理混乱的根本原因。很多地方对地名工作的重要性认识不够，命名、更名根本不履行审批手续，地名命名更名、标准化使用不够规范也阻碍了地名工作的进一步发展，制约了地名公共服务功能的充分发挥。

2. 监督惩罚措施不到位。由于领导重视不够、资金、人力不够等问题，对于一些违规现象治理不够。

3. 地名管理法规的宣传力度不够，人们普遍缺少依法使用地名的意识。由于宣传力度不到位，使广大人民群众对标准地名的使用知之甚少。据非官方调查，即使是在行政机关、企事业单位工作的人员中也大约有90%的人不知道地名办是干什么的，更别提使用标准地名了。

（二）针对以上情况应采取以下措施，以推进地名标准化工作

1. 领导要重视，形成一个强有力的制约机制。无论哪个行业，城建也好，公安也好，通讯也好，凡是牵扯到标准地名都要认真对待，不能自己想用什么名

就用什么名，要求地名机构参与其中，地名机构要充分利用网站等信息平台发布信息，更好地为社会服务。在现今社会不能一味追求经济利益，而忽略其他，地名管理正规化对于经济发展是有百利而无一害的，可以避免少走弯路，对于各行各业的经济发展是有好处的。

2. 加大资金人力的投入。地名工作是一项社会公共服务工程，是造福整个社会的，也是人民生活一日也离不开的内政工作。为了更好地使这项工作发挥其应有的职能作用，各级政府应当加大扶植力度，增加资金投入，尽快地使其发挥功能。同时要加大监管力度，对于不规范、不正确使用地名的现象，要及时予以纠正。

3. 加强宣传力度。只有使人们都了解地名，认识到地名的重要性以后，才能推动地名标准化工作不断前进。

我国历史悠久，许多地名源远流长，文化内涵丰富。推进地名标准化，规范地名命名、更名，必须正确把握地名标准化与民族习俗、历史传承的关系，正确处理保护历史地名与清理整顿不规范地名的关系。在保护历史地名、弘扬传统地名文化的同时，不可忽视对新生地名文化的锤炼打造，本着既坚持传承中华优秀传统文化又积极吸取国内外先进文化的原则，充实新生地名的文化内涵，提高文化品位，促进地名文化的传承发展，把地名命名、更名的文化理念融入社会主义和谐文化建设之中。做到人人自觉使用标准地名，以便地名更好地为社会服务。

（作者单位：冠县民政局）

浅论滨州"地名序数命名法"

刘清国

　　黄河三角洲名城滨州市的城区及其辖域普遍以序数命名街道等地理实体，形成了国内少有的"滨州序数地名现象"，并逐步得到推广。"地名序数命名法"，既彰显了滨州的临水地域风貌，又有很强的定向和指示效用，易找易记，与路名牌设置管理工作相得益彰。"地名序数命名法"的形成依托了滨州本土文化和棋盘状道路系统，便利了滨州近年来新城区和老城区的衔接和互动。滨州序数地名的无缝式扩展将继续支持黄河三角洲大开发机遇下的城区拓展建设。

　　序数地名便于记忆，能够准确指示区域的地理性质及风土人情、所在的地理位置、地点之间的远近关系，被视为一种独特的地名命名艺术。滨州"主词＋序数＋路"的"地名序数命名法"在滨州市的城区及其所辖县（区）城、乡镇驻地、村庄的街道地名规划中得到了广泛应用，形成了国内街道命名方式的一种独特现象，被称为"滨州序数街道地名现象"。

　　根据《2005～2020年滨州市城市总体规划》圈定的东、西、南、北四条外环路以内的城区路网图，滨州市地名办将规划城区作为一个整体，对原有自南向北排序的东西方向的黄河一至十路，继续向北依次排序到北环路内的黄河十七路；对黄河一路以南区域的新规划东西方向街道，以黄河一路南邻的街道为长江一路，以此向南，依次排序到南环路内为长江一至十一路；对原有的由东向西排序的南北方向的渤海一至十路，继续向西依次排序到西环路内的渤海二十九路；对渤海一路以东区域的新规划南北方向街道，以渤海一路东邻的街道为东海一路，以此向东，依次排序到东环路内为东海一至三路。以干路为框架，期间的支路也相应编入序数路之间，比如，黄河五—1路、渤海十七—1路。

　　由此，滨州城区形成了横向黄河路向北、长江路向南，纵向渤海路向西、东海路向东四个方向的新建街道，并按其序数继续扩展排序命名。随着规划城区外围相连工业园区和街办驻地的开发建设，街道命名黄河路向北已扩展到黄河二十路，渤海路向西已扩展到渤海三十路，东海路向东已扩展到东海七路。

一、 "滨州序数地名现象" 的背景及成因

（一）形成背景及历程

"滨州序数地名现象"，既依托了滨州近 60 年来的城市及道路规划建设，又切实支持了 2000 年以来滨州城区的快速拓展。

1. 早期建设打起雏形框架。滨州，因东濒临渤海得名，是依古黄河渡口小镇发展起来的黄河三角洲中心城城。1952 年惠民专署驻地自惠民迁至位于黄河北岸、扼南北交通要道、战略位置重要的滨州（当时称北镇）。建设伊始，滨州的街道规划借鉴济南的经纬序数路建路起名，采用的是"主词＋序数＋通名"的地名序数命名法。主词凸显了滨州依河临海的地理位置和人文风貌，巧用序数构建滨州城区的雏形框架：以城区所处黄河横南、渤海纵北的地理位置，沿黄河大堤依次向北将东西方向街道命名为黄河一至十路，从东向西将南北方向街道命名为渤海一至十路。

2. 2004 年之后支持滨州城区快速扩展。2000 年滨州撤地设市，2001 年滨州西部成立省级开发区，滨州进入了突飞猛进的规划建设时期。2004 年滨州市政府制定实施街道路网规划后（《滨州市城市四环五海规划方案》《2005～2020 年滨州市城市总体规划》），市地名办根据地名规划与城市规划同步的原则，对所规划的全部街道制定命名方案，报经市政府批准公布。2008 年滨州市地名办又根据街道调整进行了补充命名，报由市政府公布。这些规划新建的街道命名是在原横向黄河＋序数＋路、纵向渤海＋序数＋路的基础上扩展而成的。这样做既保持了原有地名的稳定性，又保证了新老城区地名的衔接，实现了新老城区"无缝式"地名扩展，推动了两区的融合、互动、发展。

（二）形成原因

滨州序数地名文化的形成得益于三方面推动。

1. 自然地理环境。滨州地处黄河三角洲地区，黄河下游多次改道、决口、漫流，沿海地带常受海潮袭击。艰苦恶劣的自然环境和齐文化、兵学文化等多元文化，铸就了黄河三角洲人吃苦耐劳和勤劳朴实的坚韧性格以及不畏强暴的抗争精神，形成了粗线条和务实的思维模式。滨州序数地名命名，正是这一思维模式的体现。

2. 黄河三角洲移民文化。黄河三角洲地区经历了多次人口迁入。自从大汶口文化和夏商时代，黄河三角洲故地逐步形成居民点。至周秦宋元时期，人口渐众，人均耕地渐少，因此不断迁徙到退海肥沃之地。元末明初，黄河三角洲地区深受"靖难"战火之苦，人口亡逸严重，明朝廷从山西洪洞、河北枣强等地大规模移民至黄河三角洲地区。清末民初，1855 年黄河决口夺大清河道入海，淤出大片新淤地，军事屯垦和鲁西南灾民移民至此。新中国成立后，政府又组织工业与农垦移民至此。新移民掘地为室、结草为庐、烧荒种地、犁沟围田、跑马圈地、占地建村，形成了大量以序数命名的村庄聚落，如一营、二营、三营……十八营、二十师、二十七师、二八旅、一村、五村、七村……二十五村、十八户、二十一户、头段、二段、三段、四段、六百步村、一千二村等。当地外来移民的序数村名命名法，是滨州现代序数地名文化的本源和雏形。

3. 政府推动。现代地名命名，尤其是城镇的街道命名，通常是由政府及其决策部门审批颁布的。滨州"地名序数命名法"在市、县、乡、村街道命名中的快速普及和推广，得益于滨州市各级政府领导的大力支持与市、县地名办和乡镇民政办的扎实工作。

（三）普及应用

滨州城区外围的发展区片和县城也沿用了相同的地名序数命名法，详见表1。此外，滨州市辖区有70%的乡镇驻地、村庄街道命名，采用了这种"地名序数命名法"，限于篇幅不再列举。

表1   滨州城区外围的发展区片和县城的街道命名情况

区片名称	横向街道命名	纵向街道命名
滨北街道办和滨北工业园区	梧桐一至十二路	凤凰一至十路
滨州高新区	新一至九路	高一至十四路
惠民县城	兵圣一至九路	乐安一至十一路
阳信县城	阳城一至八路 工业一至九路	幸福一至六路 河东一至五路
无棣县城	星湖一至三路 棣新一至九路	开发一至五路
沾化县城	金海一至九路 恒业一至五路	银河一至六路 富源一至七路
博兴县城	博城一至六路	胜利一至七路
邹平县城	黄山一至五路 鹤伴一至四路 会仙一至五路	黛溪一至六路 醴泉一至十一路 月河一至六路

二、 序数地名的特色

（一）语词构成既彰显地域文化，又指示不同地点的空间关系

滨州"地名序数命名法"采用的是"主词＋序数＋通名"的语词结构。主词体现了当地的地理文化特点和滨州人民的亲水情结。序数体现了系列化简洁便捷的特点，东西南北四条序数一路的交汇地点是20世纪50年代的城镇雏形"老北镇"的所在地，由此出发主要向西拓展，因而道路之间的地理逻辑关系清晰、指向定位功能很强。通名限定了地名的类别。综上所述，滨州序数地名的优点是群体序列化程度高，区位特征和指位性强，容易体现地名网络特点和地名之间的联系，简明、易记易找、使用非常方便。

1. 主词选取。滨州处于鲁北平原地区，无山可依，唯有黄河横穿，利用黄河水资源成为滨州人的亲水共识，因此滨州的街道命名优先选择了水名，以赖以生存的自然地理实体"黄河"为名称，随着横向流经市区，将东西向街道命名为黄河序列路。与母亲河黄河相呼应，将2004年以后新近规划的黄河路以南的东

西向街道命名为长江序列路。因滨州市北濒渤海，就以南北向街道命名为渤海序列路，渤海路以东的南北向街道因地近东海水库命名为东海序列路。四条序列街道主词，横向为黄河路、长江路，纵向为渤海路、东海路，贴切自然，文化底蕴深厚，与城区的四条环河相连、五个海水库相呼应，又加上七十二湖点缀、水系交织，形成了"人在水畔居，夜闻波涛声"的水中生态宜居的规划发展理念，充分体现了滨州人亲水、近水、赏水、人水和谐的情怀。

2. 序数排序。在滨州规划城区，由内向外，按一、二、三、四、五、六、七……汉字序数，从起点街道依次向终点方向排序，如黄河一路、黄河二路、黄河三路等，长江一路、长江二路、长江三路等，渤海一路、渤海二路、渤海三路等，东海一路、东海二路、东海三路等。不能用阿拉伯数字1、2、3，如黄河1路。序数排列既吻合滨州近60年来的城区拓展轨迹和趋势，也起到定位和指示作用，获得了很好的社会反响。

3. 通名定位。滨州城区街道通名确定为路、街、巷三个层次，为公众查找街道名称方便，将规划城区的主次干道作为一个整体编排，全部以"路"为通名，按序数排序命名。支路被嵌套编入主干路序数之间，比如黄河五—1路、渤海十七—1路。另外对主次干道相夹、难以排序到路名序数序列的个别支路，一般以所处方位以"街"为通名命名，如府前街、府后街、府右街。目前还未使用通名"巷"命名规划街道名称。

（二）便捷实用，科学高效

1. 系列性。地名命名方式很多，各有利弊。以名山大川和名城名地命名的街道，雷同较多，也较复杂，一个地址往往涉及多个地名，比如"北京市南京路南宁小区"极易混淆多个地名而导致出错。以众多吉祥嘉言词语命名的街道，缺点是太难记忆，即使命名好几年当地民众往往还是分不清记不住哪条是吉祥路，哪条是翠微路，就更不用提越来越多的外来投资者和务工人员了。以片区联字命名的街道也很难区分秀山路、秀水路、秀川路、秀田路、秀林路。滨州的"地名序数命名法"就避免了这些问题，全城就横向黄河路、长江路2条，纵向渤海路、东海路2条共4条主街道，每条以序数排序，老北镇是坐标原点，整个城市街道格局清晰明快，序列感和方向感极强。

2. 定向性和便捷性。街道序数命名的优势在微观地域内（比如一个镇或村）可能不是很明显；但在一个地级市，将整个城区的街道用序数有规律地贯通排序命名，方向感和位置感极强。走进滨州，一说黄河序数路，都知道是东西路，在城区的北部区域；一说渤海序数路，都知道是南北路，在城区的中西部区域，再按路名序数查找目的地就很方便了。这种棋盘状的街道格局和"滨州序数地名命名法"不单便利了滨州人，也方便了外地人在最短的时间内了解滨州。凡是外地人到过滨州的或住在滨州当地的，无不说滨州的街道名称好找好记、简便快捷。"滨州序数地名命名法"还方便了街道命名操作。选取最具有当地地理、历史、文化特征的主词，加以序数排序，选词简单，编号容易，利于计算机管理，可按规律定向、连续的扩展命名。

三、 序数命名法的应用推广

"地名序数命名法"的便捷性和实用性得到了广泛认可和推广，不仅在滨州地区，而且在黄河三角洲，甚至是在周边地区的街道命名中也在传播应用。比如，东营的东一至三路、西一至四路、北一至三路、南一路，利津的利一至七路、津一至六路，广饶的四至九号路，淄博的西一至八路、东一至四路，潍坊的工业一至四路，济南的经一至十路、纬一至十二路，日照的北园一至五路、海滨一至五路、黄海一至三路、公岛一至三路，青岛的科苑经一至七路、科苑纬一至四路，临沂的沂蒙一至十一路、三合二至八街、临西九至十一路、罗一至六路、金七至八路，塘沽的第一至十三大街、鱼台的鱼新一至四路、湖凌一至四路，鄄城的鄄一至五路，肥城的开发一至三路，荣成的枯河一至三街。

滨州市不但在街道命名中使用，而且在桥梁命名、一村多委的村委会等地名的命名中也得到应用，比如，新立河黄二至黄十五桥、长一至长八桥，曹王自然村中的曹一至曹五村委会。

综上所述，滨州"地名序数命名法"，形成于滨州城区的街道命名，推广应用于滨州市辖区县、乡、村的街道命名，正在传播影响于黄河三角洲及其周边地区的街道命名，并普及用于其他类别地理实体的地名命名。"地名序数命名法"

的便捷性和实用性是显而易见的。什么样的城市（或城区）适合采用"地名序数命名法"、"地名序数命名法"的普及应用还需要当地的地名工作者同时完善哪些配套措施，是值得深入思考的问题。借此，结合滨州市地名办近年来的实践经验，试着与省城及兄弟地市的领导、专家、同行们讨论如下。

第一，滨州在近60年的发展过程中，形成了规整的棋盘式道路网格系统，这是滨州整个城区的街道可以用序数有规律的命名的基本前提。根据现代规划理念，棋盘式的道路系统是一种科学高效的交通体系，滨州的地名序数命名法是基于这种特定道路系统应运而生的。如果换作北京、上海、天津等城市，城市道路系统不太规整或呈环状或放射状，就不太适合在整个城区范围内采用"地名序数命名法"了。

第二，街道名称标牌是街道名称的有效载体。市地名办在滨州城区和所辖各县已建成的街道路口按照国家标准都安装了相应的街道名牌、门牌和标识牌。序数命名，以牌示名，按牌找路，名牌示位。滨州的序数地名文化和街道名称标牌相得益彰，为滨州市规整文明的市容市貌增添了亮点，也为城市建设博得了声誉。基于滨州市地名办的多年基层工作经验，街道名称标牌的设置和维护应该是"序数地名文化"必不可少的配套环节。

第三，滨州和黄河三角洲兄弟城市都面临着黄河三角洲大开发的历史机遇，城区、县城、镇区、开发区或高新区的用地面积都将快速扩展。"地名序数命名法"在滨州市2004年到2020年城市总体规划中的实践经验说明，序数命名法是一种能够积极响应城区道路的快速拓展及城市大规模建设的、科学、高效的命名策略。应时而论，"地名序数命名法"是值得向黄河三角洲以及其他的兄弟城市再次推荐的。

（作者单位：滨州市民政局）

浅谈行政区划调整中的地名命名工作
——以滨州市为例

颜　斌　张陶江

行政区划是指国家对行政区域的划分，行政区划是事关政治、经济、社会发展和国家长治久安的战略性问题，对国家的政治稳定、经济发展和社会进步具有重大影响。地名作为人们从事社会交往和经济活动广泛使用的媒介，与社会和人民群众日常生活休戚相关，各种社会活动与交往都离不开地名。它不仅是人们工作、生活的重要工具，而且是各项社会管理活动的基础。随着社会发展，地名的使用更加广泛，其价值也越来越重要。地名对于宣传城市的作用越来越明显，被誉为"外地人的眼，本地人的脸"，是一座城市的文化脉络。他代表着一个城市的形象，反映出城市的文明程度，外地人可以从中窥出这座城市的历史底蕴、建设成就、发展远景甚至是投资环境和市民品味。

众所周知，生产力决定生产关系，经济基础决定上层建筑，这是历史唯物论的基本观点，作为上层建筑一部分的行政区划，其变化调整必然要与经济发展的要求相适应。随着经济社会的发展，特别是社会主义市场经济体制的逐步建立和政府职能的转变，行政区划面临的客观形势和环境正发生着深刻变化，现行行政区划体制中，一些深层次的矛盾和问题也日益显露出来，需要逐步调整和变更。地名命名作为行政区划调整中的一个重要方面发挥着越来越多的作用。因地制宜、科学合理地做好行政区划调整中的地名命名工作，对于推进城市现代化建设，使城镇发展与农村发展相协调，充分发挥城镇对农村的带动作用，推进行政区划工作的创新和发展，积极发挥行政区划工作对经济社会的发展有着积极作用。笔者以滨州市为例，对行政区划调整中的地名命名进行一些粗浅的思考。

一、 地名命名为历史人名， 发挥名人效应

我国自古以来都有不少人名被用作地名、街道名，有些是上古传说人物的名字，有些是历史人物或影响重大的仁人志士的名字。一说出人名地方，就知道历史人物出生在哪里。当地也可借历史名人搭台，唱当代戏，更好的发展区域经济。滨州市惠民县惠民镇更名为孙武镇就是一个很好的例子。这是山东省首个以历史名人名字为名的乡镇，在全国也为数不多。

惠民县惠民镇作为县委、县政府所在地，全县政治、经济、文化中心，是兵学鼻祖孙武的故里。该县围绕孙子故里做文章，大力开发孙子文化旅游资源，在该镇境内先后建成了孙子故园、孙子博物馆、中国孙子兵法城，形成了以孙子文化旅游为主线的大旅游格局，并成功举办了多届中国（滨州惠民）国际孙子文化旅游节，充分展现了孙子故里热忱、包容、善良、好客的人文精神，前来观光的旅游者络绎不绝。为进一步打造地方文化品牌，推动经济发展和社会进步，惠民镇政府和群众迫切要求将惠民镇更名为孙武镇。2006 年 2 月份，鉴于惠民镇孙子故里的历史和孙子文化产业在惠民蓬勃发展的现实，山东省人民政府审核认为，从地理位置、历史文化、现实意义上看，"孙武镇"的名称，能更加突出城市特色，显现了历史文化名城惠民悠久的历史文化，是时代发展的需要，是社会文明进步的需要，新地名符合国家地名管理的有关规定，符合经济社会发展的需要，符合故里广大人民群众的根本利益，因此同意将惠民镇更名为孙武镇。孙武镇更名，不仅仅是一次简单的地名变更，更是一个 900 年悠久历史文化名城的蝉蜕，是孙子兵法在孙子故里成功运用的又一典范之作。

作为县城驻地镇，2010 年 6 月份，孙武镇进行了撤镇设办工作，撤销了孙武镇成立了孙武街道办事处和武定府街道办事处。

二、 地名命名为自然或人文景观， 彰显地方特色

滨州市境内有山有水，人们习惯性地将这些地标性的、对生活居住有重要影

响的山川、湖泊等自然或人文景观作为地名。滨城区的单寺乡更名为秦皇台乡、堡集镇更名为三河湖镇以及无棣县大山镇更名为碣石山镇，更名后的地名都是以自然或人文景观为基础实施的，充分彰显了地方特色，目的都是开发旅游资源，打造旅游品牌。

（一）单寺乡更名为秦皇台乡

单寺乡辖区内秦始皇台，位于西石村南，传说为秦始皇所筑之望仙台，为古滨州三台之首，自古以来被誉为滨州之魂。该乡积极挖掘历史古迹，开发旅游资源，通过招商引资的方式吸引了山东秦台旅游置业有限公司对秦皇台遗址进行综合开发，建设秦皇台旅游风景区。秦皇台旅游风景区的落成开放，极大地推动滨城区乃至滨州全市旅游业的蓬勃发展。单寺乡更名为秦皇台乡，能够更好地挖掘和保护历史资源，从而加快滨州市旅游业发展步伐，提高景区知名度和影响力。

（二）堡集镇更名为三河湖镇

尊重了当地的地理特性，能够彰显三河湖独特的地貌和优美的生态环境地域特色，更好地发展旅游资源，优化发展环境，有利于扩大对外交流，招商引资，吸引各地企业来该镇发展，积聚更盛的人气，推进全镇经济社会跨越式发展。

（三）大山镇更名为碣石山镇

大山镇位于无棣县境北部，碣石山位于大山镇境内，又名无棣山、盐山、马谷山、大山，海拔63.6米，方圆0.39平方公里，系73万年前新生代第四纪更新世火山喷发形成的锥形复合火山堆，是我国最年轻的火山，也是华北平原地区唯一露头的火山，被誉为"京南第一山"。1998年12月被列为省级地质遗迹自然保护区。碣石山对于揭示鲁北平原、黄河三角洲的环境演变过程，追溯早期人类活动踪迹以及火山岩科研教学有着不可替代的作用。碣石山还蕴含着深厚的历史人文价值，经考证：秦皇、汉武、曹操都曾登临此山。《观沧海》就是曹操率兵征讨海贼管承途中，登碣石观海有感而作的千古传颂的诗篇。2004年9月，无棣县成功举办了首届碣石山旅游文化节，扩大了影响，提高了知名度。大山镇更名为碣石山镇后，对更好地打造地方文化品牌，进一步推动经济发展和社会进步产生了积极作用。

三、 地名命名为艺术名称， 弘扬文化遗产

博兴县阎坊镇更名为吕艺镇，旨在发扬吕剧艺术。阎坊镇是吕剧艺术的发祥地。在阎坊镇，吕剧艺术深入人心，人人会哼唱，村村能搭台，涌现和造就了一代又一代吕剧艺人和大量吕戏爱好者。1996 年省文化厅公布首批民间艺术之乡，正式命名阎坊镇为"山东省吕剧艺术之乡"。吕剧艺术以其浓厚的乡土气息和朴实优美的地方特色，在阎坊镇生根、发芽并茁壮成长，已成为滨州市文化艺术的亮点和标志，吕艺镇含有吕剧艺术之镇的意思。阎坊镇更名为吕艺镇，对弘扬戏曲文化，提高滨州市知名度，发展经济和社会各项事业产生巨大推动作用。

四、 地名命名为历史典故， 传承历史文化

历史典故是以特定的历史事件为基础，流传下来的对过去事迹的记述和评价。滨州新命名的乡镇办名称中含有不少典故，蕴含着很多历史故事。

（一）滨城区尚集乡更名为杨柳雪镇

杨柳雪村在 20 世纪 70 年代被周总理誉为"棉区的一面红旗"，蓄积了丰厚的文化底蕴，打造了爱国主义教育基地品牌，促进经济社会发展。

（二）旧镇更名为青田街道办事处

取名"青田"有以下含义：一是据《辞海》记载，春秋时齐国有封邑名为千乘，因齐景公狩猎于境内的青田而得名。西汉时期改置为郡，治所在千乘县，故城在山东省高青县高苑镇北部，其时辖地在今山东省北部博兴、高青、滨县等一带地区。《辞海》所载青田应与千乘郡位置相当，在今旧镇大致范围内。二是从 20 世纪 40 年代开始至 90 年代，在行政区划上旧镇大部分时间隶属高青县，

取其"青"字可以追溯旧镇行政沿革的历史。

（三）无棣县无棣镇撤销后设海丰和棣丰两个街道办事处

命名为海丰是因为历史上无棣县称"海丰县"，无棣县城老城区坐落该办事处，故名"海丰街道办事处"。

（四）阳信县阳信镇撤销后设立信城和金阳两个办事处

命名为信城是因"公元 206 年西汉初年设置阳信县，县治驻地信城"，故取名为"信城街道办事处"。

总之，地名是文化的表达，是历史的凝结，既记忆着自身的生活历程，也承载着民族文化的意义，我们在进行地名命名特别是涉及区划调整中的地名命名时，一定要按照"区划讲科学、地名讲文化"的理念审慎稳妥地进行，既要传承历史，又要尊重现实和民意，以促进经济社会可持续发展为出发点和落脚点，达到上层建筑服务于经济基础之目的。

（作者单位：滨州市民政局）

浅谈博兴县城地名规划中的几个关键问题

王敬国　王博军

近年来，随着地名公共服务工程的深入实施，各地陆续开展了地名规划工作。与兄弟县区一样，博兴县也先后开展了县城区和各镇驻地，以及部分较大村的地名规划工作，取得了一定成绩，也经历了一些挫折。回顾这些工作，觉得以下四个方面的问题，值得我们探讨，提出来和大家一并商榷。

一、 与建设规划同步是地名规划的最佳时机

观看各地的地名规划文本，一般都会有"以某某城市建设中长期规划为依据"的内容。各地在开展地名规划时，城市建设规划已经出台，选择依据建设规划单独进行地名规划也是无奈之举。但这却在无形中给地名规划工作带来了一些麻烦。一是制定城市建设规划的人员对地名命名更名的原则不清楚，对地名规划的要求不了解，而大部分城市建设规划对道路、广场、桥梁、居民区等地名规划中要命名的地名都要标注名称，这就造成了规划名称的随意性和不专业性，甚至出现违反命名更名原则的地名；二是相关领导容易先入为主。城市建设规划也有个论证认同的过程，许多领导和负责建设规划的部门在这一过程中，对建设规划中的地名已经反复接触了多次，有了一定的认可度，所以，对我们制定的地名规划认可难度加大；三是城市建设规划上的地名名称有可能在一定范围内传播，造成既成事实难以更改；四是因为城市建设规划和地名规划不是一个部门负责，前期介入，可以加强沟通，避免后期产生误解。在博兴县城东开发区地名规划中，城市建设规划设计单位将东西道路命名为"兴博路"，将南北道路命名为"兴业路"，意思是：开发区是博兴经济发展的主体部分，要为振兴博兴服务，也要为企业兴旺服务。他们将命名意见与开发区领

导进行了沟通，得到了认可。后来，在地名规划中，我们认为"兴博""兴业"都带"兴"字，又不是一个方向的道路容易给人以错觉，想将"兴业路"改掉，一直没有成功。而我县的纯化镇在搞镇驻地建设规划时，主动将规划方案送交县地名办审阅，地名办组织人员对规划中的地名名称进行了认真的审核，根据地名命名的基本原则，提出了五点建议，全部被采纳。以此为基础，纯化镇驻地的地名规划很快就顺利完成了。因此，地名规划如果能与城市建设规划同步进行，就会起到事半功倍的作用。

二、 综合规划地名是县城地名规划的基本任务

地名规划是对一定区域内的所有自然地理实体和人文建筑的整体规划。过去，由于县城区的地域范围较小，各单位"前店后场"自成院落，单独的居民小区、城区内的广场、公园、河湖、桥梁等都很少，基本不存在重名的现象，也很少有不符合命名原则的命名，因此，地名规划命名的重点在道路。但是，随着经济的发展和城镇化的加速，各个县级城市迅速膨胀，除了道路增多外，居民小区、广场、公园、河湖、桥梁等地名也大量涌现。近十年来，博兴县的城区面积已是原来的三倍，大型广场建设了 3 个，居民小区近 20 个，城区内的桥梁十几个，这些地名的大量涌现，已经到了必须规范和规划的时候。不然很容易引起混乱。比如，县城内新成立了 7 个城市社区，分别是：董公、望湖、蒲姑、千乘、乐安、博昌、新城。它们中有 4 个是以博兴县的旧称命名的，而博兴县城有两条街道也是以博兴县的旧称命名的，如果同一名称的社区和道路名称在相近或在一个范围内，那么，人们就会容易找到和记住这些地名，否则，就容易给人造成错觉，产生误解，不容易找到它们。因此，这些大量地名的集中涌现，需要对它们进行区片规划和分层次规划命名。同时，整体规划命名对提高城市的文化品位，增加地域地名的整体感，形成自己独特的地域地名文化都大有裨益。

三、 重视领导、 专家和社会意见是规划通过的必然要求

地名规划具有地域性、专业性、实用性的特点。制定地名规划必须听取有关领导、地名专家和当地群众的意见。首先，当地领导主政一方，对当地的政治、经济、文化和社情民意都有比较深的了解，特别是对城市建设的现状和规划认识更深，很多领导直接领导了建设部门的规划，对市政建设的前景了然于胸，理所当然对地名规划有发言权。同时，地名规划本身就是一种政府行为，当地领导具有最终决策权，因此，提前与领导沟通，重视和尊重他们的意见和建议可以使规划工作少走弯路，顺利进行。其次，当地群众是地名的最多使用者，规划的地名就在他们的房前屋后，因此他们应有发言权。当然，他们的发言权不一定是每个人都要参与意见。可以通过向社会公开征集地名名称和向社会公开征求对地名规划的意见，以及召开一定范围的座谈会等形式实现。最后，地名规划要经过专家论证。地名规划是专业性规划，具有科学性和专业性，其中的原则、规范、基本要求等是一般群众和业外人士所不掌握的，因此，一个符合规范、内容科学、水平较高的地名规划必须进行专家论证。

四、 正确处理保护老地名和命名新地名的关系是规划的客观需求

地名规划必然会涉及老地名保护的问题。保护老地名首先是地名文化传承需要。老地名是历史上形成的，不管地名的含义高雅还是粗俗，好听还是难叫，都是历史的选择，都记载和沉淀了一定的文化，没有足够的理由一般不能更改。其次，保留老地名也是客观现实的选择。随着经济社会的发展，地名的利用率越来越高，地名已经承载了很大的经济价值，更改地名会给相关的单位和个人造成很大的经济损失。比如，一个门牌的更改会涉及个人的房产证、身份证、户口本等资料的变更，涉及企业的通讯地址、宣传广告、产品包装等诸多与地名有关的资料变更。那么一条街道名称的变更涉及诸多单位，其带来的经济损失是巨大的。可以说，地名更名的成本会越来越大，因此，保留老地名也是现实的客观要求。

当然，考虑到单个地名的特殊性和整体地名规划的具体需要，慎重地更名少量老地名也是符合实际和允许的。地名规划当然要涉及新的地名命名，主要是指规划（未建成）地名实体的命名。命名时应首先符合整个区域规划的总体构想，使单个地名能够融入整体；其次，要照顾到同类地名的序列性，做到好找好记；最后，要有一定的文化内涵，简洁明了，并符合其他地名命名更名的一般规则。

　　以上是地名规划工作中的几个关键环节。当地名规划的具体命名更名结束以后，还要形成符合规范的地名规划文本，拿出真正的规划成果，最后经县政府批复执行。总之，地名规划是一个系统工程，也是一个复杂的过程，只要我们掌握规律、把握环节、开拓创新、扎实努力，就一定能够制定出高水平的地名规划。

（作者单位：博兴县民政局）

虚地名的属性及应用

赵忠华

地名都是由音、形、义三要素构成，形是它的外在表象，音和义则是内涵，地理实体随着时代的变迁，也在变迁，而一些地名却流传下来，或者地理实体没有变化，而地名却在不断地演变，这就造成了地理实体及名其名称间存在着普遍的而又特殊的矛盾，也就是所谓的虚地名。常见的虚地名有以下三种情况。地理实体变化了，而名称又不变，造成名不符实；据以命名的地理实体不存在，或改变成其他类型实体，而名称依旧，形成名存实亡；地理实体依旧，而名称改变了，形成名存实亡。正确对待虚地名，对地名的更名、命名和提高地名文化的研究都是很重要的，从虚地名中还可以考证出当地地理实体、经济文化等情况的变迁。

正确对待虚地名，要首先弄清它的性质和作用。地理实体是组成地理环境各别个体，随着时间流逝、自然变化、人为改造，往往消失或变成其他类型的实体。这类地名有两种情形：一是名称随地理实体的消失而消失；二是地理实体虽然消失了，而其名称仍被广泛使用。我们经常研究的是后一种具有现实意义的虚地名。它有以下特征和作用：一是历史悠久；二是使用频率高；三是名声大，当地知道的人多；四是乡土气息浓；五是指位不明确。下面以郓城为例，谈谈个人粗浅的一些看法。

春秋时，鲁成公四年冬（公元前 587 年），鲁国为加强防御，筑城名郓。这就是郓城得名的起源和由来。据《春秋·左传》载："成公四年冬城郓。"《郓城县志》述："周、春秋，鲁成公四年冬城郓。郓为鲁西鄙，地临曹、卫，尝聚军于此，以防侵轶。"又云"郓始于春秋。"《说文解字》述："郓，从邑，军声，鲁有郓地。"历史上郓城的名称和归属变化较大，考证其原因，一是郓城地处平原，又是中原地区，朝代变化，兵连祸结，往往首当其冲。二是地理环境所致，郓城北临黄河，历史上黄河多次决口，水灾频繁，地理实体的变换，人员的流动迁徙，导致地名的不断变化和虚地名的不断产生，郓城为千年古县，历史越久，虚地名就越多。仅郓城的县城名称，就有郓邑、黎县、廪邱、清泽、万安等。

虚地名经过长期变迁，情况是复杂的。按照不同情况，可以分成三类：一是单独存在的虚地名，没有任何路、街、巷用它作专名。如文庙、观音寺等，它和附近不同的路名、街名同时存在。二是虚地名已消失，仅存在其派生的地名，如郓城的魁星巷，缘由于此地清代有魁星阁，魁星阁在解放前已拆除，早已不复存在，魁星巷这个名称却流传下来；再如郓城县政府所在的盘沟路，古时此地为盘沟村，有一大沟，盘绕环抱，水流潺潺，夜月映入水中，景色美丽，盘沟夜月曾为古郓城十景之一，曾有诗赞曰："碧水初从何处来，盘旋几曲抱城隈，波心夜夜涵明月，一片清光映绿苔。"盘沟村已经消失在历史的烟尘里，盘沟路和盘沟夜月却流传下来。三是虚地名和其派生地名都消失了，此类可归结为死地名，或者注销地名，已经失去现实的地名意义，在此不做论述。

正确对待虚地名，首先要解决的是选择问题。在编地名词典时。第一步是选词目；用旧地名给新的街巷命名，也是常用的办法。选词目和用古地名，根据"从众"这个原则，"虚地名"可以入选，但一定要慎重选择。尽量不选以方位命名的地名，如东门、南门、北门、西门等，因为城市建设日新月异，以方位命名，很容易失之偏颇，如郓城现在的东门街、西门街、北门街等已经在城中心了，原来的三里庄、七里铺等，也都位于县城之内了。

其次是"定位"问题。回答"在哪里"对任何地名都是重要的，对虚地名就更重要了。如写虚地名词条释文，"定位"不妥，其他的地理特征、经济状况等也跟着欠妥了。如何对虚地名进行定位呢？首先应查阅《中国历史地图集》（地图出版社1996年版）。图上注记古地名用黑色，今地名用棕色。每册均附有"地名索引"，"索引"后附有"地名首字笔画检字表"和"汉字简体繁体对照表"，使用这些"表"和"索引"，很快便能查出古地在今天的位置。因图集收录地名较多，有些在《辞海》、《辞源》和《地名大辞典》里查不到的地名，在图集中却可查到。如需了解某虚地名的沿革和概况，可先查阅《辞海》或它的《历史地理分册》，因为古代的重要地名多已收录，而且吸收了最新的研究成果，解释比较准确。但《辞海》是综合性工具书，所收古地名毕竟有限，甚至连清末或民国改了名的县都没有收。如查找此类地名，可先查1979年版《辞源》，因为它"收词一般止于鸦片战争"，鸦片战争时存在的州、县，一般都予收录。《辞源》的优点是在注释古地名之后，还注明参考何书何卷，以便读者查阅原书。在《辞海》、《辞源》里查不到的古地名，还得查找《地名大辞典》，因为它收录地名较多。虽然《地名大辞典》的内容陈旧，但仍可利用它提供的线索。如果在《地名大辞典》上也查不到时，可查阅清初历史地理学家顾祖禹编撰的《读史方舆纪要》（中华书局 1955 年版）。它以明末清初政区分区，叙述府、州、县疆域、沿革、名山、大川、关隘、古迹等，着重考订古今郡、县变迁及山川险要战守利害，是研究我国军事史及历史地理的重要参考文献。它收录地名在三万条以上，而又卷帙浩繁，查找古代地名，非常困难。但如使用日本青山定男编辑的《读史方舆纪要索引·支那历代地名要览》（日本东方文化学院 1933 年版），可收到事半功倍之效。由于它着重考订古今郡、县变迁，所以在别的书里找不到的府、州变迁资料，却可在本书中查到。

本来"以名举实"（即以名举地）是地名的本质功能，任何地名都能确切提出其所代表的地理实体位置，如城镇街道等位置都是具体直观的，因为有看得见摸得着的地理实体，而虚地名所指代的地理实体早已消失了，至少今人绝大多数未能见到，所以问起虚地名往往各说不一。其实虚地名指代的地理实体，虽然已经消失，但我们仍能考察出它的位置来，如郓城在东汉、魏晋时曾名为廪邱县，其治所也并不在现在的县城位置，而在今水堡一带，隋代廪邱县撤销，再也不复存在，而廪邱这个地名却延续了下来，元朝诗人范括有《过廪邱》诗："一叶轻舟稳，飘飘过廪邱。橹声摇夜月，渔火对残秋。古迹中都近，风波昭代忧。芦花深处听，疑乃几曾休。"明朝诗人侯祁也有《廪邱》诗："远水通雷泽，荒坡接帝邱，渔歌迷五岔，烟树隔千秋。落日孤云霭，空城幻影浮。春皋凭野望，点点是耕牛。"

目前对待虚地名有四种错误倾向。一是选择错误。即选收上述三类虚地名。这类虚地名已鲜为人知，或被其派生地名所代替，可以说是死地名了，只能作为地名资料记入地名档案。二是以虚地名定另一个地名的相对位置。虚地名既然范围不好确指，它所指的其他地名相对位置，也会令人不好掌握。还有以虚地名定虚地名的相对位置，所谓"以虚对虚"这就更令人难以捉摸。三是绕过矛盾。认为虚地名难以处理，又不能弃之不顾，就把它命名为街道专名，而把长期形成而仍使用的虚地名废置。这种人为脱离实际的做法当然行不通。四是扩大虚地名范围。如上述虚地名不能确指何处，但它有中心，范围也大致有个"约定俗成"，不能随意扩大。

虚地名，特别是古代流传下来的虚地名，犹如古代物种的化石，或者是城市残存的基因片断，使后人可以从中可以破译其中包含的古代信息。如从两首"廪邱"诗中，就可以明显看出，元、明时候，在郓城西南部，还是河岔纵横，湿地丛生的景象，水路可以行船，而且可以通达到菏泽附近的雷泽湖。再有，在郓城县随官屯镇有打虎李庄村，该村得名来历，明朝万历年间，此地有虎伤人，被李家庄的李氏大汉打死，故李家庄改称打虎李庄，且不论李氏大汉是如何打死老虎的，但只打虎一事，就说明在明朝万历年间，在鲁西南还是有虎存在的。

城市建设中，如何发掘虚地名而赋予它新的功能，"虚"为"实"用，不仅会有助于人们对历史的缅怀，提升该地域的历史文化价值，更主要的是，古老的地名，如同穿越时空的信息，它赋予人们的精神慰藉和想象空间是不能以物质利益来衡量的。

综上所述，正确认识和对待虚地名，从而达到妥善使用它，具有重要的现实意义和理论意义。

（作者单位：郓城县民政局）

浅论山东地名文化的内涵及其保护

郭晓琳

　　地名，是特定地理实体的指称，不仅代表命名对象的空间位置，指明它的类型，而且还反映当时的自然地理或人文地理特征。地名是伴随着人类社会的产生而出现的，它从一个侧面记录了人们的生产生活、政治变革、聚落变迁等社会实践活动，其间蕴含的浩如烟海的信息汇聚成了深厚的地名文化。可以这么说，地名文化就是由某地事物的命名及其演变过程，所反映出的该地域的社会形态、历史文化、伦理道德、民俗风情、自然风貌等文化现象。著名历史地理学家、现代地名学的开拓者之一谭其骧先生曾说："地名是各个历史时代人类活动的产物，它记录了人类探索世界和自我的辉煌；记录了战争、疾病、浩劫与磨难；记录了民族的变迁与融合；记录了自然环境的变化，有着丰富的历史、地理、语言、经济、民族、社会等科学内涵，是一种特殊的文化现象，是人类历史的活化石。"

一、 山东地名的历史文化内涵

　　山东地处素称中华民族摇篮的黄河下游地区，为古人类的发祥地之一。众多地名在历史的长河中更迭演变，仿佛一部地名编年史，把齐鲁大地的地理、历史脉络一一呈现在世人面前：一是受政治影响的地名，主要反映在政区地名的命名上。山东境内山地、丘陵、河流较多，以山、河作为专名的政区地名众多，如崂山、博山、乳山、梁山及泗水、商河、沂水、临淄、临清等；作为拥有湖泊最多的北方省份，菏泽、微山、巨野等就是以湖名作为政区专名的；在沿海地区，许多地名与海有关，如威海、海阳、青岛、芝罘等。此外还有反映当地特有地形特点的地名等等，对于了解研究山东的地理文化提供了材料。山东悠久的历史以及广布全省的古州、古国、古城等成为县以上政区命名的丰富来源，通过这些地名的沿用，齐鲁文化得到了大力的传播和弘扬。《禹贡》九州中的青州和兖州就是今天的青州市和兖州市；滕州、邹城、肥城、薛城、莒县、曹县、单县、郯城、高唐、莘县等曾是古诸侯国；历城、平阴、诸城、武城、禹城、郓城、鄄城、聊城、任城等是古城邑；费县、平邑、阳信等以古代政治人物名作为政区名。这些地名都是政治文化在地名上的折射，随着时间的推移，已经成为传统文化演绎的对象或传承的载体。二是以历史事件和著名的历史人物命名的地名。如济南东郊的鲍山，是春秋时鲍叔牙和管仲分金处，因山下有鲍城系鲍叔牙的食邑，故名鲍山。济南北郊的张公坟村因元代著名文学家张养浩得名。鲁国故都、儒家文化的发祥地、孔子故里曲阜市，有许多村名如夫子洞、阙里、书院、通相圉等都反映了儒家文化在当地的影响。三是反映当地物产、经济、贸易特色的地名，如筐市街、枣园、粉匠家、金银坡、铜夼等。总之，各类地名及其沿革为研究山东历史文化、社会经济等方面的发展演变提供了丰富资料。

二、 山东地名的宗教文化内涵

宗教是一种重要的人类文化现象，各种宗教名胜古迹的名称均属于地名范畴。山东的宗教主流为儒、道、释三脉，三者既各自独立，又互融互补。周武王时，周公姬旦封于鲁，制礼作乐，以辅周室。春秋晚期，孔子又在这里出生，穷毕生心血为复周礼而奔波著述、施教授徒。这两位早期的思想家都是极端重视礼教的人物，其思想行为直接影响乃至左右着齐鲁文化的形成，而在他们身后留下的周公庙、孔子庙，可以说是国内出现最早且又得以沿延至今的儒家庙宇。之后相继为颜子、曾子、仲子、冉子、孟子等先儒建庙，至于其他贤哲的祀祠更是历代多有，遂形成了一个相当完备的儒家祭祀建筑体系。与其他地区相比，这是山东独有的文化资源。

山东濒临大海，是中国两大古代神话体系（蓬莱神话、昆仑神话）之一的蓬莱神话体系的发祥地，传说中的蓬莱仙山，即被认为隐现于这一片浩渺的烟波之中；山东又拥有号称五岳之首的东岳泰山，自古亦被看作最高权力的象征。欲求长生不老的秦始皇、笃信方士之术的汉武帝等君王都曾来到齐鲁寻仙或封禅，使泰山、崂山等成为山东的道教圣地，矗起了众多的道宫道观。碧霞元君乃泰山女神，吕洞宾被视为八仙之首，元君行宫和吕祖殿阁随处可见，尽显山东的地域文化特色。

山东的佛教活动中心区域在济南—淄博—青州一带，区域内的摩崖造像主要是北魏至隋唐时期的作品。济南千佛山兴国禅寺、灵岩寺、青岛湛山寺、淄博普照寺、汶上宝相寺、青州七级寺等佛寺的命名，反映出山东宗教地名文化的特色。

三、 山东地名的社会伦理文化内涵

从文化伦理角度看，地名不仅反映自然地理特色，而且也反映人文地理特点，甚至还呈现出社会心态、价值观念、伦理道德精神等，实际上就是中华民族传统文化的一种反映。如以吉祥嘉言命名的泰安、嘉祥、广饶、博兴、昌乐等地名，反映了人们对幸福生活的向往，对国泰民安、富强昌盛的追求。中国古代社会结构模式是一个以血亲关系为纽带的宗法制度。"物以类聚，人以群分"，宗法社会的人们往往按姓氏聚居，孟子曾说："天下之本在国，国之本在家"，因此以姓氏或以族群姓氏命名的村镇、街路、城市等在中国地名中数量庞大。如李家庄、张家湾、刘家沟、马家巷等，人们通过追溯地名的得名由来寻根问祖，增强社会归属感和凝聚力，反映了中华民族的社会是一个重视宗族的社会。以神话传说、历史故事命名的地名如龙王庙、玄帝庙、华佗庙、天宫庙以及司马村、徒骇河、养马岛等，在齐鲁大地的山山水水中代代相传，反映出人们对各种图腾和历史人物崇敬、敬仰的社会心态。

综观国内外地名工作的历史及其后期效应，可以发现地名是一种特殊的资源、一种文化资源。地名文化的本质是命名对象背后固有的内涵、所传达的信息、所隐藏的秘密和所带来的意义，其表现形态是某一地域长期形成的历史遗存、文化形态、社会习俗、生产生活方式等。经过历史长河的积累、沉淀、改造、创新形成的地名文化代表了一个地方的灵魂和内涵，象征着一种独特的品格，这是无形的巨大资产。长期以来由于对地名文化缺乏认知，我国对已有地名尤其是老地名的更改和废止现象比比皆是。"大跃进"时期改了一批,"文革"中又改了一大批,近三十多年来在城市化建设、资源开发和环境整治中,文化给GDP让路,给长官意志让路,随意命名更名或废止老地名的现象更是时有发生,对历史文化资源造成的严重破坏不可估量,令人叹息。而在国外的很多国家和地区,他们较早认识到了地名保护的价值,并采取了很多措施。加拿大从1989年起就展开了对传统地名的整理;荷兰正在建立历史地名数据库;奥地利联合中、东欧各国对12世纪以来形成的居民地地名进行大规模考察;北欧不少国家都开展了地名文化宣传保护活动——全球性的地名文化遗产研究与保护活动正在兴起。联合国第六届地名标准化会议的9号决议指出:"地名有重要的文化和历史意义,随意改变地名将造成继承文化和历史传统方面的损失。"所以加强对我国地名文化的保护工作已是刻不容缓。山东古称齐鲁,自然地貌多姿,风土人情优美,名胜古迹众多,历史文化悠久。5000多年前,我们的祖先就在这片土地上劳动、生息、繁衍,不断地开发、利用和改造着周围的环境,创建了光辉灿烂的齐鲁地名文化,并赋予其深邃的文化内涵。山东地名厚重的文化底蕴,传承了我们民族的精神与情感、思想与道德、智慧与价值,见证了自然与人类社会发展进步的轨迹。作为一名从事地名工作多年的地名工作者,想与所有同行一起,就我省的地名文化状况做一个综合考量,探寻一套行之有效的保护措施。

(一)完善法规,建立地名保护约束机制和协调机制

我省地名管理办法颁发于1986年,已近30个春秋,很多条款已不能适应现实地名管理工作的需要。出台新的《山东省地名管理条例》及配套的法律法规迫在眉睫,有了法律的约束,才能建立起保护地名的刚性机制,地名文化才能得到更好的传承和弘扬。另外要充分发挥山东省地名学会和地名专家委员会的作用,通过积极参与地名规划的编制论证工作,让地名文化保护工作前移,争取地名文化保护的主动权,并与相关的理事单位进行沟通合作,发挥各自的职能优势,建立起对地名文化采取保护措施的联动协调机制。

(二)抓住机遇,搭上建设文化强省的快车

山东是一个文化大省,文化资源种类和总量均居全国前三位。党的十七大以

来，省委、省政府高度重视推进文化建设，明确提出要由文化资源大省向文化强省跨越。地名工作一定要乘势而上，抓住机遇，让地名文化在建设文化强省的过程中得到凸显、传承和弘扬。通过深入挖掘地名文化资源，系统梳理地名文化脉络，把地名文化融入整个山东文化体系之中，把地名文化资源优势切实转化为地名文化发展优势。比如：

文化名人地名：人文山东的历史源头。

核心元素：与孔圣人、亚圣、兵圣、书圣等有关的地名；

文化内涵：根脉文化。

红色地名：英雄山东的文化血脉。

核心元素：红色旅游地；

文化内涵：革命文化。

名胜古迹地名：古老山东的文化象征。

核心元素：泰山、曲阜、趵突泉、历下亭等；

文化内涵：爱国、爱家情怀。

蓝色海洋地名：崛起的海洋文明。

核心元素：蓝色经济，青岛、蓬莱、成山头、养马岛等；

文化内涵：开放文化。

当然，这只是比较粗放的划分和总结，需要我们在今后的具体实践中不断充实、改进，在优化资源配置中形成整体合力，在凸显优势中聚焦重点、打造亮点。

（三）明确保护内容，划分层次，分级保护

老地名是一个地方民众的情感寄托，这是其他东西所无法代替的。对于还在使用的老地名，一定不能更改，要让它延续它所承载的历史和情感。对于不再使用的老地名，能够在原地恢复的尽量恢复，还可以采用"移植""借用"等方式让老地名"复活"。还有一些老地名，再重修或硬性保留地名会显得非常无奈，那就可以用为地名"树碑立传"的方式保存在人们的记忆中。比如济南，在已经消失的"东流水街""五三街"的遗址上立石刻碑，供市民观瞻，使之成为济南一处新的人文景观。《济南老街老巷》一书，成为专门宣传济南地名文化的佳作。

　　南京的地名保护工作在全国是领先的，他们通过建章立制保护老地名。2007年底，老地名成功申报为南京市非物质文化遗产，这在全国也是比较早的。同时，南京还制作了第一批老地名"非遗"石碑形的标识牌，共 11 个，安放在适合位置，上面刻有中英文简介，说明这个老地名的位置、历史沿革、文化内涵、遗迹等，并配有示意地图，效果非常好。像乌衣巷的标识牌，现在已经成为一处景点，到此游览的人们都要在这块"石碑"前留影。此外还有保护名录，前后共将两批 100 条老街巷名称申报为历史文化遗产，还分两批重新启用了 46 个老地名，而这种重新启用被称为"复活老地名"。这些好的经验做法我们都可以在今后注意借鉴和使用。

（四）整合资源，丰富传播方式，打造山东地名文化品牌

　　山东地名文化的传承与保护工作在全省各地虽有开展，但发展状况不尽相同，相互之间的交流合作很少，更谈不上资源共享，这样不利于形成合力，打造有竞争力的山东地名文化品牌。因此，应该树立全省一盘棋的思想，围绕全省地名文化的核心价值，搭建全省地名文化品牌架构，让各地的具有鲜明地域特色的地名文化既保持相对独立又能成为其中的有机组成部分，便于集中宣传推广。在传播方式上也要尝试多种形式，比如系列电视片的拍摄、地名文化丛书的出版、为老地名树碑立传、各种地名文化展览等，就是要通过新闻宣传、广播电视、出版发行、公益活动甚至营销手段将地名文化品牌的内涵植入人心，最终让地名文化以一种品牌的形式为大众所了解、接受。而地名文化品牌一经形成，它就代表地名文化的精华，并在地名文化的广袤土壤中不断生长、壮大。

（作者单位：山东省地名研究所）

浅谈加强地名文化建设

梁海山　赵洪峰

地名是人们对特定方位、特定地域范围的地理实体所赋予的专有名称，在人类历史长期发展中形成的，记录了命名时地理环境的某些现象，凝结着自然、历史、人文的特征，反映了地理形貌、社会进步、经济发展、政治变迁、民俗民情、语言文化等多方面的变化。地名的来源更迭从一定程度上反映了一个地区社会、经济、文化发展的轨迹，具有深厚的文化底蕴，因而又被称为研究人类历史的"活化石"。

地名是文化的传承。地名文化是祖国先进文化的组成部分。全国各地山水好的地方有的是，但许多地方缺少深厚的历史文化底蕴，魅力就不及苏杭。杭州的一山一水、一路一桥都有美丽的故事和传说，如保俶塔有吴越王钱俶的故事，雷峰塔和断桥有白娘子和许仙的故事，灵隐寺有飞来峰的传说，岳庙有岳飞抗金的故事等等，沉淀着历史文化，给人们一种情操的陶冶，寄托着一种美好的向往。因此，继承和发扬地名文化，对于弘扬中华文明，弘扬爱国主义精神，传承先进文化，振奋民族精神，有着深远的历史意义和重要的现实作用。

一、 积极为地名文化建设夯实基础

加强地名文化建设是地名管理工作发展的趋势。随着改革开放的不断深入和经济社会的迅速发展，城市建设日新月异，新农村建设加快进行，城乡一体化水平明显提高，许多老地名逐步消失，新地名不断涌现。经济的发展给地名工作注入了新的活力，但由于追求经济效应，地名"大、洋、古、怪"的现象也随之产生，使一些地名异化了原本的含义，给社会发展带来一定的影响。因此，我们需要转变思想理念，加强地名文化建设，创新新时期地名工作方法。

完善法制建设是加强地名文化建设的有力保障。国家有关的地名管理法规应将加强地名文化建设用法规条文予以规范，为加强地名文件建设提供有力的法制保障。通过出台、规范地名文化建设有关文件，明确地名文化建设的原则、措施、内容、要求，以及各部门的职责和任务，有利于促进地名文化的繁荣发展。

健全机制是加强地名文化建设的重要环节。为推动文化建设快速发展，成立地名学会、地名工作专家组等，从事地名文化研究、地名文化知识宣传、地名文化建设等工作，有利于解决地名文化建设的热点和难点问题。同时发挥政府地名主管部门、地名委员会的主导作用，形成以地名学会为纽带、地名专家组为智囊，众多地名工作者、地名专家学者、地名爱好者和新闻媒体等社会各界团结合作的多元化工作机制。重视调动地名学会和地名专家组踊跃献计献策、勇挑重担的积极性，为地名文化建设的发展做贡献。

抓好地名管理是加强地名文化建设的基本内容。抓好地名管理，才能保持地名文化建设的正确方向。严格规范地名用字，避免使用生僻字，确保地名用词格调健康；规范通名，不单独使用通名词组作为地名，通名不缺失、不重叠；所命名称与建筑物的使用性质及规模相符，同一城市内建筑物的名称不得重名、同音；地名字数适当，便于读写；地名书写使用规范的汉字、汉语拼音字母，杜绝在地名中夹杂标点符号等。同时，注重引进和广泛应用现代信息技术，拓展地名管理与服务的手段，为地名文化建设提供广阔的展示舞台。进一步完善地名数据库，运用地名网、声讯（短信）、触摸屏、问路热线等建成地名信息服务体系，为保护、宣传、弘扬优秀地名文化构建发展平台。

二、 广泛开展地名文化建设工作

完善地名专家论证制度，提升地名文化底蕴。结合地名工作实际，组成历史、社会、地理、规划等多学科地名专家组，建立地名命名、更名专家论证制度，提升地名文化底蕴。地名专家组的主要任务是负责对申报的地名命名、更名进行审查、论证，对不符合地名管理法规的有关名称提出规范性意见；对需要建设命名的道路、街巷、小区、广场、商务中心等名称，主动与建设单位进行协调沟通，提前预审地名的标准性、规范性和文化性；对地名文化建设有关方案进行论证，借助专家的知识和观点拓宽地名文化视野，依靠专家的力量解决地名文化建设中的热点问题。工作中，应在听取社会各界意见的基础上，制定科学的命名、更名方案。同时加强地名文化调查和研究，丰富地名文化内涵，不断提升地名命名、更名的文化水平。

科学编制地名规划，从源头上提高地名文化品位。地名命名、更名是一门学问，也是一门艺术。既要彰显历史，又要体现当代，更要展望未来。地名一旦形成，具有相对的稳定性。地名规划是地名管理的基础，是地名命名、更名的依据，也是加强地名文化建设的前瞻性工作。编制地名规划，注重从本地区的自然、历史、特色等方面挖掘材料，充分体现经济、社会、人文发展所具有的独特地方文化。抓好地名规划，从源头上把好地名命名、更名关，优化地名文化环境，为加强地名文化建设创造条件。

建立地名储备库，丰富地名文化内容。在经济社会的不断发展过程中，一些老地名的消失和一些具有现代意义的地名的产生，是发展的必然结果。随着城市化进程不断加快，城镇和新农村建设中产生不少新路需要命名，同时一些原有的地名随着发展、变迁早已变得名不副实，其指示性、实用性日趋减弱，亟待更名。在最大限度保护、发掘历史文化地名的同时，对不符合现状的老地名应适时加以更改，是适应时代发展的需要。预先建立能彰显文化内涵、人文精神的文化地名储备库，以备需要时即可在地名库中选取，可规范、引导地名命名、更名采词，丰富地名文化建设内容。

推行地名公示制度，尊重群众使用地名的习惯和权利。地名作为最常用的社会公共信息之一，与人民群众的日常生活息息相关。为保证地名文化的先进方向，促进各类地名命名更名的科学性、文化性，在组织专家充分论证的基础上，通过新闻媒体和政府网站公开征求意见，扩大群众的知情权和参与度，集思广益，甚至进行有偿征集，以激发公众献计献策的热情。积极推行地名公示制度，凡所需命名更名的地名在地方各种媒体上公告，以提高地名命名更名的透明度，获取良好的社会效益。地名文化建设只有发动广大人民群众积极参与，发掘人民群众中蕴藏的文化潜力，才能充实地名的文化内涵，获得地名文化持久的生命力，不断增强地名文化的吸引力、影响力。

健全地名网站，广传地名文化信息。当今，经济社会的快速发展和人民群众的出行交往活动大大增加，全社会对地名信息服务的需求强劲增长，原有的地名服务内容和手段已不能满足社会需求，迫切要求加快地名网建设步伐，为经济社会发展提供全面、翔实、规范、便捷、高效的地名信息服务。以服务广大人民、传播地名文化信息的地名网，已经成为重要的公共服务平台，锻造地名文化软实力，这是新的历史条件下对地名文化发展提出的新要求。没有丰富的地名文化，就难以吸引众多网民；而没有人民群众的广泛参与，地名文化也不会丰富多彩。运用地名网对地名文化的宣传，宣传具有历史文化底蕴的老地名，扩大地名的文化影响力，以调动专家学者和有关部门的力量，形成地名文化建设合力。利用地名网站及时将地名批复在网上公示、公布，同时对于那些缺乏文化底蕴、格调低俗的不规范地名，一些脱离实际、复古、西化、洋化的地名，及时指出与纠正，可以防止不规范地名在社会上流行，误导群众。只有把地名网建成传播地名文化的新途径、展示地名文化的新平台、弘扬地名文化的新时空，才能彰显地名文化新活力。

规范地名标志，展示地名文化内涵。地名标志是"本地人的脸，外地人的眼"，随着经济社会的发展，将发挥着不可替代的作用。大力弘扬地名文化，关系到一个地区的形象和影响力的塑造，甚至展示着一个行政单元的内在人文精神。在人们出行、交往过程中，地名标志的重要性日益凸显，其设置的系统、科学、合理性对城乡的整体形象具有较大的影响。城市所有道路都应注入文化内涵，力求美观、大方、有品位，充分反映城市精神风貌，努力展现出深厚的地名文化底蕴。

地名文化建设是地名工作的灵魂。挖掘、保护、传承、弘扬、发展地名文化，提升地名文化品位，让地名文化绽放光芒，是地名工作的拓展重点。

（作者单位：青岛市四方区民政局；曹县地名办）

浅议地名命名的艺术

何宗祥　孟繁国

　　顾名思义，地名即地理实体的名称。地名命名就是在对地理实体进行充分研究和把握的基础上，用文字符号加以标注。大力开展地名工作，对地名命名进行广泛深入的研究和探讨，使地名工作更加"着陆"、到位，功在当下，利在千秋。无论是经济效益，还是社会效益，都具有极为重要的意义和价值。下面，从八个方面，对地名工作做初步探讨。

一、　地名意识

　　地名意识是否到位，是地名工作的首要问题。开展地名工作，首先应倡导强化地名意识，尤其是领导者的地名意识。对地名价值和重要性的认识程度，决定着地名工作的到位程度。与企业商标相比较，地名在某种程度上属于"公共资源"，人们对它的重视程度，远远不及企业对商标的重视。对企业而言，商标的价值是显而易见的。而地名的价值，却很少有人去评估。实践证明，有的地名，可直接用于注册企业商标。而商标的使用，则又进一步彰显了地名。二者相互依存，相辅相成，相得益彰。地名的价值是客观存在的。不说北京、上海这样的大地名，像天安门、故宫、地坛、王府井、长安街等这些"内部"地名，说它们价值连城，难以估量，也并非妄言。

　　在《高青县城市地名规划》中，我们涉及了"千乘"这一古地名。千乘，对高青而言，是一个非常重要的内涵丰富的历史文化资源。据历史记载，高青地曾为齐国之千乘邑，两汉时为千乘郡和千乘国所在地；千乘，概言战车、马匹之多，国之殷实之景象。因此，用"千乘"这一古地名对高青县城区的道路或小区等进行命名，就是对千乘文化的挖掘，高青地名命名就找到了属于自己的亮点。

据了解，有的企业在注册公司时，就想以"千乘"注册，到工商部门一查，结果被东营的一家企业早已抢注。从这里可以看出，地名意识非常重要性。谁意识的早，谁的认识水平高，谁便受益早。

二、 地名与地理实体

战国名家公孙龙说过：夫名，实谓也。就是说，名是对实体事物的称谓。因此，命名实体事物，应立足实际，对其进行综合性的研究和考量。

地名命名要着眼于发掘地域资源（自然的、人文的），着眼于对历史文化的纵深的、全面的发掘，着眼于突出亮点、突出特色。一个好的地名就像一颗夜明珠，令人兴奋，令人欣喜，令人欣慰，其作用和影响难以估量。

地名命名宜着眼于被命名事物的特点、区域板块特点或资源优势，去粗取精，去伪存真，综合研究；地名命名宜着眼于长远，不为传统迷信所束缚，不苟眼前之利，不观领导之眼色。

地名命名应尽可能蕴含更多的信息，要给人以更多的启发，给人以更多的联想和想象，给人以美的陶冶、享受和激励。

如黄河，1855 年黄河夺道大清河，从高青北部边缘过境，过境长度约 47 公里，对高青县的工农业生产产生了极其重要的影响。当今黄河，不仅由害河变成了利河，而且成为名副其实的景观河、母亲河、圣河。其沿岸植被丰茂，绿树成荫，堤岸雄奇，成为远近闻名的游览胜地。黄河的存在，使高青拥有覆盖全县农田的马扎子、刘春家两大灌区，拥有艾李天鹅湖、大芦湖、千乘湖三大湖泊，拥有沉沙池、引黄过青干渠等得天独厚的水资源。因此，以"黄河"命名高青城市地名，是符合实际的，也是非常重要的，是一张亮丽的地域资源名片。

三、 地名与文化

文化是一个民族的血脉和灵魂。著名国学大师南怀瑾曾说，一个没有文化根基的民族是没有希望的。同理，一个没有文化根基的地域，也难以让人看到未来。地名是地域文化的载体，是地域文化的精髓和点睛之笔。地名应较好地反映地域文化。因此，地名命名应注重研究地域文化。以"扳倒井"为例，经过企业多年的运作和发展，它早已超出了其本身的含义，它不仅仅是一个企业的代名词，是浓香型白酒的一个著名品牌，而且是该企业历史文化的重要载体。因此，在地名命名中，我们尝试以"扳倒井"或"国井"来命名街道或小区，得到了社会的认可。

同样，在《高青县城市地名规划》中，我们涉及了"济水"这一古河流名称。作为古代"江、河、淮、济"四大河流之一的济水曾横穿高青，当时，济水北岸曾建有鄋瞒国的都城——狄邑，南岸建起被阳城，成为一方政治、经济和文化的中心。至今，沿途的村落都留有济水的烙印，如堤上刘、堤西里、河西、堰头、付家堤口等。济水，是一个辉煌的字眼；济水，是济水文化的缩影；济水，是地域文化的名片。用"济水"命名高青城市地名，将增强城市地名的历史文化内涵，提高城市品位，并使人们联想和想象到高青曾经的辉煌。

四、 地名与艺术

地名命名是一种艺术性的创造。如果说，艺术从某个角度说，是"有意味的形式"。那么，一个好的地名，就是一个耐人寻味的词语，从而，引发人的联想和想象，或给人以启发，或给人以想象，或给人以激励。因此，地名命名在某种程度上，是一种创造性劳动。

笔者在《千乘之洲·高青》丛书（《九曲黄河》卷）中，尝试对黄河大堤景观带进行了命名。因黄河从高青北部边缘过境，过境长度约 47 公里。大堤两旁绿树成荫，草长莺飞，美景如画，故名之曰黄河大堤百里绿色长廊。目前，这一景区，已被命名为国家级水利风情区，黄河大堤百里绿色长廊景观带基本得到了领导和社会的认可，并已作为重要的旅游资源进行开发利用。从这里可以看出，恰当的地名命名，不仅有社会效益，其经济效益也是显而易见的。

五、 地名的强化

地名是地域历史文化的产物，是"地方特产"，并往往打着时代的烙印。因此，地名命名应强化地方特色，不宜面面俱到。对于好的地名，如果能够彰显地域的亮点和特色，不妨重复使用，这种重复是必要的。如可采取加序列号的方式，如千乘一路、千乘二路、千乘三路；济水一路、济水二路、济水三路等。为深化某个区域的地名，对有关历史地名可进行系统性开发，以使地名具有区域性特点：如在高青县城区可探讨使用"金岭路、银岭路、铁岭路"等。这些重复或系统性的命名，便是强化。只有强化，才能突出主题，只有强化才能突出城市的特色和亮点，只有强化才能彰显地域的文化底蕴。

六、 地名与品牌

如果说地名命名是一种创造性的劳动。那么，地名就是脑力劳动的结晶，是一种精神产品。因此，一个好的地名，经时间、空间的推移和变换，就会突显其意义和价值，就会成为一个地域的代名词，就会成为货真价实的地名品牌。如著名的上海滩、南京路、世博园；济南的泉城广场、英雄山、千佛山；淄博的柳泉路、世纪路等，都是非常好的品牌地名。所以，地名工作的重点，就是不断打造优良的地域地名品牌，从而提高城市的品位，达到经营城市和推介城市之目的。

七、 地名与专家

地名命名涉及地理、历史、风俗、文学、艺术等多门学科，是一门综合性的学问。应当明确，地名命名是"专家小组"的工作。就像盖一栋摩天高楼，要由设计师、建筑师等专家和建筑工人去完成；创作一首歌，要由曲作家、词作家和歌唱家去完成。不仅如此，地名命名、地名规划等，还应经过专家的认真调研和充分论证，并应经过"三级会审"才能颁布实施。即：一级，专家小组初级会审；二级，领导和群众中级会审；三级，上级专家小组终审。由此，地名专家的聘任，是一项至关重要的工作。需经过认真的筛选，其条件可从以下几个方面来探讨：（一）经过严格考试、获得地名专家证书的；（二）熟悉地名工作、热爱地名工作的；（三）责任心强、有见地、文字好、知识渊博的。只有具备上述条件的地名工作者，才能有资格接受聘任。

八、 地名与领导

领导在地名工作中，不必要求自己样样精通，不必事必躬亲。应充分发挥地名"专家小组"的职能作用，大胆放权，创造条件，使每一个地名都经得起实践和历史的检验。在具体审核工作中，不搞一言堂，敢当小学生，充分尊重专家的意见和建议。

一个城市好的地名，就是一篇好文章，既有整体之美，又有局部之亮色；既有层次之美、逻辑之美、系统之美，又有深度、广度和高度；一个区域好的地名，就是一个典故，一首诗，一曲天籁之歌；一个城市好的规划，必依赖于"专家小组"的认真研讨和广泛论证，依赖于领导对地名工作的深刻认识、积极支持；好的地名，其经济效益和社会效益必将随着时间的推移日益彰显，并对后世子孙产生潜移默化的重要影响。

（作者单位：高青县民政局；高青县史志办）

沂源地名文化商业价值开发初探

王　峰

地名是在人类社会的发展过程中逐步形成的，是一种地理实体的象征与标识，反映出一个地方历史、地理、文化、宗教、社会、经济等各种世相百态，是人类宝贵的历史文化遗产。随着经济、社会的迅速发展，地名文化的商业价值日益凸显，已成为一个地方经济社会发展的助推器。

近年来，沂源县经济社会迅速发展，从过去一个被国家救济的贫困县到2010年实现年国内生产总值164亿元，上市公司就有4家之多，在资本市场上流行"南有江阴，北有沂源"之美誉。此外，沂源还是"世界爱情发源地"。特别是织女洞与牛郎庙，是我国唯一一处以牛郎织女传说为题材的古建筑遗址，有世界上最大的爱情博物馆，沂源"牛郎织女传说"被列入国家级非物质文化遗产名录，沂源成为名副其实的"牛郎织女爱情之乡"。沂源县通过举办三届中国（沂源）七夕情侣文化节，更好地传承和保护了我国民族文化，对促进中华民族文化发展具有重要意义。沂源溶洞群是我国北方最大的溶洞群，被专家誉为"江北第一溶洞群"，是沂源县首个获国家"4A"级旅游景区殊荣的景区。

2010年，沂源县被国家住房和城乡建设部命名为"国家园林县城"。这是继"全国绿化模范县""山东省适宜人居环境奖"殊荣后，沂源获得的又一个"响当当"的名字，成为全省唯一一个同时拥有这三项荣誉的区县。

沂源文化与秀丽风景吸引了世界各国游人纷至沓来，加速了与世界经济文化的融合，有力地促进沂源经济文化各项事业的发展。透过沂源县的发展轨迹，我们不难发现地名文化在沂源经济发展中的巨大推动作用。

一、 开发地名文化的旅游价值，不断提高沂源地域文化在全国乃至全球的美誉度

地名文化对于地方旅游资源文化内涵的挖掘有很重要的意义，给游客提供了多维视角去加深对目的地的了解，融入目的地的文化，体验异质文化的冲击和交融。而这种文化交流正适应了目前人们的旅游心理转向，即从传统的观光游层级到精神上、心灵上的感受和体验，对异质文化的向往，渴望触及深层次的交汇和碰撞。地名文化作为地方文化的凝结和窗口，从其由来、形式、结构、含义、变迁，在一定程度上可以透视到该地的历史地理、社会经济、社会生活、社会心理、风俗习尚、宗教信仰等等；一些地名能够成为极为重要的吸引物，让游客对其地生发渴望，或者能引发某种浓烈的趣味、审美的愉悦，给游客的旅游体验锦上添花，在这种精神层面的交流中融入旅游目的地的地方特色文化。例如，沂源溶洞群和鲁山森林公园，具有天然的独特的魅力。鲁山森林公园为国家级森林公园，有"鸟类王国""世外桃源""天然氧吧"之美誉。沂源溶洞群在 10 平方公里之内已发现洞穴 100 多个，被专家称为"江北第一溶洞群"。

游客旅游追根究底是对异质文化的好奇和渴望，而地名是一个地方文化的浓缩和象征，透过这层镜像可以解读到地名背后隐藏的地方文化。通过地名的研究还可以看到一个民族的图腾崇拜、宗教信仰、民俗风情、民族迁徙和分布等等。这对于丰富民族文化遗产会起到积极作用。

"纤云弄巧，飞星传恨，银汉迢迢暗度。金风玉露一相逢，便胜却人间无数。柔情似水，佳期如梦，忍顾鹊桥归路。两情若是久长时，又岂在朝朝暮暮。"宋代词人秦观的一曲《鹊桥仙》，让牛郎织女这段原本凄美浪漫的悲剧故事，摇身一变转化成了令人羡慕不已的永恒的爱情。词语的组合在一定程度上就能够形成独具美感的写意空间，给游客的体验铺垫美的基调，引发美的联想，文人骚客于此情此景中有感而发创作的诗词歌赋、对联绝句更为游客带来了不可多得的艺术体验和审美享受。沂源县因境内沂河发源地而得名，素有"天上银河，地上沂河"的美称。

二、 挖掘地名文化的历史文化价值， 不断塑造沂源地域文化促进经济发展的氛围， 折射出继往开来、 再创丰功伟绩的雄心和壮志

地名在历史的起伏跌宕中，所代表的决非一方地域、一方百姓，更能超越它所深蕴的文化，散发出自己独特的情感格调，悠悠触击着游客的情愫。旅游的最高境界莫过于此，超越时空与古人对话，与自然对话，寻求各种情感的体验和精神的滋养。

安作璋教授认为，地名是非物质文化遗产，它与物质文化遗产是紧紧联系在一起的。如果作为物质文化遗产的老街巷、老建筑等消失了，因此而生的特色地名也就失去了很大一部分意义。所以，地名保护和历史文化街区、历史文化建筑的保护应同时进行。目前城市发展速度异常迅速，很多历史遗迹消失了，再重修或硬性保留地名就显得非常无奈。地名是城市的一种符号，没有了载体，这种符号就是虚的。城市发展是必然的，但在发展的同时要注意保护，要调和矛盾，这样才能保护好城市特色。而地名就是显示一座城市特色的文化，没有了这种文化作支撑，城市也就失去了独有的历史文化特色，千城一面必然出现。

地名文化反映的是独特的民族文化、地域文化，是丰富地域内涵、打造文化品牌，展示地区形象、提升地域品位，促进对外交流、扩大对外影响，推动地区经济社会全面快速发展的无形力量和重要支撑力。近年来，沂源县城乡面貌发生巨大变化，新生地名和具有标志性的建筑物大量涌现。在这种背景下，如何提高新生地名的文化品位？这就需要我们通过弘扬地名文化，在保护老地名、保护传统地名、挖掘优秀地名的同时，切实加强新生地名文化的锤炼与打造，使沂源的地名文化在这种新老地名继承与变革的交融中不断发展、历久弥新，注重保护古老地名文化，使古老地名成为当地发展经济的知名品牌和无形资产。虽然一些古老建筑和历史文化风貌在历史的演变中消失了，但通过保留下来的这些地名可以窥见历史发展的脉搏，勾起人们对历史的回顾和联想，使我们的城市具有立体感、纵深感。因此，在城镇建设中，应注意对具有历史文化内涵的老地名予以保护和利用，以弘扬优秀的历史文化。例如，沂源是沂蒙山革命老区，抗日战争和

解放战争时期，全县有 2.3 万人参军参战，2100 多人负伤致残，1800 多人壮烈牺牲；老一辈革命家陈毅、罗荣桓、粟裕，原中央军委副主席迟浩田都曾在沂源生活和战斗过。沂源许村东有解放战争年代陈毅元帅拴过战马的槐树，故名拴马槐，展示了老一辈革命先烈为革命事业抛头颅、洒热血的丰功伟绩，他们的崇高精神永远激励着后人为实现中华民族的伟大复兴再立新功。

三、 结语

地名有重要的文化和历史意义，随意改变地名将造成继承文化和历史传统方面的损失。由于种种原因，地名文化保护意识淡薄，存在着严重的乱起名、乱改名现象，给传统的地名文化造成了严重损害。研究保护县域地名文化遗产，唤起社会保护地名文化意识，有利于提高地区品牌的知名度，塑造良好的地区形象，带动区域经济的发展。

（作者单位：沂源县民政局）

浅析城市地名文化的研究与保护对策

逄新起

　　地名是一种特殊的文化现象，是人类历史的活化石，是人类对表示特定方位和范围的地理实体所赋予的语言文字代号。换句话说，地名具有指示方位和范围的作用，指代某个特定的地理实体。

　　近年来，随着经济社会的快速发展，一些老地名正悄悄地从我们视线中慢慢消失，也渐渐地在人们记忆中淡忘。由于目前我市对地名文化保护工作的重要性还没引起足够重视，普遍存在着随意起名、改名和地名"洋化""西化"的现象，严重损害了传统地名文化。为唤起社会保护地名文化意识，延续地名历史文脉，发展人类文明成果，联合国地名标准化会议提出："地名是民族文化遗产""地名有重要的文化和历史意义，随意改变地名将造成继承文化和历史传统方面的损失"。因此，加强地名文化研究与保护，显得尤其重要。

一、 地名文化及其内涵

　　地名文化是溶化在名称语言形式中所展现的特征。它包括经济、地理、历史、民俗、人文等方面。体现当地的建筑、地理风貌、人造景观、广场、道路等有形物质中精神因素和人们对其命名的喜好和文化层次。地名文化是一种资源，它厚重的文化内涵是宝贵的无形资产和财富。

　　地名具有一定的文化内涵，折射出历史痕迹和社会变迁。从文化学角度看，它既有一个时代的文化特征，又具有相对稳定性，彰显一定时期的历史信息，对一个地域的文化研究，具有极其重要的史料价值；从地域形象学角度看，地名也是一个地域整体形象重要的品牌形象识别元素，具有巨大的无形资产，研究或设计一个地区形象，离不开这个地区的地名。城市则是人类文明的标志，是社会发展的缩影，它不仅是一个国家或地区的经济中心，更是文化的集中地和发源地；城市既积累历史文明，又承载现代文明。在城市发展的历史长河中，经过积累、沉淀、改造、创新，必然形成特有的地名文化，并成为支撑城市发展的无形力量。地名文化能够丰富城市内涵，提高市民素质，展示城市形象；能够团结和凝聚力量，产生精神动力，鼓舞人心，激励斗志；能够优化投资环境，吸引人才，促进对外交流，扩大对外影响。因此，地名文化是一个城市的灵魂和内涵，是一个城市的品格和象征。既可以为城市综合实力的提升提供精神动力和智力支持，也可以创造城市经济价值，增强城市服务功能和提升城市形象。因此，要切实加强地名文化资源保护，树立地名精品理念，体现厚重的城市文化内涵。

二、 城市地名文化保护工作的现状及存在问题

近年来随着我市城市建设的不断加快，城市改造日新月异。特别是房地产大规模的开发，使地名文化保护工作受到了严重影响，突出表现在以下几个方面：

（一）城市建设投资渠道多元化向传统地名管理方式提出挑战

随着市场经济的深化，居住性、综合性建筑的投资渠道日趋多元化，房地产进入市场，开发商进行市场运作，对外宣传要求树立品牌效应，其开发建设区域的名称正是房地产品牌效应的具体体现。所以，住宅区名称、综合性建筑名称除了具有地名属性外，又兼有房地产商标的属性。开发商对这类地名自主命名的要求与计划经济体制下政府统一命名的传统管理方式产生了尖锐的矛盾。迫切需要转变管理方式以适应现代化城市建设的要求。

（二）法规不硬，制约滞后、乏力

由于建筑名称管理是地名管理的一部分，其独立立法的尝试，亦未获批准。法规不硬，给管理工作带来诸多不便，使一些未经批准的地名仍在社会上使用，

在一定程度上影响了管理的力度。

目前，开发商在申报立项，申报建设用地规划许可证、建设工程规划许可证。但在对外宣传、销售中，多使用自行命名的项目名称，到了入住、通邮时，才办理地名手续（公安部门办理门牌号需审验地名手续）。这时其项目名称已耳熟能详。若其自定名称不符合规定，再改势必造成重大经济损失，也容易使开发商误以为我市政策多变，对投资环境产生疑问。管理滞后，同样也给我们的工作带来很大困难，造成行政管理部门与开发商的矛盾。再如建筑名称管理，由于我们是从审核房地产出租、出售广告所用名称入手进行管理的，造成做广告的项目名称审核了，不做广告的项目名称就没有进行必要的审核，而未经审核的那部分建筑名称中也可能存在着很多问题，可能会给群众生活带来诸多不便。综上所述，迫切需要建立一套有力的制约机制，以确保地名管理工作的顺利进行。

（三）传统老地名逐渐消逝

地名是城市的标签，是城市发展轨迹的真实记录，它的演变折射出地名文化的轨迹。随着城市建设的快速发展和旧城改造步伐的加快，一些老城区的许多建筑物或标志性街区被拆除，其中一些具有传统意义的老地名被"抛弃"，这是由于我们保护地名文化意识还不强造成的。在不断的翻新中，不少名胜古迹逐渐消失，着实可惜。地名虽然不会说话，但却"陈述"着城市历史。在我们记忆深处，虽然一些老建筑和街区被拆除了，但一些蕴藏着丰厚文化内涵的老地名还是永远不会被人忘记。它们记载着历史文化，陈述着历史故事和美丽的传说。可以说，地名的消失无形中断了历史的脉络，割断了历史文脉。在欧洲的一些历史悠久的城市中，一些街道、广场和它的建筑，有的在十五、十六世纪规划、设计的，但现在还沿用老地名，而且成为了城市文化的经典，一直被人们保护、崇仰。这是为什么？这是因为它们能足够体现出城市的历史文化内涵，体现出历史文化的辉煌、厚重和发展。因此，地名文化的发展总离不开继承与发展、挖掘与弘扬，如何把本土文化与世界文化相结合，提升民族文化，这也是值得我们研究和探索的。

三、 城市地名文化保护的应对措施

城市在发展中，留下许多历史的痕迹，体现在城市的地名当中，它是城市最重要的精神文化财富之一，是城市历史文化和精神情感的根。在城市飞速的发展过程中，许多富含城市文化的地名逐渐消亡。究其原因，首先是职能管理机制不够健全；其次是全社会"重利用轻保护"，对地名文化保护认识不足；三是城市建设与地名管理体制脱节，地名管理部门难以实行有效的管理。地名文化作为城市文化的一个重要组成部分，在目前各地大规模的城市建设中，地名文化保护不能回避。地名文化保护做得如何，突出体现了城市的精神内涵和文化主体。如何在城市建设中保护地名文化，我们认为通过强化地名文化保护意识，加强地名文化建设，以进一步提高城市品位和城市形象，具体应做好以下几个方面：

（一）搞好地名普查， 做好地名规划

地名文化是不可再生的珍贵资源。随着经济发展和城市现代化进程的加快，城市地名发生了很大的变化，老地名消失，新地名不断涌现，为了让宝贵的地名文化在我们这一代得到全面保护，应对城市地名进行全面普查，尽可能详尽地了解掌握地名资源的存量，摸清地名的历史和现状。理清保护范围，确立保护内容。

地名文化蕴含城市文化特有的精神价值，是城市文化的载体，每一个历史文化名称都包含大量的独具特色的地名文化。在城市建设中，我们应从对历史和城市发展的角度，从提高城市文化品位的高度，加大对地名文化保护宣传，使市民都能认识到地名文化保护与城市建设发展的意义和作用。不仅要对地名进行全面普查，系统分类、认定，更要制定全面的、近期的、中期的、长期的保护规划。地名规划，既要反映城镇规划意图、功能分类和建设特点，又要反映当地的历史、地理等人文特征，体现地名的整体性、系统性，包含时代特征，更好地为精神文明建设服务。

（二）规范地名管理， 实现依法行政

城市地名管理是市政管理的一部分，隶属城市管理大系统，这也是城市地名

管理工作区别于其他地名工作的特点之一。地名规划是地名管理的基础，是个体地名命名、更名的依据，是地名管理工作变被动为主动的关键。地名管理部门要主动与城建规划部门相联系，协调好两者关系。首先，将地名规划工作纳入城市整体规划之中。目前，城市改、扩建力度很大，城市变化日新月异，地名管理要跟上城市改、扩建的步伐，只有从开始就步入城市一体化进程，才能实现地名管理的超前性。其次，要建章立制。要确保地名管理在城建中的一席之地，就要从制度入手。要建立这样的制度：没有地名工作机构的参与，城市规划就不能算完善；没有实现提前命名，有关建筑就不能动工。通过规章制度的硬性规定，才能改变地名管理的被动局面。第三，还应重视城市地名编制的科学化、规范化。地名编制工作要按照《地名管理条例》和《地名管理条例实施细则》的规定，科学规范命名，多方面征求意见，得到社会认可。总之，在当前地名法规尚不健全的情况下，要通过发挥地名规划的作用，才能有效地建立起科学合理的城市地名管理体系。

地名管理法规的建立、健全，是地名管理走向法制化的一个标志。完善地名管理法规，是搞好地名管理的前提和条件，也是社会主义市场经济条件下地名管理生存、发展的关键。只有健全地名法规，才能保证城市地名管理的顺利进行。随着时间的推移，因有些条款已不适应新形势地名管理的要求，过于原则化、简单化，不便于操作，因此，地名管理要提高到一个新水平和一个新层次。强化地名管理部门的依法行政职能，除了领导重视，相关部门密切配合外，最关键的问题是对原地名文件进行修订，制定出台符合本地实际情况的地名管理法规。完善地名法规的监督、约束机制，突出其严肃性、强制性、权威性和可操作性。在严格地名命名、更名、注销、注册登记制度和管理制度的基础上，针对违反地名法规，擅自命名、更名地名的有关单位和部门，应规定必要的操作性强的处罚条款，真正做到"有法可依、有法必依"。

（三）加大宣传力度，改变传统管理方式

为了使全社会更加了解地名文化的重要性，进一步认识加强地名文化保护深远的历史意义和现实作用，地名管理部门可以通过举办展览、论坛、讲座以及进行互联网等，使公众更多地了解地名文化的丰富内涵。在一些消亡的老地名原址

上设立各种标示牌，说明老地名的含义和新地名的由来。同时可以通过各类新闻媒体开设专题、专栏等方式，介绍宣传本地地名文化，发挥舆论监督作用，在全社会形成保护地名文化的良好氛围。

在未来的管理中，应打破由地名管理部门统一命名的传统管理方式，采用由开发、建设单位自主命名，地名管理部门依法审批的管理方式。这样，既缓解了开发、建设单位与地名管理部门之间的冲突，又避免了纷繁的开发建设与政府统一的住宅区规划命名之间的矛盾。

地名是民族文化遗产，城市的每一个地名都维系着历史的记忆，打上了时代的烙印，我们不仅要在保留、继承传统地名文化上下足功夫，更要在城市建设中把城市的地名命名工作做得更透明、更民族化、更科学。继承老遗产，留下新遗产，才能使我们的城市在不断增添时代光彩的同时，也富含历史的韵味。

（作者单位：昌邑市民政局）

谈曲阜市城区街巷名的文化内涵

程红娟　王继涛

地名，既是弘扬中华民族传统文化的重要载体，又是建设社会主义先进文化的重要内容，它见证了人类社会发展的历程。街巷名是地名的一部分，以独特的历史文献反映出地方特色和文化内涵。

曲阜市是 1982 年国务院首批公布的全国二十四个历史文化名城之一，1998 年曲阜又被命名为"中国 5A 级优秀旅游城市"，列为首批国家重点旅游城市之一。曲阜作为儒家文化的发祥地，有得天独厚的条件，衍生出曲阜独具特色的地名语词文化和悠久的地域文化。作为历史文化名城，许多命名的地名、街名都有着丰富的文化内涵和文化信息，能够客观地反映孔子的核心思想。曲阜丰富和灿烂的地名文化是儒家文化的重要组成部分，也是"东方圣城"的重要构件，更是这座千年古城的魅力所在。所以，这种文化氛围和文化气息必然会影响到社会生活的方方面面，在街巷名的命名上就可以体现出来。

一、反映地名实体信息

曲阜作为鲁国的都城，亦称鲁故城。位于今曲阜城区的为明城，坐落在鲁国故城的西南部旧址上，仅占故城总面积的七分之一。明正德年间，由农民领导的起义军攻入孔庙"秣马于庭，污书于池"，故明统治者下令从宋代所建的县城又迁回鲁故城内，筑城卫庙。明城是曲阜历史上第一座砖砌城郭，略呈方形。

（一）在曲阜城区街巷名中，方位词在名称中占了很大的比例，这些街巷以方位进行系统化命名的，注重的是名称的使用功能

部分街巷名中与明故城门有关。如故城内以西门为界，分为西马道南、北

街；以东门为界，分东马道南、北街；还有北马道东、西街和南马道东、西街。

在明故城护城河外侧，因东城门名秉礼门，以门为界分为秉礼南、北路；北门名延恩门，分为延恩东、西路；西左门为归德门，又分为归德南、北路。这些不仅充分发挥了方位词的作用，而且也体现了曲阜城区的街巷特色。

另外，以城门内外的角度划分，命名方式为"方位词＋门＋大街"，如西门大街（在城西门内），东门大街（在城东门内），南门大街（在城东南门内），北关大街（在城北门外），西关大街（在城西门外）。

还有含方位词加以标志性建筑物为界划分而进行命名的，如鼓楼东街、鼓楼南街、鼓楼北街。

（二）曲阜城区的胡同的命名不仅便于人们记忆，而且还具有诗韵美和美好祝愿，注重了名称的美学功能

如柳春胡同、柳新胡同、柳明胡同、富国胡同、富民胡同、富强胡同等。

二、 反映地理文化信息

曲阜位于鲁中低山丘陵与鲁西南平原的结合地带，城内有天然泉水，适宜种植香稻，在城区街巷名中也能体现这一地理特征。

如金贵街（此地土壤肥沃，盛产香稻，故有"金贵宝地"之称）；稻香街（此地盛产香稻）。

曲阜地处平原，境内古有名泉多处，泉水甘甜清澈。曲阜城区的部分街巷名就以河、湖、池或泉命名。

以河命名的有：洙河西街（位于洙水河西），沂河路（位于小沂河之阳）。

以湖命名的有：滨湖路（因此路濒临小沂河，故命名为滨湖路）。

以池命名的有：池北街、池门口街、池东街（这三条街以古泮池为界）。

以泉命名的有：逵泉路（古代视逵泉为"神泉""圣水"，用逵泉浇灌的稻谷称之为"神品"，有"一家煮饭，十家飘香"之美誉，是历代地方官吏向朝廷进献之贡品，现成为旅游者争相购买之佳品。）、献泉路、跑泉街、双泉街、柳青泉街。

三、 反映历史文化信息

街巷名是不同历史时代的产物，许多街巷名的产生或更改，大都与各时代的文化特征相联系。从现在的许多街巷名中，我们往往可以窥探历史长河的各种踪迹。

（一）古地： 可以通过一些街巷名来了解曲阜的历史

官园街：此地原名为孔府菜园，傍园而居者多为种菜户。

县后街：在旧县衙后。

仓巷街：清代，此街西段有恤贫院和常平仓。《曲阜县志》记载："仓巷，旧常平仓及恤贫院在焉""瓦屋十四间"。常平仓为明代曲阜世尹孔弘复倡建，为积粮防歉之用，故巷以仓而名。

校场路：此地为古校场，故命名为校场路。

后作街：原街东、西均设有过街门阁。街中段南侧有孔府的后宰门和小后宰门，此门为孔府重大祭典宰杀牲畜之专行门。故名后宰门，街以门名之。新中国成立后，废祭而门闭。明、清时，此地为孔府酿造作坊，群众习称"后作"，新中国成立后，易名"后作街"。

（二）典故

有些街巷名的命名来源于民间流传的一些历史传说和典故。例如：

五马祠街：街中段路北原有明后期修建孔氏祠堂，名五马家祠（旧有石碑可考）。按《汉官仪》：五马为汉时太守的代称。孔尚经曾任知府，与太守平级，故其家祠名五马家祠，故命名为五马祠街。

天官第街：《续修曲阜县志》载"延恩乡街名三民街（原名天官第街）"。清康熙年间，此街有颜伯璟宅，璟治家甚严，教子有方，其三子皆为清康熙进士。故有"颜氏一母三进士"之美传。璟次子光敏，官至吏部考功司郎中，旧时吏部亦称天官，郎中相当于今部内司长。第，大的住宅之称，故世人称此家为天官第，街亦以天官第命名。

仁义街：此街初名柴市，清初时，有户商家，唯利是图，嗜财如命，不仁不义，不择手段。群众为教育他，引《孟子·梁惠王上》"王何必曰利，亦有仁义而已矣"之语意，将街改名仁义街。

仁义胡同：明隆庆年间，住着沈家两兄弟，兄弟俩名字为忠仁、忠义。沈家其宅正置于胡同尽头，而堵着胡同，群众习称死胡同。其中一种说法是忠仁、忠义兄弟分家为争一墙根打起来，后各向县衙送银两打官司。知县问清情况，劝解说："博爱之谓仁，行而宜之谓义。你们兄弟俩既名仁义，就应该名副其实啊！"并当场拿出各自送来的银两，叫他俩带回，兄弟俩悔愧交加，抱头痛哭，并感谢知县对他们的教诲。回家后，不光不争墙根，还各自让出部分宅基，于是死胡同通了，故人们称为仁义胡同。另一种说法是，沈氏兄弟俩分家时，为争墙根而打官司到县衙。为兄的老师在京城为官，便去信求师向县长说情，后老师回信赋诗曰：千里投师为一墙，再让一墙有何妨；万里长城依然在，不见当年秦始皇。忠仁阅信后深受感动，便主动的让开三尺许而重建墙垣。其弟忠义看到哥哥的做法被感动，所以自己也同样让出三尺。于是死胡同通了，起名仁义胡同。

（三）反映社会经济和文化活动

纸坊街：清代，席氏在街中段路南开设造纸作坊（民国初年停业），故命名为纸坊街。

棋盘街：系原曲阜城内商业荟萃之中心。街道两侧，店铺鳞次栉比，星罗棋布，像一棋盘，东西相对的商店像棋子，南北纵贯的街道犹如"楚河""汉界"，因此得名棋盘街。

兴隆街：清末，此地尚为一片空地，民国初年，魏、谢、王、张等户迁此定居，以经商为生，形成东西街，名为兴隆街。

新文化街：明末，街西段路北设都察院，清康熙五十一年（1712年）改为学使校士馆，又称考院，即兖州府考试东棚，是为孔、颜、孟、曾四氏子弟考试而专设。每逢试期，街上设有考棚，故名考棚街。清末废科举后，于旧馆址建山东省立曲阜师范学校，校门在此街西首，成为鲁中南传播文化的中心，故1923年改名新文化街。

随着改革开放的深入发展，以企业名称命名或冠名地名成为发展社会主义市场经济的产物，并且融入到日常生活中，无形中为企业推波助澜，提高了企业的知名度。如：裕隆路：由位居全国矿业百强的山东裕隆矿业集团有限公司坐落此路而冠名。

金皇路：由曲阜市金皇活塞股份有限公司冠名。是具有 40 多年专业活塞制造经验的生产企业，国家火炬计划重点高新技术企业和国家汽车零部件出口基地企业。

圣阳路：由山东圣阳电源实业有限公司冠名。是国内最早研制阀控密封式铅酸蓄电池的公司之一。

天博路：以生产汽车、摩托车零部件制造和销售机械设备、零部件业务的曲阜天博汽车零部件制造有限公司冠名。

不过，街巷名以企业名称冠名需慎之又慎，并不提倡。

四、 街巷名与社会文化和民族信仰

每个地方的居民生活在相同的文化圈内，总想给自己生活的地区的街巷取个吉祥或具有意义的名字。因此，在一些街巷名中往往寄寓着共同的社会心态和浓厚的民族心理特征。

庙在上古是供奉祖先并进行祭祀的住所，后扩大范围，供奉的还可以是神、佛、仙或是历史名人。曲阜城区许多街巷名因其所在庙而得名，是曲阜早期人们宗教信仰的真实写照，反映古人的宗教信仰和精神寄托。

如颜庙街：街西首路北为复圣庙，习称颜庙，是祭祀孔子最得意的学生，以"安贫乐道"著称的颜回所设立的庙宇，故以庙命街名；

城隍庙街：因街北口原有城隍庙，故名；周公庙街：亦名太庙、元圣庙。是为祭祀周公而设立的庙宇。此外，回族人在曲阜少数民族人口中占有相当大的比例，在街巷名中也能有所体现，如：清真巷。

五、 体现曲阜独特的文化内涵

孔子首创私学，传授六艺，删《诗》《书》，订《礼》《乐》，赞《周易》，修《春秋》，"重仁尚礼"的儒家思想学说，两千多年经久不衰，已超越国界，影响着全世界。截止到 2010 年底全世界的孔子学院或孔子学堂已达 500 所，目的是为了让世界了解中国，了解中国文化，成为世界传播中国文化的重要窗口。1988 年，诺贝尔奖获得者在法国巴黎发表宣言："人类要在 21 世纪生存下去，必须要从两千五百年前孔夫子那里寻找智慧"。因此曲阜城区主要街巷名称命名有出自于儒家经典中的耳熟能详的经典词语。

《论语》，是记载孔子生活中的言语，相传有半部论语治天下的说法。

弘道路：因其路既长又宽，故取《论语·卫灵公》"人能弘道，非道弘人"之语意。

有朋路：东至曲阜火车站，去火车站有迎宾朋之意，取《论语》："有朋自远方来，不亦乐乎"句首二字。

浴沂路：位于大沂河北岸，取《论语》："浴乎沂，风乎舞雩……"之句。

欲仁街：取《论语·雍也》"夫仁者，已欲立而立人"语意。

陋巷街："陋巷"始见《论语·雍也》："贤哉回也，一箪食，一瓢饮，在陋巷，人不堪其忧，回也不改其乐"之句。陋，狭小简陋的意思；巷，小于街的屋间道。证明在春秋末期，此地既有狭窄的小街，道旁为简陋的房舍。只因"安贫乐道"的颜回住此故而得名。

《尚书》：

好德街：好德为五福之一；长寿街：因寿为五福之一，又因街西段有市防疫站，故名。

《礼记》：

大同路：取《礼记·礼运》"大道之行也，天下为公，谓之大同"之意。

还有许多街巷名取自于《孝经》《诗经》《称谓录》等著作，不在此一一赘述。

孔庙、孔府、孔林，这片金碧辉煌的古建筑群见证了历代帝王的尊孔和劳动人民智慧的结晶。其中孔庙的正殿——大成殿，与北京故宫的太和殿、泰安岱庙的天贶殿并称为东方三大殿。作为举世瞩目的标志性建筑，曲阜城区必然有与三孔有关的街巷名。

如半壁街：在孔庙、孔府西墙外，街西为居民住宅，故名；护庙街：明正德八年（公元1513年）"移城卫庙"工程兴工，此街位于孔庙西南角，与半壁街相通，故名护庙街；神道路：此街位于正对孔庙门。神道原为至圣庙路，习称神道；林道路：北至孔林门前，路两侧皆有人行道，苍松翠柏。

六、 结语

文化的生命在于传播，语言是传播文化的工具，是文化的表达符号。地名又是历史文化的重要载体，是一个民族历史和文化的重要见证。儒家学说以孔子为宗师，在政治上主张有教无类，因材施教，重视平民教育和伦理道德的培养，这些都对中华民族文化的形成和发展产生了重大影响。只有珍惜和发扬自己民族的优秀文化，才能对世界文明的发展作出自己的贡献。

通过对曲阜市街巷名称的分析，我们可以深刻地感受到来自历史文化名城浓厚的文化氛围，我们将继续把历史文化名城作为曲阜建设的战略目标，把儒家文化及孔子思想发扬光大。

（作者单位：曲阜市地名办；济宁市民政局）

关于老地名保护的一些思考

秦佑斌

老地名作为地名的重要组成部分，带有浓厚的文化积淀。老地名保护是地名管理工作古老而又崭新的课题。近年来，随着各地经济社会、城市建设的迅速发展，老地名的保护及老地名文化的开发利用工作面临着新的挑战。

一、 老地名保护的形势

（一）老地名的范围

《说文解字》中对"名"的解释是"名，自命也"，这是一种动态的解释，即人们对某一事物的定名。而地名则是指人们赋予某一特定空间位置上自然或人文地理实体的专有名称，具有社会性、时代性、民族性和地域性等特性。老地名一般是指存在时间较长的地名，和一般的地名相比，其内涵相对丰富，有更大的保护价值和社会价值。

1. 老地名的时间范围。

目前，地名的历史要有多长，"老"到什么时候才算"老地名"，并没有统一标准可循。在具体的地名工作中，一般有三种说法：

（1）老地名特指古地名。这是范围最小的标准，适用范围过窄。

（2）一定年限前通用的地名即为老地名。在实际工作中，一般取辛亥革命以前或解放前的地名为老地名，对于建国后因为城市建设而形成的地名缺乏界定。

（3）有持续使用价值，当地群众认可度高，已使用一定年限的地名皆为老地名。这是范围最广的定义方式，可以对整个城市的地名命名系统进行有效保护，缺点在于范围过宽，可能出现多个地名冲突"打架"的现象。

在实际工作中，对这三种标准进行有选择的采用，综合衡量地名的历史文化特征和社会的接受程度。对老城区及城外重要历史遗迹周边一定范围内优先使用古地名，对使用时间长、群众认可度高的"新"地名也予以保留使用。

2. 老地名的类别

（1）按所代表地物形态分类：

a. 线状地物，如路街巷；

b. 河流，如泗河、府河；

c. 面状地物，如村庄、集群居民点；

d. 点状地物，如桥梁、路口等。

（2）按是否为标准地名分类：

a. 标准地名，即经过相关程序由地名主管部门进行命名的地名；

b. 非标准地名，一般是附近群众的习惯叫法，这类地名在社会上有一定的影响力，其中大部分是由于某些地物没有标准命名或标准命名时间过晚所致。

（3）按地名存在年限分类：

a. 古地名，这类地名一般有着相当长的历史，带有厚重的历史文化积淀，是需要重点保护的老地名；

b. 近现代地名，这类地名尽管历史相对较短，但社会认可度和可理解性较强，也具有一定的历史价值，如建设路、解放路等，有些是随着城市扩大出现的，有些是随着科技和社会进步出现的。如实小胡同、化工厂胡同等等，这些地名对于反映一个城市的历史发展，对于反映城市个性，对于增强市民归属感也有很重要的价值。

在老地名保护工作中，应遵循全面保护的原则，实事求是不教条，因地制宜、因"名"制宜，对于标准地名严格执行标准，对于尚未进行命名的优先使用群众常用的非标准地名，对已有标准地名但群众接受程度不高的进行综合衡量，对于无法命名的如路口等做好记录工作。

（二）老地名的保护现状

就全国范围内来看，目前老地名保护形势相对严峻：

1. 相关规定和必要的技术规范不健全。尽管在对重要老地名的命名、变更和使用等方面有着较为完善的政策规定，近年来也开展了很多老地名的全国性评选活动，但对一般老地名的保护范围、保护形式、综合利用等缺少具体统一的工作模式，各地在具体工作中无章可循、随意性较大。

2. 社会保护意识淡薄。对老地名的保护很多人理解为仅仅对一些著名古迹和著名历史地点的名称进行保护，对地名文化缺乏认知，对地名文化遗产的保护意识淡薄，这也客观反映出了目前我们对地名遗产保护的宣传力度不够。

3. 存在较多的老地名更改废弃现象。在城市化建设、资源开发和环境整治中存在更改或废止古老地名的现象，特别是在房地产开发过程中，过分求新求洋，给地名保护工作带来很大挑战。

4. 缺少系统的地名保护体系。目前地名保护还处在较为初始的阶段，一般仅仅是对有较高价值的地名进行保护，没有形成围绕某一重要地名对周边地名进行全方位保护的体系，保护的科学性和有效性不足。

5. 地名文化研究应用力度不够大。对地名的保护还仅仅是单纯的保护，并没有围绕老地名形成理论研究和应用体系，没有真正体现出地名文化遗产的价值。

二、 老地名保护的意义

老地名不仅仅是一个地点的标记，更是一种特殊的文化现象。在实际工作中，老地名的保护有着非常重要的意义。

（一）对提升城市软实力有着重要作用

地名保护对城市文化形象的塑造，有着非常积极的意义。有利于彰显城市个性，让城市保持和重构其地方性的特色，从而极大的提升城市的软实力和核心竞争力。

（二）有利于城市的经济发展

围绕老地名形成的文化生态圈能有力地促进文化创意等新兴产业的长远发展，同时独特的城市地名体系能提升对国外及境内投资的吸引力，从而促进经济发展。

（三）有利于统战工作的开展

老地名知名度高，特别是在海外华人圈和港澳台同胞群体里，很多人从小就经常听长辈谈论祖籍地的一些掌故，因而对这些老地名耳熟能详。城市大量保留老地名，能极大地增强他们的归属感。

三、 对老地名保护的一些建议

（一）加强地名管理的法制化建设

《地名管理条例》是国务院于1986年颁布的，其中缺少地名文化保护相关的条文，使地名文化保护缺少了法律的有力保障。在该条例修改前，各地应结合自身实际，尝试建立地名文化保护的长效管理机制，这将有力地推动地名文化的保护工作。

（二）开展老地名普查工作

地名管理部门要开展专门的老地名研究工作，对老地名进行调查摸底、逐条梳理。同时，要加强和党史、档案等部门的合作，广泛收集有关资料，开展研究工作，编写关于本地老地名的图书资料。必要时要充分发挥老干部、高等院校、研究机构的作用，将本地老地名的来龙去脉，趣闻轶事记录下来。可以依托国家地名数据库系统建设地方老地名数据库，用高科技手段保存主要信息。

（三）强化地名保护社会认可度

应该广泛宣传老地名保护的意义，传播地名文化，扩大老地名的影响力和知名度。同时可以开展"老地名进社区""老地名进学校"等活动，增强社会规范使用地名和对老地名的保护意识，提高广大市民的地名意识和保护老地名的责任感。

（四）加强地名文化保护的规划研究

进一步加强地名文化保护规划，避免地名命名工作中的随意性、盲目性和长官意志，提高地名的文化品位，增强地名的文化底蕴。做好地名规划，既要反映城镇规划意图、功能分区和建设特点，又要反映当地的历史、地理特征，体现地名的整体性、系统性，反映城镇的整体美，反映时代特征，使地名命名工作成为弘扬先进文化的重要媒介和载体，更好地为精神文明建设服务。

（五）处理好旧城区改造与保护老地名两者之间的关系

保护老地名与加快城市建设的步伐，两者之间的关系是互相促进，互为补充，两者之间是辩证统一的关系。随着城市建设的发展，一些地理实体可能不复存在，可将这个地方的地名移植到新建筑和经过改造的街巷上，或在区、社区、公交站牌等载体上使用，这样就可以更多地保留老地名，以使品位较高、著名的老地名得以传承。毕竟老地名是不可再生资源。因此城市开发和建设应注意保留老地名，实现老地名的文化传承。

（六）强化老地名标志的设置

要对具有历史保护价值的老地名进行梳理，会同文化、规划等部门的专家进行鉴定，报市政府批准并向社会公布，并设置统一的标志牌，标明名称、文化艺术价值、历史背景等内容。对具有历史渊源的街巷、园宅名称，在其路口两头或原址附近的建筑上，以镶嵌的方式修建记述反映当年情况及历代沿革和湮灭情况的碑记。

（作者单位：济宁市兖州区民政局）

浅论弘扬地名文化、实现地名标准化与市场经济发展的重要意义

杨明慧

地名——顾名思义，就是一个地方的名字，一种牵动乡土情怀的称谓。它潜藏着一种凝聚力、亲和力，还有复杂的情感。地名作为一种地方文化的载体，一种特定文化的象征，被赋予文化的外衣，充分证明了地名是经过一个漫长的历史演变过程，是伴随着人类社会发展而诞生的，在人类开始繁衍生存的时代，它只是一个符号，是人类社会文明进步的一个见证。随着人类文明的提高，经济文化的发展，地名又被人们赋予一种经济文化的内涵，因此地名是一种文化。

在传统的以自然经济为基础的手工业和小生产时期，文化产品的生产和经营难以形成规模经济效益。文化的经济价值，既不可能被充分地发掘，也不可能被充分地认识。西方社会的历史已经充分地表明，正是商品经济、市场经济的发展，成为催生一种以工业生产方式制造文化产品的行业即文化产业的巨大力量。在经济快速发展的今天，地名文化也越来越被人们重视，并频繁地被提上重要日程。

地名作为一个特定空间的标记，属于社会基础性的公共信息，属于社会共享资源，只要涉及地理方位就要用到地名。可以说我们每天都要与之打交道，既然地名是一种信息，那么，跟其他各类信息一样，正确的地名带给我们便利，错误的、混乱的地名则会误导我们，给我们造成各种各样的损失。所以地名标准化是我们现代生活的需要。

地名作为一种示位的标志，代表了一个城市的记忆和品位，也是体现时代文化的符号。所以我们说"地名是本地人的脸，外地人的眼"。方便外地人，也体现了一个村、一个县、一个省、一个国家的面貌和内涵。地名更是人们从事社会交往和经济活动广泛使用的媒介。我们每个人在每天的生活中都离不开地名，从早上的公园晨练，到上班、买菜都要涉及许多的地名。休闲时，朋友之间的闲聊、郊游，哪里发生了新闻，哪里遇到了熟人，也都首先要提到地名；在经济活

动中，无论是联系业务还是进货出货，都必须准确使用地名，才能减少不必要的麻烦，避免不必要的损失；记者撰写新闻稿，也只有准确使用地名，才能确保新闻的真实性；战争年代地图地名的精确更是战斗胜利的必备因素……在现实生活中，由于地名命名或地名使用的不科学、不规范带来麻烦的事情现象也时有发生，所以规范地名也是提升形象的需要和人们生活的需要。

地名是历史文化的遗产，很多地名都具有他非常丰富的文化沉淀和内涵。地名文化也越来越受到人们的关注，例如平邑县的固城镇是颛臾方国故城的遗址；铜石镇以产黄金及矿产为主，温水镇因温泉得名……细细品味这些地名，慢慢体会地名中蕴含的文化，让我们不得不佩服古人的聪明和智慧。地名沿袭到我们这里，我们有责任对一些有历史渊源的、有着良好文化底蕴的地名严加保护，不能想改就改、想换就换。对新地名的命名也要慎重，新地名要与当地的人文地理环境相适应，要与时代发展同步，还要体现地名的内涵和文化，不能以某个人的意愿想叫什么就叫什么，地名就像一个人的名字，叫起来再更改，会给人们造成很大的麻烦。因此，地名要保持它的稳定性、永久性，必须慎重起名、科学论证，实现地名标准化。

地名与人们的关系极为密切，是国际、国内以及各民族之间交往的重要工具，地名的称呼书写是否正确和规范，地名问题是否处理得当，关系到国家领土主权、民族尊严、民族团结、经济建设、国防建设。所以近年来国际上对地名标准化的要求也越来越迫切。

城市化进程是一个世界趋势，近年来市场经济建设不断深入，城市建设日新月异。我国广大地区的城市化进程随着改革开放的节奏加快了步伐，崛起的小城镇不断涌现。村庄变成了城镇，县市城区地域范围不断扩展，街道在延伸，道路在拓宽。城市的迅速扩容，带来了地名信息大爆炸，不少城市几乎每天都有新地名产生，一处处楼盘拔地而起，一条条道路星罗棋布，许多不规范的小区名，路街名层出不穷。一些不符合规定的洋名，低俗的名字应运而生，甚至出现封建迷信看风水测算名称的现象，扰乱了地名管理秩序，阻碍了地名管理适应经济社会发展的需要。这一切都需要地名行业在其中发挥更多的服务作用。例如，平邑县是一个拥有 100 万人口的大县，城区面积由原来 17.4 平方公里，扩大到 39.7 平方公里。随着城区面积的不断扩大，新小区、新建街道的日益增多，原来的名称远远不能满足城市建设发展和群众生活的需要，地名管理走信息化道路是实行地名规范化的重要途径，也是地名管理适应经济社会发展的需要。地名管理工作量大，关系复杂，而且历史跨度大，因此，如果不走信息化的道路，就很容易出现重名、同音或者不规范命名，无法实行规范化的管理。近年来我们国家地名数据库的建设以及地名设标都需要规范标准的地名及数据。

当前地名工作面临以下问题：

1. 地名政策法规不明确，出现多个部门都管或都不管的现象。

2. 地名管理执法力度不够，一些不符合标准的非法地名无法取缔。

3. 经费不够，需要设立专项经费用于公共服务建设。

虽然我们建立了国家地名信息数据库，但是很多地名信息数据还不够规范，不符合录入标准。给我们的工作带来诸多不便。我们要根据本地实际大力开展地名文化宣传工作，让更多的人了解地名、热爱地名、重视地名。尽快完善好地名公共服务工程，让地名更好地服务于群众。地名文化是人类社会发展到一定阶段的产物，要经过起源、发展和演变的过程。是人类交往不可缺少的工具，特别是当前信息爆炸的时代对地名更是有了新的要求，地名的正确使用不仅可以彰显历史文化、人文信息还可以促进经济发展。实现地名信息联网，启动地名公共服务工程，地名就能进行规范化的科学管理，从而达到地名管理适应经济社会发展的需要。这是有利于社会、有利于人民的公益事业，需要各级领导的重视和支持，并且加大财政投入。

加强地名工作管理，更是促进平邑县经济社会协调发展的需要。建设社会主义和谐社会，是经济社会协调发展的必然要求。实现经济快速高效、持续健康发展，是构建和谐社会的物质基础。地名信息是社会基础信息，经济社会的发展和政府对社会的有效管理都需要提供完整、准确、方便、规范的地名信息服务。当前我县经济运行速度明显加快，经济建设对地名信息的需求量越来越大，对快速获得和传递地名信息的要求越来越高。规范地名信息，创新服务方式，提高应用水平，不仅可以为经济社会发展提供便捷及时规范的服务，为公众参与政治经济和文化活动创造良好的条件，还可以为日益频繁的国际国内交流创造和谐的社会环境。

（作者单位：平邑县民政局）

浅谈城市建设与地名文化保护

袁春龙　　相琳琳

地名是一个城市的标签，既反映城市厚重的历史文化，又承载城市的发展与变迁。地名，尤其是在城市中存在了上百年的老地名，它们不仅仅是一条街、一座桥，它们见证了这座城市的兴衰，它们留存着这个城市的记忆，是城市的"名片"。随着城市化的发展，大量的新地名不断涌现，有些老地名则逐渐淡出人们的记忆直至被尘封，"名片"丢失了，这个城市也将会失去自己的特色。

一、　目前地名文化保护的现状

近年来随着城市建设的不断加快，城市改造一天一个样。特别是房地产大规模的开发，拆掉了一些具有历史文化价值的建筑物，一些老地名也不复存在，这其中地名文化保护工作受到了严重影响，表现在以下几个方面：

（一）建筑物名称混乱

近年来随着城市的大发展，房地产业发展迅猛，一些房地产开发商为有利于房屋销售，在地名起名上大做文章，远离中国优秀的文化传统，追求"西化""洋化"，搞"怪"立"异"，哗众取宠，不伦不类，如"世纪花园""滨河国际""联合世纪新筑""冠亚星城""瓯龙现代城""罗马帝国"等。对此，如果没有强有力的法律、规章作后盾，我们只能作壁上观，想管却又无能为力。

（二）老地名逐渐消失

随着旧城改造的加快，大量具有特色的老地名、老街巷大量消失。许多城市历史文化悠久，特别是旧城区一带留有很多文化气息浓厚的地名，是一笔重要的文化遗产,但由于种种原因特别是随着的大规模城市开发,许多老地名、街名被废弃湮没,许多标志性的建筑物或标志性街区被拆除,其中一些具有传统意义的老地名被"抛弃","古城"变"新城"。虽然一些老建筑和街区被拆除了,但一些蕴含着历史文化内涵的老地名是永远不会被人忘记的,因为它们记载着历史,传承着文化,陈述着历史故事和美丽传说。

中国地名研究所前所长刘保全在《加强地名文化遗产研究与保护势在必行》中说,在我国,由于对地名文化缺乏认识,因而对古老地名随意更改和废止的现象屡禁不止。在拥有一个全新城市的同时,是否一定要以牺牲历史文化作为代价?这些地名改动的理由就当时来看,都有一定的合理性,但将其放到历史长河中看,也不尽合理,严重破坏了地名文化资源,割断了历史文脉。在这方面我国就没有国外一些国家保护得好。在欧洲一些历史悠久的城市中,一些街道、广场和它的建筑,有的是在十五、十六世纪规划、设计的,但现在还沿用老地名,至今仍然不落后,而且成为城市文化的经典。因为它们能体现出城市的历史文化内涵,体现出历史文化的辉煌、厚重和发展。因此,地名文化的发展离不开继承与发展、挖掘与弘扬,如何把本土文化与世界文化相结合,提升民族文化,这也是值得我们研究和探索的。

二、 古老地名是宝贵的文化遗产

城市中的老地名又被称为"活化石",因为它记载了这个城市演变过程中的痕迹,具有鲜明的地方特色和文化内涵。地名文化是我国先进文化的组成部分,是精神文明建设不可或缺的重要内容,继承和弘扬地名文化,保护、研究、建设、宣传好地名文化遗产,对于研究华夏历史发展脉络和文化底蕴,弘扬中华文明和爱国主义精神,传承先进文化,振奋民族精神,具有重要的现实作用和深远的历史意义。

著名史学家安作璋说过,"地名是非物质文化遗产,与物质文化遗产紧密相连"。如果作为物质文化遗产的老街巷、老建筑消失了,由此而生的特色地名也就失去了很大一部分意义。当城市的发展,造成这些历史建筑的消失,再重修或者硬性保留这些地名，或许就显得很牵强。地名是城市的一种符号，没有了载体，这种符号就是虚的。如果载体和符号不相符，符号也就成了一个没有意义的代号。

临沂是一块历史文化底蕴深厚的土地，在这里先民们创造了闻名遐迩的"沂沭河细石器文化"，有着2500多年历史的临沂古城，享誉中外的《孙子兵法》和《孙膑兵法》竹简在这里挖掘出土。著名的政治家、军事家诸葛亮，书圣王羲之，大书法家颜真卿，誓死维护国家统一的英雄颜杲卿，最早的文艺批评家刘勰，著名的数学家、天文学家刘洪等历史名人从这里走出。八百里沂蒙大地山川锦绣，物华天宝，二千五百载琅琊古郡，人杰地灵，名人辈出。从琅琊古郡到红色沂蒙，再到大美临沂，在这辉煌历史的推进过程中，无不闪烁着地名文化的夺目光辉，正是这些历史老地名和现代新地名的交相辉映，使临沂地名文化不但厚重，而且愈加鲜活。

三、 地名文化保护的措施

城市在发展中，留下许多历史的痕迹，体现在城市的地名当中，它是城市最重要的精神文化财富之一，是城市历史文化和精神情感的根。地名文化保护做得如何，突出体现了城市的精神内涵和文化主体。如何在城市建设中保护地名文化，笔者认为：

（一）搞好地名普查， 确定保护内容

地名文化是不可再生的宝贵资源。随着经济发展和城市现代化进程的加快，城市地名发生了很大的变化，老地名消失，新地名不断涌现，为了让宝贵的地名文化在我们这一代得到全面保护，应对城市地名进行全面普查，尽可能详尽地了解掌握地名资源，摸清地名的历史和现状。理清保护范围，确立保护内容，系统认定、分类，为地名文化保护打下坚实的基础。

（二）增强保护意识，做好地名文化保护的规划

地名文化蕴含城市文化特有的精神价值，是城市文化的载体，每一个历史文化名城都包含大量的独具特色的地名文化。在城市建设中，我们应从历史和城市发展的角度，从提高城市文化品位的高度，充分认识地名文化保护的重要性和必要性，进一步增强责任感和紧迫感，加大对地名文化保护的宣传力度，使市民都能认识到地名文化保护与城市建设发展的意义和作用。在制定地名规划时，充分考虑对老地名进行保护，加强地名文化保护规划，避免地名命名工作中的随意性、盲目性和长官意志，增强地名的文化底蕴。做好地名规划，既要反映城镇规划意图、功能分区和建设特点，又要反映当地的历史、地理、人文特征，体现地名的整体性、系统性，包含时代特征，更好地为精神文明建设服务。

（三）保存老地名，规范新地名

地名保护不仅是要保存那些具有中国优秀文化内涵的老地名，而且对现今的地名也要注意保护，不能朝令夕改，应保持现今地名的稳定性。地名具有社会公共历史文化产品属性，蕴含了丰富的历史文化信息，一旦更改，历史事件、典故、文化就有可能随着时间的推移逐渐被淹没，各单位名称、印章都要更换，各种证件也要重新制作，这样必然增加一大笔行政管理和社会管理成本，造成社会资源浪费，给人们交流、交往带来不便。

要使现今的地名传承下去，一是要规范好地名命名。地名涉及广大群众的根本利益，地名命名应尽可能采用民主程序，让广大群众积极参与，只有得到大多数人认可的地名才能在社会上广泛流传，这不仅做到了集思广益，也体现了政府决策的民主化、科学化。如临沭县的道路命名前后经过广泛征集地名，征求专家意见，形成初步命名方案，再通过电视、报纸等新闻媒介征求意见，县政府批准正式命名方案，向社会公布等民主程序，取得很好的效果。二是增强命名的科学性，避免地名命名工作中的随意性、盲目性和长官意志，只有那些能反映时代特征、城镇整体美及地理特征的地名才能代代传承。三是理顺各部门的工作关系。使用的地名必须是经地名管理审核或公布的地名，如公交报站、规划部门使用的规划地名、房管部门批准的房地产项目名称。

（四）强化老地名标志的设置

对具有历史保护价值的老地名进行梳理，会同文化、规划等部门的专家进行鉴定，报上级政府部门批准并向社会公布，设置统一的标志牌，标明名称、文化艺术价值、历史背景等内容。对具有历史渊源的街巷、园宅名称，在其路口两头或原址附近的建筑上，修建记述反映当年情况及历代沿革和湮灭情况的碑记。

（五）加大宣传力度，营造保护氛围

为了使全社会更加了解地名文化的重要性，进一步认识地名文化保护深远的历史意义和现实作用，地名管理部门可以通过举办地名文化展览、举办讲座、互联网宣传等途径，使公众更多地了解地名文化的丰富内涵。在一些消亡的老地名原址上设立各种标示牌，说明老地名的含义和新地名的由来。通过各类新闻媒体开设专题、专栏，介绍宣传本地地名文化，在全社会形成保护地名文化的良好氛围。

随着城市建设的发展，一些地理实体可能不复存在，可将这个地方的地名移植到新建筑和经过改造的街巷上，或在公交站牌等载体上使用，这样就可以更多地保留老地名，使品位较高、著名的老地名得以传承。对于新地名的命名，要征求广大市民的意见，既要好听好记，反映城市新貌，又要和老地名在氛围上和谐一致，使地名、历史、文化、经济和谐统一。

（作者单位：临沭县民政局）

浅论地名文化在经济文化强省建设中的作用

邢　志

在经济和社会高速发展的今天，地名和地名文化为人们所熟知和应用程度与其社会价值作用尚不匹配，如何使地名文化建设在经济文化强省建设中将其作用发挥至最大，作为一名基层地名管理工作者，笔者尝试结合其发展现状和部分实例，就其价值背景、存在问题和改革方向，对此进行浅要分析。

一、　经济文化强省建设的背景和现状

2008 年山东省提出"努力建设经济文化强省，实现富民强省新跨越。"同时提出了"打造一批在国内外有重要影响、有山东特色的文化品牌，推动齐鲁文化走向全国、走向世界。并积极推进文化体制改革，建设覆盖全社会的公共文化服务体系，加快文化产业发展"新战略。发展理念和发展方式转型、传统产业体系转型、文化产业的政策支持是我省由文化资源大省向文化强省转变的前提和关键。

随着经济体制改革的逐步深化，全面协调可持续发展战略的提出，给文化建设发展带来新的发展机遇，各地纷纷探索开发文化阵地的前沿拉动作用，加之媒体文化的深化普及，文化产业发展也呈星火燎原之势。

以山东省庆云县为例，该县以海岛金山寺重建为契机，大力发展文化旅游产业，近年来取得了显著成效。香海禅林生态园、唐枣生态园、庆云宫、现代小商品批发市场等一批精品文化旅游产品相继搞活，"渤海明珠，吉祥庆云"品牌在央视展播，成为山东省首批十三个旅游强县之一。年均接待各地游客 180 万人次，旅游收入近 4 亿元。小商品博览会文化论坛、金山庙会等文化品牌深入人心，博物馆、文化馆等一批精品文化工程建设接近尾声。今年该县又提出了以建设渤海金山文化城为重点，建设一批文化产业项目和文化产业基地的蓝图。可以

说，以一座海岛金山寺为"引擎"，拉动了该县的旅游经济和文化经济的"车身"。地名文化、历史文化的魅力可见一斑，地名文化在经济文化强省建设中的作用不容忽视。各省、各地都在主打地名文化牌，"好客山东""一山一水一圣人"等品牌屡登央视，但是地名文化的价值魅力和经济活力，尚有巨大潜力可挖，经济文化强省的崛起之路，仍然需要努力攀登。

二、 地名文化建设在经济文化强省建设中的作用

（一）地名作为文化遗产的历史延续和发扬光大， 其应用对城市的发展定位作用举足轻重

地名之所以能称之为文化，是因为它蕴含着丰富的历史、地理、宗教、哲学和经济社会信息，地名是历史文化的传承、历史文化的印记。地名文化的价值逐渐被人们重视，已经被联合国列为非物质文化遗产。每一个古代沿袭地名、每一个历史景点地名，都包含着丰富的历史文化信息，可以折射一个城市的历史沿革、发展，能满足不同层面的人对历史、民俗风情等文化需求，能带给人深度的精神体验。文化的经济效应已在加速体现，地名作为文化遗产，其历史延续和发扬光大，对地域知名度的提高，城市旅游经济的快速提升，以及城市的发展定位起着举足轻重的作用。城市的发展需要科学定位，没有什么能比文化更具有厚重的承载力。尤其是承载历史文脉的地名文化，更需深度挖掘，挖掘的深度，直接关系到产业链条的衔接和延伸。

（二）地名文化是永久的城市名片

要把亮点擦亮，突出城市的文化效应，因为只有文化才有恒久的生命力。所以地名的规划和命名就凸显了其重要性。而如何将这张名片设计好、印刷好、使用好，是一门需要深度探讨的科学和艺术。

（三）要充分认识和利用地名文化在旅游经济中的促进作用

突出"文化旅游"理念，对于地方文化和经济发展作用巨大。地名的稳定

性、区域性、社会性特征，都可以衍生出其经济性。毋庸置疑，地名文化也是生产力，科学规范的新地名就是前瞻生产力。地名文化的历史沉淀，会越来越凝结出文化的光芒，充分利用和发掘这些资源，会有广阔的市场前景。五岳大川、普陀山、太阳岛等地理名称衍生的旅游文化效应和经济效应就是良好的示范。

（四）地名公共服务工程在城市建设中的作用

地名公共服务工程，包括地名规范、地名规划、地名设标和数字地名四个专项事务。城市建设工程对于经济文化强省建设而言无疑是十分重要的载体，而地名公共服务，在城市建设中不仅作为形象的硬件载体，还是深刻文化内涵的软件载体。而这个软载体，对于历史的传承、城市的定位和长久发展，具有尤其重要的意义。作为历史 DNA 的传承作用，意义尤其重要。

三、 当今地名文化建设存在的主要问题

（一）社会认知度、 建设利用率、 旅游景点的地名文化普及率偏低

政府对地名管理工作的宣传力度不足，造成社会各界对地名文化的认知缺失。各级对此项工作的投入欠缺，也造成了地名建设利用程度在城市建设中比重偏低。而旅游层面的地名文化低利用率也从一定程度上限制了地名文化对旅游经济的贡献。

（二）地名管理的标准化、 规范化、 科学化发展步伐滞后

单纯追求名人效应，争夺名人故里，生搬硬套，盲目建设，忽略了文化内涵的深度挖掘。商业冠名盲目俗套，削弱了文化色彩。各城市住宅小区、旅游景点命名不规范，盲从率高，缺少文化内涵。地名公共服务工程的规范化建设程度和普及率都需要进一步提高。政府引导不够，地名管理办法落实缺位，对地名文化的持续发展和城市文明的长远规划发展都是制约因素。

（三）政府对地名文化建设作为软生产力给予 GDP 的增长拉动潜力认识不足

这与思想解放程度和战略眼光是密切相关的。政府对此投入少，对周期短、效益快的形象工程投入大，文化层面的深层考虑少，忽略了经济建设与文化建设的关联性。"文化"二字停留在口头、纸张上多，真正利用少。地名文化作为文化层面的深层"隐者"，却往往被忽视。地名文化作为软生产力对文化经济和 GDP 的增长拉动不是短期行为，但其文化影响力、历史延续性和经济促进作用却是恒久的。开发和应用地名文化的前提是认识、重视、前瞻、规划和落实。

四、 地名文化建设及服务系统的改革与创新

围绕城市建设和旅游文化做深化文章，地名文化建设可对经济文化强省建设起到积极推动作用。

（一）城市建设规划和地名规划中老地名的保护

地名文化建设的历史和现实作用是毋庸置疑的。做好普查规划，对已经消失和即将消失的地名遗产加以挖掘和保护，应该成为一项日常工程，像定期修地方志一样。地名中蕴含的历史典故、文化信息要加以保护，不能朝令夕改，出现文化断裂。进行地名志编纂、地名文史资料的收集整理和出版也是对老地名的一种保护。同时，在规划中对新地名的命名，要注意文化层次和文化连续，文化内涵才是永久的生命载体。

（二）地名公共服务工程的普及与创新

山东省目前实行的"三位一体"地名服务系统，即地名网站、地名热线、触摸屏等。设置由政府投入，因宣传力度、设置数量、普及率等因素的限制，目前社会认知面仍很低，制约了城市建设和旅游服务的需求。要真正实现地名公共服务工程满足城市旅游和文化建设的需要，还有很多文章可做。如地域政区图、旅游图的更新普及，景点的地名特色标牌（可包含历史典故介绍）的统一普及，所有星级宾馆的旅游地名服务咨询，地名服务网站与政府网站进行链接，地名服务

热线与114并线等，上述这些都是可以实现的，关键还是思想认识和资金投入问题。

（三）围绕地名文化开发旅游线路

名山、名水、名人、名地效应，是开拓旅游市场的基本思路。老地名的遗产光芒与新时期的旅游产业开发息息相关。"一山一水一圣人""水泊梁山"等品牌建设，开发深度仍不够，没有取得预期的效应。旅游新产品开发中要注意改革创新、深度挖掘，围绕地名文化、地名遗产做特色旅游文章，不断培育增长点，拓展新旅游线路。要挖掘深层次的文化内涵，努力提高旅游产品的附加值。

（四）加大宣传力度，大力推动地名文化在经济文化强省建设中发挥作用

对承载历史文化内涵的地名文化来说，一定要加大宣传，整合资源，创新载体，依托地名文化进行非物质文化遗产的市场化运作。各类的文化产业园就是很好的载体。要增大地名所衍生民间文化艺术的发掘力度，既保证传统文化产品的继承和延续，也给新文化产品提供融合平台，满足不同层面人群的文化需求，更让传统的地域文化焕发新的艺术魅力。

（作者单位：庆云县民政局）

浅议滨州市沿黄河村庄"村名"文化

朱　兵　贾金林

　　滨州位于黄河下游、鲁北平原，地处黄河三角洲尾闾，素有"黄河边上最璀璨的明珠"之称，勤劳勇敢的滨州人民依黄河而居，饮黄河水、行黄河堤，在黄河淤淀的土地上劳作，日夜与黄河打交道，因此这里的风俗民情带有浓重的黄河文化色彩，仅聚居地的村庄地名就有百余个与黄河有关，有以黄河决口地点命名的，有以村庄与黄河相处方位命名的，有形容黄河河势形态的，有以抗洪、引黄命名的等。这些地名形象生动，多姿多彩，成为黄河文化的重要组成部分。

一、 以黄河决口命名

　　在古代，黄河屡屡在滨州境内决口，淹稼禾，毁室庐，给人民群众带来了巨大的灾难，所以滨州市以黄河决口事件命名的村庄很多，如李家口、小开河、河溃、陷棣州、姚家口等。据《滨州市地名志》载，现滨城区李家口村原名青龙镇，址在黄河滩内，清咸丰十一年（1861年）黄河在此漫滩决口，村毁田淤。患后，为示黄河曾在此决口，又因村民李姓居多，故将新村命名为李家口。滨城区小开河村，明洪武二年（1369年）立村，清光绪二十七年（1901年）正月初五日，黄河在五甲杨决口后，30余户村民被迫迁徙新址另建新村。新村建成后，为示黄河在此决口，遂定村名为小开河。据《沾化县地名志》载，沾化县河溃村，此处原为荒碱涝洼，1922年黄河在利津决口后，此处行水多年，逐渐被淤为良田，为示此处曾是黄河溃决行水之地，立村后命名为河溃。另据《惠民县志》记载，陷棣州原为棣州、厌次故城，始建于唐贞观年间（627～649年），唐朝皇帝曾封其子四人为棣州王，镇守于此。唐太和二年（848年）城被黄河决口冲陷，遂将棣州故城易名为陷棣州。另据《惠民县地名志》载：惠民县姚家口村，据该村《姚氏族谱》记载,姚姓始祖姚龙、姚虎、姚代兄弟三人于明洪武二年(1369年)由河北省枣强县迁至黄河南岸,立村姚家,清光绪十一年(1885年)三月初十日晚,黄河桃花汛决,黄河河道南移,姚家遂由居黄河南改居黄河北,次年,黄河在此又决,村名遂改为姚家口。

二、 以与黄河方位命名

滨州市的许多村庄依黄河而立,有居滩内者,有居堤外者,有居堤上者,因此,这些村庄多以与黄河的方位命名。如大堤庄、堤上邵等。据《博兴县地名志》载,博兴县大堤庄,此处原在黄河北岸,清光绪二十四年(1898年)黄河决口淹没北滩,原居住在河北岸的韩家墩、常王庄、辛庄等村民逃到黄河南大堤上建村,因新村位于堤上,故命名为大堤庄。另据《惠民县地名志》载,惠民县堤上邵村,《邵氏族谱》记载,邵姓始祖邵彦明于明永乐年间(1403~1424年)由河北枣强县迁至黄河大堤下立村,取村名为堤下邵,清雍正八年(1730年),堤下邵村中部分居民,移居堤上以防水患,遂取名堤上邵村。

三、 以黄河河势形态命名

黄河三角洲地区系由黄河淤积而成,土质松软,极易冲刷,黄河在这里时而自西向东流向,时而自南而北流向,瞬间可冲出一黄土高崖,也可冲出一深潭巨坑,故而一些村庄以黄河河势形态命名,如黄河崖、丁河圈等。阳信县黄河崖村,据《阳信县地名志》载,唐景福二年(893年),黄河从惠民南改道北流,流经阳信南,黄河北徙之后,居民于黄河故道的高崖处立村,定村名为黄河崖村。惠民县丁河圈村,据该村《丁氏族谱》记载,丁姓始祖丁从政在元至正年间(1341~1368年)由河北枣强县迁此,将村建于黄河拐弯处,村周三面环水,故命名为丁河圈村。

四、 以抗洪、 引黄等除害兴利命名

长期以来，滨州市的人民同黄河洪水进行了顽强的斗争，不断战胜洪水，取得胜利，建国后也兴建了一批引黄工程，让黄河为人民造福，因而，诞生了一些除害兴利的村名，如姬家沟、引黄崔等。据《滨州市地名志》载，滨城区姬家沟村系明前立村，位于黄河畔，初名姬家。清末，为防黄河水患，姬家联络附近二十四村共挖了一条防洪沟，沟在姬家村中穿过，排洪畅通，为防黄河水患起了很大的作用，村名易名为姬家沟。据《惠民县地名志》载，惠民县引黄崔村位于黄河险工处，明成化年间（1465～1487年）立村，原名小崔家，建国后在该村修建了引黄闸一座，开辟了引黄灌区，民甚得利，后将村名易名为引黄崔村。

五、 以歌颂大禹命名

今天的滨州市是大禹治水、疏通九河的主战场，大禹治水的传说在这里广为流传，有的村名就是为发扬大禹精神而命名的。据《惠民县地名志》载，惠民县大年陈乡禹王口村，位于黄河北岸，清末黄河经常在此决口，光绪十六年（1890年）黄河在附近刘旺庄决口后，村民发扬大禹治水的拼搏精神，堵复了决口，为激励后人继承大禹精神，遂取禹王口为村名。

六、 以黄河典故命名

黄河悠久的历史，产生了很多的典故，许多村庄就是以与黄河有关的典故命名。据《滨州市地名志》载，滨城区饮马庄村，因传赵匡胤下河东时曾在此处黄河边饮马休息，故取村名为饮马庄。据《惠民县地名志》载，惠民县二郎堂村原名西刘村，清末黄河决口，随水漂来一尊二郎神雕像，滞于村内，大水退后，村

民集资兴建了一座颇为壮观的庙宇，将二郎神供奉于大殿内，前来烧香祈祷黄河安澜者络绎不绝，村名遂易为二郎堂村。

综上所述，滨州市黄河村名注入了很多的黄河人文因素，是滨州人在长期与黄河共存共生中产生的，并且这些因素深深地植根于博大精深的黄河精神、黄河魂之中，对我们深入了解黄河地名文化必将产生积极的推动作用。

（作者单位：无棣县地名办；无棣县民政局）

论地名文化的和谐内涵

刘晓玲

　　地名是各个历史时代人类活动的产物，它记录了人类发展的历程，记录了自然环境的变化，记录了民族的融合和变迁，有着丰富的历史、地理、语言、民族、社会等科学的内涵，是一种特殊的文化现象。我国是一个历史悠久的文化大国，因此在地名方面也表现出深厚的文化沉淀。

　　纵观历史长河，无数地名闪耀，有的地名流传千年，至今沿用，为人津津乐道，比如泰山、黄河、长江等脍炙人口的地名，已不再是一般的地理名称，它早已融入了中华民族的情感中，它与人民群众的和谐与默契，超越了一般地名的范畴，成为中华民族的象征。有些地名虽流行一时，但稍纵即逝，早已被扫入历史的"回收站"。是什么原因使地名有如此天壤之别？笔者认为，地名的文化内涵是决定地名生命力的重要因素。地名文化是人类社会活动中积淀在地名中的物质和精神成果的结晶，地名文化以地名语词为先导，以实体地名为特征，涵盖人文历史和自然地理的各个方面，地名文化具体包括地名历史文化、地名地理文化和地名乡土文化等。当地名文化与历史的、民族的、地理的、人文的等文化相互和谐融合时，这种地名就会有着绵延的生命力，穿越千百年的朝代更替、烽火战乱、民族迁徙，一直伴随着民族的延续来到我们的身边。通过它我们看到了一个民族的历史，一种文化的传承，这种地名是民族文化的瑰宝、是珍贵的文化遗产。因此地名文化中的和谐内涵是值得珍惜和研究的。笔者就地名文化中的历史文化、地理文化和乡土文化三个方面的和谐内涵谈谈自己的认识。

一、　地名历史文化的和谐内涵

　　地名和历史文化息息相关，密不可分，两者相伴而生，共同发展演变，互为表里、互相依存，地名是传统文化的表征，中华民族的优秀文化丰富了地名的内涵。

（一）地名折射出人与自然的和谐

中华民族有着数千年文明史，"和为贵"始终是中国社会思想的主线，渴望和谐、追求和谐，作为中华民族的一种精神特质，深深地铭刻在人们的心田，融入人们的血液中。"和谐"一词在中国古代本用于音乐，是指音乐的合拍，韵律的协调，"和"字是指不同的乐器发出高低、音质不同的声音，和在一起产生了美妙的音乐，其引申义就表示各种事物有条不紊、井然有序和相互协调。中国传统文化中的"和谐"是一个含义十分丰富的概念，它代表着从人的内心世界到人伦关系，再到社会、政治、宇宙的多层互动的、协调发展的系统。"和谐"是中国传统文化的精髓，在地名文化中处处闪耀着和谐思想的光辉。

《易经》被称为中国传统文化的原点，古人云：不明《易》者，不得为相，不通《易》者，不可行商。德国辩证法大师黑格尔在《哲学史讲演录》中说："《易经》，包含着中国人的智慧。"《易经》提出"太和"是和谐的最高境界，《易经》的"太极图"则是对"和"思想的形象表现。笔者认为中国第一名山——泰山的名称就直接取自于《易经》的第十一卦：泰卦。彖曰：泰，小往大来，吉亨。则是天地交，而万物通也；上下交，而其志同也。内阳而外阴，内健而外顺，内君子而外小人，君子道长，小人道消也。象曰：天地交泰，后以财（裁）成天地之道，辅相天地之宜，以左右民。《易经》看来，天地之间与人类社会有时会出现一种不多见的交通和畅的最佳状态，这时天地相交、阴阳非常和谐地统一在一起，万物因而发育成长，这种状态就叫作泰。泰就是古人眼中的和谐社会。因此，泰山之名承载着厚重的传统文化内涵，汇集了中国古人思想的精华，被赋予神圣的历史责任。泰山之名体现了中国传统历史文化中"天人合一"的最高境界，它的内涵有无限之广，它的历史也将会有无限之长。

（二）地名折射出人与人的和谐

《易经》的精髓就是"和"，提出"太和"是其追求的终极目标。《周礼》

则提出"以和邦国，以统百官，以谐万民"。儒家创始人孔子曾把"和"视为做人处事的重要标准，提出"礼之用，和为贵"。他还提出"君子和而不同，小人同而不和"，孟子也曾论说，"天时不如地利，地利不如人和"，就是说，要想做成事情，最重要的是人与人之间的和谐关系。荀子也曾论述"和则一，一则多力"，以及范仲淹"政通人和"的理想等，都包含有浓厚的和谐思想。千百年来中华民族崇尚美德、注重修养，《礼记·大学》中的"身修而后家齐，家齐而后国治"是传统知识分子尊崇的信条，"正心、修身、齐家、治国、平天下"的人生理想是几千年来无数知识者的最高理想。这种身心合一的和谐思想深深影响着中华民族的思维方式、心理结构、价值选择、伦理道德和行为方式。这一和谐内涵在地名文化中有着充分的表现，比如济南市的道德街、七贤镇、贤文庄、四川的仁和镇等地名反映出中华民族崇德重义、仁爱胸怀、律己修身的道德情操。

中国古人认为，家庭的和谐是社会的基础，因此，对建设和谐家庭非常重视。"家和万事兴"，在家庭关系中强调"孝"，孝是对父母的尽心奉养和绝对服从。子游问孝，孔子说："今之孝者，是谓能养。至于犬马，皆能有养。不敬，何以别乎？"今天，国人将对父母的孝视为一个人必须具备的优秀品格。山东平阴的孝直村原名孝侄村，据李云《墓志铭》记载：孝直村系"维山之岗，维水之傍，翔鸾之乡，孝直其里，既孝且直，子孙其嗣，积善传芳，终天无已。"孝直的由来缘于古老的传说，一个贫苦的老人被自己的儿子所弃，投奔侄子，侄子一家悉心地照料老人，始终如一，最后为其养老送终。之后侄子孝敬老人的故事广为流传，后来，人们为了弘扬忠厚耿直、孝敬老人的崇高品质，就把这个村子称为孝侄村。再后来，人们依其谐音又将村名改为孝直村。济南市历城区的闵子骞路，则是直接采用中国二十四孝中闵子骞的人名作为路名。在台湾也有忠孝东路、仁德、至厚、德和等浓厚儒家教化色彩的地名。

注重传承健康元素，以美德润名是中华民族的传统。无论是道德街还是孝直村，这些地名都融合了中华民族忠孝、仁爱、贤良的优秀传统美德，直接反映了传统文化中人与人相和谐的重要元素。这种地名不仅有识别地方的作用，还起到了教化、感化人民，宣扬优良传统的作用，告诉人们要遵守道德规范，做到忠、孝、贤、爱、仁。

（三）地名折射出中华民族的和谐

几千年来，在中国古代文明滋生的这块东方沃土上，先后生息和居住过许多民族。经过众多民族的相互融合，漫漫演变而形成了瓜瓞绵绵，枝繁叶茂的中华民族。追根寻源，我们找到了中国华夏民族的发祥地——涿鹿。河北省涿鹿县境内有涿鹿山，古称独鹿，形似一只梅花鹿，山前有一条溪水名涿水。据《史记》记载，黄帝与炎帝"战于阪泉之野"，与蚩尤"战于涿鹿之野"，最后"合符釜山，而邑于涿鹿之阿"。中华三大文明始祖炎、黄、蚩在涿鹿这块土地上厮杀、磨合，那是一场青铜与石器的碰撞，是一场文明与野蛮的搏杀。经过残酷的竞争，汰劣存精，最终"涿鹿茫茫百草秋，轩辕曾此破蚩尤"。至此，以炎帝为代表的夏族和以黄帝为代表的华族与蚩尤为代表的"九黎集团"的多氏族、多部落相互融合，实现了整个中华民族的大融合、大统一，涿鹿成为华夏民族的发祥地，中华文明的摇篮，中华传统文化的根源。涿鹿之名拥有古老、深厚、辉煌的历史文化，是华夏各族相互冲突、交往、融合、发展的见证，是中华各民族和谐相处的开始。可以说中华民族从诞生之日起就奉行宽容、融合的理念，具备海纳百川、协和万邦的包容气度，追求和谐发展的目标。因此涿鹿这个古老的地名能够世代相传、沿用至今，具有强大而旺盛的生命力。

二、 地名地理文化的和谐内涵

地理是横的历史，历史是纵的地理，地名便是这纵横网络线脉上繁星一般的标记，是人类活动空间相关实体、物体的特定的声像符号。世界各族人民按地理因素命名的地名最为普遍，是主要的地名命名方式之一。经过漫长的历史考验，具有地理性特点的地名，形象、生动、明了、易懂，自古以来为人民大众喜闻乐见。

地名的命名是有章可依的，与周边地理景物的和谐一致是一个重要的法则。此类地名的命名是人们首先对客观对象进行感性认识，依靠的是感觉和想象，在此基础上由比喻式的词或词的比喻义，采取一些通俗、明确、形象、易记的词汇来构成。桂林的象鼻山是最具代表性的地名，这类地名多以地理实体的某种景色特点命名，地名专名所用词汇与地理现象或形象协调一致，形象生动，是地名与环境和谐的最好例证。还有甘肃省敦煌的月牙泉，在无边的黄沙之中，一湾清泉，涟漪萦回，碧如翡翠，其名、其景、其情融合得相得益彰、天衣无缝，令人叹为观止。其他还有：台湾省的日月潭、山西省的五台山、南京市的燕子矶、云南省的石林等。更令人感叹的是有的地名是与自然地理实体的声音相和谐，比如福建省厦门的鼓浪屿，看到这个地名我们的耳边就会传来阵阵的海浪声，眼前会浮现出美丽的大海和浪花，地名将这个岛屿的形态、所处环境及特点，形象地融合协调起来，将形、音、景和谐地融汇于一个地名中，这就是"鼓浪屿"地名的传神之处。另外还有江西省湖口的石钟山、四川省涪陵的铜锣峡等地名也有异曲同工之妙。

三、 地名乡土文化的和谐内涵

中华民族五千年的文明史，九百六十万平方公里的土地，东西南北各有各的风俗习惯，五十六个民族各有各的民俗风情，不同的地区有不同的戏曲形式，各地有各不相同的乡土风情文化，地名与各地的乡土风俗习惯有着千丝万缕的联系。比如地名通名"疃、夼、埠"属于胶东方言，只通行于胶东地区，山东省乃至全国的其他地区非常少见。"夼"，意为洼地。因胶东地区，多为低山丘陵，多数河流是独流入海，一般造不成洪涝灾害，人们在建村时，主要考虑用水方便，所以不少村庄是建在地势低洼之处。同时按胶东人的方言口音，读之上口，因此"夼"字被普遍运用。"疃、埠"与之相同。这类地名与当地的方言发音相协调，朗朗上口，当地老百姓用方言读起来非常好听，是具有浓厚当地语言特色的地名。与此类似的还有江浙吴语地区特有的"浜、泾、浦"等，福建闽语地区的"坂、埕、隔"等通名形式。

在中国云南、贵州有许多生肖地名，如鼠街、马街、牛场。十二生肖是古代中国人用来代表地支以纪年月日的特征动物。以动物纪年的方法最初起源于我国古代西、北部从事游牧的少数民族中，《唐书》载："黠戛斯国以十二物纪年，如岁在寅，则曰虎年"。《北史宇文护传》载其母致护书曰："昔在武川镇，大者属鼠，第二属兔，汝身属蛇。"说明南北朝时生肖已普遍用来纪年，至今民间仍然使用，俗称为属相。云、贵当地自古就有赶场或赶街的生活习俗，大约历史上这一带集市以十二天为一期。如果某地是在子日那天赶集的，那么就管这个地方叫鼠场或鼠街；如果是丑日，那么就叫牛场或牛街，如此等等。这类地名是民间生肖纪年与当地百姓生活风俗习惯融合为一的产物，具有鲜明的地方特色。

综上所述，一个好的地名必然与中国历史文化、周边地理环境、百姓的审美情趣、当地的风土人情等和谐统一。我国地名文化含义浓厚是世界上独一无二的，文化适应了地名，地名反映了历史文化，反映了国家安定，百姓安居乐业、崇尚仁爱道德的和谐内涵。在建设和谐社会的今天，地名工作者要继承传统文化精神，吸收传统文化的滋养，将和谐的理念融合到地名管理、地名规划工作中去。在地名管理工作中要充分保护老地名，保持其原生态，因为老地名承载历史、弘扬文化。老地名的背后有着众多的歌谣、故事、典故，更有历史文化。经过大浪淘沙，留下来的都是精髓，这些文化应为人民造福。地名规划就是以当地的发展规划蓝图为依据，对所需的地名按照相关法规的要求，结合当地的实际情况，预先进行的地名标准化和地名结构科学化的总体设计。地名规划要体现当地的历史文化内容，与当地的地理特点相协调，与当地的民情民俗相一致，与人们的审美情趣相统一。同时地名规划还要兼顾地名与地名之间的协调、联系。因此要充分关注地名与人、地名与自然、地名与地名之间的协调关系，力求达到"和而不同"的和谐统一的境界。

（作者单位：山东省地名研究所）

结合临清市城市地名规划
浅谈对地名文化遗产的保护

岳　红

　　地名文化是中华传统文化的重要组成部分，许多著名的地名是中华文明的重要标志，有着丰富的文化内涵和永久魅力。继承、发展和有效地保护地名文化遗产，是弘扬传统文化的需要，是推陈出新、古为今用、服务现代经济社会发展的需要，也是树立科学的发展观，建设社会主义先进文化的需要。临清市是历史文化名城，有着丰富的地名文化遗产，随着城市化进程的加快，城市地名规划工作提到议事日程。如何既科学合理地搞好城市地名规划，又有效地做好地名文化遗产保护工作，是摆在我们面前的一个重要课题。

　　以下试从临清市城市地名规划的实践出发，作以浅论。

一、 正确认识地名文化遗产在经济和社会发展中的作用

（一）历史依据——求源性、 延续性和认同感

　　我国有五千年灿烂的文化，其底蕴之深厚、涵容之博大、影响之深远，为世界所瞩目。而中国人向以尊古述古、注重渊源、慎终追远为美德，以寻根溯源、阐幽发微、寻幽览胜为韵事，中国的地名文化，就集中反映了这种独特的文化现象。

　　地名文化的历史意义在于地名本身的历史渊源及其自身的文化承载量。历史发展的有序性、文化的延续性，使地名这一地理概念虽经历史沧桑变幻而趋于稳定统一。因此尊重和有效保护地名文化遗产，就是尊重历史、保护文化。

　　千年古县、运河名城临清历史悠久，文化繁盛，人文古迹众多，影响历久弥新。考诸史志，临清建县制于西汉，得名于后赵（临近清河而得名），后因

运河而兴盛成为明清时期运河四大名城之一，从明洪武到清乾隆辉煌 400 年，"繁华压两京""富庶甲齐郡"。受运河文化、商贾文化、《金瓶梅》文化浸润形成了独特的地名文化。其中如运河码头、津渡、官仓、钞关、漕运官署等历史地名；与生产皇砖有关的砖厂、窑厂遗址而命名的村、街名；《金瓶梅》中的原型实物，如晏公庙、太监砖厂等地名，可谓丰富多彩而且至今沿用，它们是运河名城临清的历史见证，同时也承载了人们深厚的感情。提起这些老地名，人们就能感到背后一段段厚重而辉煌的历史，从而增强人们的认同感和自信心。

（二）地理名片——鉴古察今、服务发展

一个地名以及它所蕴含的历史，是一个生动的地理名片。保护地名文化遗产的客观要求就是探寻文化渊源、发挥恒久魅力、打造新的平台，从而服务经济和社会发展。历史文化是民族自信心的源泉。一个好的地名所蕴含的精神、色彩和风貌，往往具有无穷的感召力，不仅记载着过去的辉煌，而且对于现实的发展有着积极的推动作用。例如许多历史文化名城和旅游胜地，纷纷打造历史文化品牌，搞地名产业开发，推动了区域经济的发展。近年来，临清市发挥历史文化优势，着力打造"运河名城"品牌，实施以地名文化助推经济发展的战略。如先后开展了运河文化申遗活动、千年古县申报活动、《金瓶梅》文化交流活动、中州古城规划活动等。这些活动中，地名文化遗产起到了不可替代的作用，同时也引发了对地名文化遗产保护的认识。特别是当前实施城市地名规划，市委市政府高度重视，提出了"坚持以人为本、科学发展的理念，运用地名学原理，挖掘我市以运河文化为主体的丰富历史文化内涵"的指导思想，要求"对历史地名、古地名、老地名的使用、重新启用、派生规则、保护措施等进行规划"。这样，确保了城市地名规划工作的有序开展，也使地名文化遗产保护得到制度化保障。同时，有了城市地名规划和地名文化遗产保护的文化铺垫，对于打造"运河名城"品牌、促进经济、旅游业和文化产业的发展有着十分重要的意义。

二、 兼容并蓄， 推陈出新， 科学合理地保护地名文化遗产

地名文化的时代特色，决定了它是一定历史发展阶段的产物，但随着时代的发展，特别是现代经济社会下，新事物、新观念大量涌现，对传统地名带来极大冲击，因此保护地名文化遗产成了一项严峻任务。从基层地名工作的实践来看，做好地名文化遗产保护，必须坚持科学的发展观，要客观实际地分析情况，分类鉴别，分级保护，兼容并蓄，并且有甄别，有扬弃，推陈出新。

（一）重点保护影响久远、 知名度大、 特色鲜明的地名

有些地名往往是一个地区、一个城市历史发展与演变的标志，或者是与著名的历史事件、历史人物相联系的。这些地名如果湮灭将是历史文化的缺失，因此对这类地名要重点保护。临清市县治历史上几经迁徙，治域多次变迁，遗留下不少遗迹。运河时代，漕运官署、钞关、砖窑、商贾行市、回族居住区等特色鲜明的地名影响久远，与皇砖、《金瓶梅》等有联系的地名，至今让人乐道，这些都是重点保护的对象。除了官方史志记载，《金瓶梅》等小说中对临清城的描述亦是浓墨重彩，如"江北一大繁华都市""三十六街七十二巷"等等。而来自民间进行文物保护的呼声也是相当高涨，不少人自发从事与临清历史文物的发掘整理工作，甚至绘制古临清街市图、中州图等，给政府城市地名规划和中州古城建设规划提供了有力的佐证。

（二）发掘和挽救日见式微的地理名词

由于历史变迁、政治运动、新文化、新概念冲击等较多原因，一些原来的地名渐渐被人淡忘，甚至退出了历史舞台，这其中，有些在历史上确有影响的或带有重要历史标志性的地名，应予以发掘和挽救。例如古临清治区汉魏时在清河以西，包括秦汉前著名的古沙丘遗址，古沙丘在历史上曾辉煌一时，曾与历史名人商纣、秦始皇、赵武灵王有关。古时文人亦曾称临清为沙丘，而运河临清码头上也有"沙丘古渡"遗迹，但长期以来因临清地域迁徙，而割断了临清与沙丘这一地名的关系。现在，随着市场经济的繁荣，文化现象兴盛，又出现了以沙丘命名

的地名和店牌门号，这引起了我们的高度重视。另外临清市东南 10 公里有汉贝丘古城，明清时失名，后人因近古城墙而命名为近古村，为保护历史遗产，拟改近古村为贝丘村。

（三）对新建小区、 大型建筑物、 园区的命名应尊重原地原名的历史文化

随着城市开发的不断加大，新建小区、园区、大型建筑物大量涌现，为了体现良好的城市形象和文化特色。对建筑区命名要严格把关，要求本着尊重原址原名和历史文化的原则，严禁出现古、怪、洋、大等不协调的地名。如临清市御临苑小区，以乾隆下江南途经临清曾驻跸于此的遗迹起名；古楼小区，以古楼遗址得名；颐清园以临近清河而有温泉得名，皆有依据可考。而对于有些新建小区，冠以无可稽考的生僻怪名、并无实物的山、湖、海、岸、岛等等，均予以取缔，以维护地名的标准化和严肃性。

三、 借助城市地名规划， 形成地名文化遗产保护的有效机制

这次城市地名规划，是政府主导的一项重要工程，是推进地名标准化进程和提高地名管理工作规范化、科学化的需要。按照地方特色鲜明、区块主题明确、点面层次清晰、空间覆盖完整、相互联系规律的总体要求，运用地名学原理，挖掘我市以运河文化为主体的丰富历史文化内涵，彰显我市独特的城市精神风貌，使地名名副其实、规范有序、彰显文化、雅俗共赏、体现规划、好找好记，不仅能更好地实施地名公共服务，而且使我市地名文化遗产得到制度化法制化的保障，进而形成地名文化遗产保护的有效机制。

地名工作是政府行政工作的一项内容，做好地名文化遗产保护工作，必须严格按照国家的法律、法规和政策，做到科学管理、依法行政。保护地名文化遗产就是保护历史和传统文化，它是一项政治性、政策性很强的工作。借助这次城市地名规划，有效地利用政府主导、组织落实和协同管理的有利时机，加强对地名文化遗产的发掘、宣传和保护工作，要有理有据，有的放矢。同时，对于新地名的审批命名要严格把关，确保不悖于历史。

四、 通过城市地名规划和地名文化遗产保护， 有条件、 有步骤地开展地名产业开发

地名产业开发是市场经济下地名文化产业化、市场化的客观需要，是文化经济的一种表现形式，要充分利用具有可开发价值、富有经济发展潜力的地名文化，打造地名知识经济。我市地名文化遗产底蕴丰厚，开发"运河名城"品牌文化、《金瓶梅》文化前景广阔。目前，中州古城建设、《金瓶梅》文化街建设、重点文物遗址修缮改造、饮食文化街建设等已成效斐然。事实证明，搞好城市地名规划，合理保护和有效开发地名文化遗产，使得天独厚的地名文化优势充分发挥出来，融入市场经济，这是建设现代化城市、促进经济和社会事业又好又快发展的需要。

总之，结合城市地名规划做好地名文化遗产保护工作，是当前地名工作的一项重要内容，它符合科学发展观的客观要求，也是服务经济社会发展和建设社会主义先进文化的需要。保护地名文化遗产，就是保护历史、保护文化的延续性，是历史赋予我们的重要任务，要切实抓紧抓好。

（作者单位：临清市民政局）

胶东沿革考

李炳印

　　山东半岛位于我国东部沿海，它突出于黄海和渤海之间，同辽东半岛遥相对峙，成为京津的门户，地理位置十分重要。人们在习惯上又称山东半岛为胶东，其实，山东半岛与胶东是两个不同的概念，它们所代表的地理实体也各不相同。山东半岛应以北起无棣县大河口，东南至日照市绣针河口，划一条南北线，以东地区为其地理范围，它包括烟台、青岛、东营三市及滨州、日照二市的东部地区。而胶东之地则是指南北纵穿山东半岛的胶莱河、胶河以东的地域，其范围包括了烟台市、威海市及青岛市的大部，还有潍坊市最东面的一部。"胶东"这个名称，已有两千多年的历史了。随着时间的推移，"胶东"的真正含义发生了很大的变化，它曾以行政区划名称变为地理区划的概念延续至今。如今与"胶"字相关地名的还有胶州市，胶州湾、胶河、胶莱河等。在胶州市原有一个胶东镇，现已改为胶东街道办事处。

　　胶东之名，出现很早，秦朝就设置了胶东郡。是因位于胶河（时称胶水）以东地区故名。公元前207年，秦朝覆灭，在楚汉战争之际，楚将项羽自立为"西楚霸王"。他先后分封了十八个诸侯王，其中有胶东王，《史记·项羽本纪》："徙齐王田市为胶东王"。并置都城于即墨（今在平度境内）。汉代郡国并行。汉初置胶东国，《汉书·地理志》记载说："胶东国，故齐。高帝元年（公元前206年）别为国，五年复属齐国，文帝十六年（公元前163年）复为国"。此后，或为郡或为国。汉景帝前三年（公元前154年），胶东王刘雄渠参与了"七国之乱"，叛乱平息后被诛，胶东国也因之改为郡。次年"立皇子彻（即汉武帝刘彻）为胶东王"（《史记·孝景本纪》）胶东郡亦因之改作国。到了景帝前七年，立胶东王刘彻为皇太子，进住京师，胶东国又改为郡。景帝中二年（公元前148年），又封他的次子刘寄为胶东王，胶东郡因此又改为国。汉武帝时，为了加强中央集权，分全国为十三个监察区域，称"十三刺史部"，胶东国属青州刺史部。

当时胶东地区除胶东国外，还有东莱郡及琅琊郡的一部。西汉末年，王莽篡政，乱改地名，改胶东为郁秩。但当短命的新莽政权倒台后，即复其原名。

东汉建武十三年（公元 37 年），胶东国被撤销，其辖县并入北海国。由即墨县析置胶东县，其治所在今平度。东汉末年的"州"由监察区域变为地方最高一级行政区划，胶东县属于青州北海国。三国时，胶东县仍属曹魏青州北海国。

西晋仍置胶东县，属齐郡。胶水以东地区分属东莱国、长广郡及齐郡、城阳郡的一部分。

南北朝时期，初属刘宋政权，后刘宋南迁，在南方侨置郡县，将胶东县侨置于郁州岛上，属北海郡。南齐时，据《南齐书·州郡志》：记载，胶东县仍属北海郡。

北魏占有淮北后，沿袭前代行政区划。胶东县仍属北海郡，但此时胶东县已不在胶水以东了。《魏书·地形志》：胶东县"有逢萌冢"。而逢萌冢在今昌邑县。《太平寰宇记》："逢丑父坟在县（昌邑）南五里"。又据《续山东考古录》："按今县南五里逢丑父墓实逢萌墓"。清《山东通志》也认定："魏自今平度徙置"。其治所在今潍坊寒亭区境内。而今昌邑、寒亭均在胶莱河以西。当时胶东地区属光州，下辖三郡十四县。北齐初改北海郡为高阳郡，天保七年（公元 556 年）撤销了胶东县的建置，其地并入下密县。

隋代无胶东县，开皇六午（公元 586 年）于已废的胶东县置潍水县。胶东地区属莱州，辖掖县、胶水、卢乡、即墨、观阳、昌阳、黄县、牟平、文登九县。州治掖县。

唐初胶东之地分属登、莱二州。武德二年（公元 622 年），析潍水县置胶东县。时隔五年，唐太宗贞观元年（公元 627 年），又撤销胶东县并入胶水县（《新唐书·地理志》）。至此而后，胶东这一政区名称湮灭了一千多年。

北宋胶东地区属京东东路，有登州、莱州和密州。北宋中期，隶属于京东东路密州的板桥镇就已经成为中外海商繁荣的口岸。板桥镇就在现在胶州城。因板桥镇地处风平浪静、自然条件优越的胶州湾北岸，有唐代对外贸易的基础，因此越来越受到北宋朝廷的重视。元祐三年（1088 年）析高密板桥镇及诸城地复置胶西县，属密州，同时还置市舶司、临海军使驻此，足见当时的地位之重要。板桥镇到京城交通便利，来自朝鲜半岛、日本列岛、南亚，甚至西亚的商船多在此通关。进出胶州湾的中外商船络绎不绝，买卖极为繁盛，从而使板桥镇成为北方唯一设市舶司的东方海上丝绸之路大口岸。

金属山东东路，有登州、莱州、宁海州和密州胶西县。

元初于胶水上游地区置胶州，辖胶西、即墨、高密三县，治胶西县。胶东地区分属莱州（辖掖县、胶水、招远、莱阳等四县）、登州（辖蓬莱、黄县、福山、栖霞四县）、宁海州（辖牟平、文登二县）及胶州即墨县。元世祖时开掘胶莱运河以通海运，而避成山头之险。从此形成了北以胶莱河，南以胶河以东地区统称胶东的地理概念。

明代，胶东地区属莱州、登州二府。

清代于省、府之间设道，初为监察区域，后演化成行政区划。胶东地区属登莱青道，初治掖县，后移治烟台。其地在胶水以东者有登州府、莱州府及胶州共有十二县。潍县、昌邑、高密地处胶水以西。

辛亥革命（1911 年）后，裁撤府州。山东省辖济南、济宁、胶东、东临四道。胶东道驻烟台，辖福山、蓬莱、黄县、栖霞、招远、莱阳、牟平、文登、荣成、海阳、掖县、平度、潍县、昌邑、胶县、高密、即墨、益都、临淄、广饶、寿光、昌乐、临朐、安丘、诸城、日照等二十六县。

抗日战争时期，政局纷乱，日军入侵山东，国民党山东省政府在省内流亡，曾设置胶东区（行署）。1938 年日伪政权置鲁东、鲁西、鲁南、鲁北四道，并设济南、烟台二市。1940 年划分全省为十道，胶东地区属登州道（治烟台）及莱潍道（治潍县）的一部。在日军占领城市要地、交通线，国民党政府也由流亡而溃败逃离山东之时，中国共产党山东省委在此期间在全省发动抗日武装起义，开展游击战争，开始创建抗日民主根据地，建立抗日民主政权。1937 年底，在胶东成立胶东特委。1938 年 7 月开始建立县、区、乡政权，蓬莱、掖县、黄县建立了抗日民主政府。1939 年将山东划分为五个行政区，其中就有胶东区，下辖北海、南海、东海、西海、中海五个专区和烟台特区。1942 年胶东区辖北海、南海、东海、西海四个专区。1945 年，抗日战争胜利后，仍置胶东行政区。

1949 年 6 月，山东解放。当时胶东行政区（驻莱阳）辖南海、北海、东海、滨北、西海五个专区共三市、三十八县、一特区、一办事处。1950 年行政区划较大调整，胶东行政区被撤销，原所属专区合并为莱阳、文登、胶州三个专区，共三十八县、一特区、一办事处。至此而后，胶东之名作为行政区划名称不复再现。但是，这一古老而又浴满了抗日战争和解放战争时期革命根据地光辉的地名，将永远铭刻在人们的心中。作为行政区域，经历了由一个地方最高一级（省级），演化为最低一级（乡镇一级）的过程。现在的胶东之名与它相对应的地理实体不相吻合，而作为一个地理区划概念，一直被使用着。

（作者单位：省地名研究所，现已退休）

"小邾国"考

张　海

2003年经过东江考古发掘，小邾国2700多年的历史面纱才得以揭开。

以倪立国　后名小邾

春秋时期，邾武公夷父颜有功于周王朝，周王封他的庶子友，在商代子姓方国（诸侯国）的废墟上立国，国号仍叫倪国，国都城近靠梁水，即现在的荆河，遗址在今滕州市区龙泉塔东侧一里的小邾城街。友的子孙三代一直居城为国君。到友的曾孙犁来为第四代国君时，始东迁四十周里建城立国，城初名犁来城、倪犁城，其后也被呼为倪城。公元前653年，倪犁来始得周王之命晋封"子"爵。倪犁来晋爵后，与位于今邹城境内邾国爵位相同，而且是同宗之国，为表示自己的国家由同宗邾国分立而建，国号又有区分，倪犁来更改国号，把倪国更名为小邾国。自友到犁来，四代国君才始称小邾子，犁来城也开始俗称为小邾城。由于战争的原因，小邾国史——《小邾春秋》失传，《滕县志·小邾世家》一文是依据《春秋》《左传》《公羊传》及战国以后的诸史书集纂而成，且标明倪城的地理位置，同时还吸纳了鲁国《陋巷志》的内容。千百年来，史学界、地方志学界对这段历史多有争议，甚至否定滕县境内的小邾国及国君友其人。为此，清道光《滕县志》专载了在倪犁城出土的《马珍墓志》为佐证。小邾国自友到他的曾孙犁来，倪犁来之孙小邾穆公，穆公之孙惠公，惠公在位时春秋结束进入战国，惠公以下六世被楚国所灭，这期间，小邾国共袭传十四代国君，灭国时约在公元前325年以后。

小邾国地处齐、鲁、宋、楚等大国之间，到春秋时代的中后期，各大诸侯国要挟小国连年结盟征战，小邾国终因国势衰微被灭。楚宣王在位时（公元前369～前340年）灭邾、小邾，掠走了"二邾"的遗民南迁邾城，故址在今湖北黄冈西北十里（见何光岳《楚源流史》）。此后，这里的遗民便成了世居南方的支族。小邾曾一度复国，不久又被鲁国所灭。小邾古称小邾娄，鲁穆公在位时

（公元前 372～前 289 年），依据"邾娄"的合音拼为"邹"，始改邾为"邹"，改邾绎山为"峄山"（见《汉书》），友立国的城此后也被呼为"土城"，才真正从政治上和名义上灭亡了"二邾"。秦代在这里置县；汉高祖时分小邾为蕃（滕）县、薛（薛城）县，不久合并更名昌虑县；王莽时昌虑县又更名承县。小邾国被淹没在名目繁多的郡县里，最终从历史版图上消失。

邾分三国　以父字为氏

邾国是子爵国，也史称邾子国。邾国的先祖是晏安，晏安的五世孙侠始封曹，称曹侠，是曹姓国，晏安的十二世孙是夷父颜。夷父名克，字颜，另字伯颜，谥号邾武公，史称邾子夷父或邾颜公。当时齐国推行霸业，夷父颜响应随从，去各国奔走联络，曾夜宿滕国和薛国。邾原为鲁国的附庸，鲁国非常愤恨夷父颜的行为，视为叛逆，借故向周王诬告夷父颜。公元前 678 年，周王诛杀夷父颜，《左传·庄公十六年》载有"邾子克卒"。夷父颜被诛后，周王命夷父颜的同母弟叔术代理邾国君位。叔术名群，在曹姓公族中享有很高的威望，是位贤明有德的人，族人称他为群公子。叔术代位十多年后，夷父颜的冤诛才得以昭雪，谥号邾武公。这时，代国君叔术又把国君位子让给了他的侄子、夷父颜的儿子夏父，夏父继位后史称邾文公。邾文公在位五十一年，是邾国在位时间最长的一代国君。公元前 614 年，邾文公迁都于今邹城峄山之南（见《左传》）。约在公元前 643 年前后，叔术来滥（今滕州市东南 30 公里羊庄镇土城村）立国。至此，邾国分立为邾国，小邾国和滥国，这便是史学界所说的"邾分三国"。到公元前 517 年，滥国大夫黑肱弃滥奔鲁时，滥国国势开始衰微，其后被灭。当初，夷父颜娶盈姓女生盱及夏父，盱又名侉。夏父即位后，侉迁，在城北建庄园名侉庄，故址在今滕州市区东北二里，滕（州）平（邑）公路北侧一里，其后战乱人去园空，他姓氏迁来定居，至今仍名侉庄。夷父颜蒙冤，友悲痛至极，遂以父字为氏始称颜友，倪城成为颜氏的发祥地。友的七世孙、小邾穆公的公子甲在宋国为大夫，华向之乱后奔郑国，其后子孙以倪为氏，称倪氏，倪城也成为倪姓的发源地。

邾娄文化　源远流长

周武王克商后，始封晏安的五世孙曹侠于邾。邾国古为东夷，是炎帝一族生息繁衍的地区，黄帝一族的后裔曹侠及其子孙融合了炎黄文化，逐渐形成了邾娄文化，其后演变为邹鲁文化，曾被誉为"东方君子之国"。到夷父颜时，这里已成为东方文化的中心地区，显学宗师孔子的儒家文化和墨子的墨家文化，也都起源于这里。小邾子友生前酷爱研读《三坟》《五典》《八索》《九丘》。据《公羊传》记载，友在倪立国后，对外默默无闻，对内则修国政，办国学，实施以文治国的方略，直到曾孙犁来时才名显于诸侯大国。公元前525年，友的六世孙小邾穆公朝鲁，鲁昭公设宴款待。席间，鲁国大夫季平子赋《采菽》诗，穆公赋《菁菁者莪》以和对。鲁大夫叔孙昭子赞之："没有这样的人治国，国家怎能治理呢。"这期间，小邾文化播扬遐迩，国家繁荣。穆公在位四十一年，是小邾国在位时间最长的一代国君。此时远近诸侯国派使臣来这里交往，各国学子也纷纷奔这里求学，小邾国人也分别去鲁、齐、宋、楚等国去做官。春秋末战国初，国人墨子也曾去宋国为大夫，回国后定居狐骀（今滕州市木石）聚徒讲学，著书立说。公输般世称鲁班，为传工匠技艺也先后去过鲁、楚等国。

小邾子友的庶子爽去鲁国为大夫，后世子孙多为鲁国的大夫、士卿。爽的裔孙颜回拜孔子为师，孔子盛赞其贤，世尊为颜子，后封为复圣。鲁国《陋巷志》载：颜回是颜友的第十八代孙。东江考古发现：颜爽卒葬其父颜友墓左前方，随葬物品二鼎、一釜、四鬲、二陶罐，属大夫礼制。青铜釜上有铭文："邾友父媵其子爽曹宝鬲其眉寿永宝用"。据《孔子家语》记载孔子有名弟子七十二人，其中八位是颜姓。唐代大书法家颜真卿在《颜氏家庙碑》中曰："孔门八颜，皆出也"。

千百年来，史志学界对小邾子友封国及其姓氏起源众说各异，其中有"邾颜封子肥于倪"说，有姓氏源于鲁国国君伯禽后裔一支的"姬姓起源"说，有"城在昌虑、承县之东北"说等等。近代又出现了"三邾炎帝后裔"说，《三邾疆邑图》绘制"城国东移"说，把小邾国的城邑、国土地划给了春秋战国时代的滕。据《左传·襄公四年》记载："冬、十月，邾人、莒人伐。臧纥侵邾，败于狐骀。"狐骀今名木石，是滕州市东南15公里的一个镇。另据1969年秋在滕县木石镇东台村出土的杞伯鼎，郭沫若考证为杞国国君谋娶公赠予小邾的信物，证明这里是小邾国。1984年滕县撤县建市，滕州市区就坐落在小邾国的西部边缘位置，北魏时始建蕃（滕）县城的玉皇庙古迹，今仍在市区内铁路西的通衢街北侧，那里才是春秋战国时期滕国最东部边境。近查阅《辞海》（1989年版），在

"郳"的词条下有两说：一是"开国君主邾文公之子友（一说肥）封于此，在今山东滕县东"说；另是"在枣庄市西北"说。前说的地理位置年代久远，与鲁国《陋巷志》及历代版本的《滕县志》相吻合，只是著作人把邾文公与颜友误著为父子关系，其实应为兄弟关系，邾武公才是邾文公和小邾子颜友的父亲。至于"邾武公封子肥"说，唐代人孔颖达在《春秋左传正义》庄公五年《疏》云："《世本》言肥，杜《谱》言友，当为一人。"据东江考古发现，封友之说当为信史。另说"在枣庄市西北"，指的郳城，与滕县城东的城不是一座城。城是小邾国前期称国时的都城，小郳城是郳来改国号后另建的小邾国中后期的都城。不应混为一谈，以偏概全。

明代万历十三年（1585 年）续修的《滕县志》，是迄今最早的一部地方志书。1938 年日军进犯，3 月滕县城失守，其后万历县志失传。1984 年秋续修县志时，通过学术交流，才从日本尊经阁文库交换胶卷复制成书，终使万历县志回归故土。万历县志的主修是滕县御史王元宾，他卸任后在县城东龙泉塔东侧建茹芝园别墅居住，与倪城仅有荆河一水之隔，直线距离不足一里，对这里他是十分清楚的。修县志期间，王元宾捐出家藏古籍两千部供查证使用，且参照前代的古本《滕志》、曲阜县《陋巷志》。两年后县志稿写成，知县杨承父阅后喜不自胜，遂作序付梓印刷。万历县志在文字叙述中仍沿用古"郳"字，地图绘制为"倪"城，其后历代续修县志一直沿用至今。到清代中后期，史志界有人开始怀疑滕、薛、小邾三国的历史沿革与国都的位置，后经多代人的研究考证，才使滕、薛走出争议，山东省、国家主管部门先后以"滕国故城遗址""薛国故城遗址"立文物碑加以保护，而郳国故城小邾国故城至今仍悬而未决。邾友父陵墓在东江村发掘，在国内外引起了强烈的轰动，海内外人士及广大民众拭目以待东江考古的有关讯息，企盼倪国故城、小邾国故城早日定论，以利于发挥其历史文化的时代效应。

郳陵惊世　国宝生辉

小邾子友卒后，其后裔相传"葬之东山"，究竟何处，无人知晓。2002 年 6、7 月间，枣庄市博物馆在有关部门的支持与配合下，对山亭区东江村春秋古墓群进行了抢救性的发掘，终于发现了小邾子颜友陵墓及其亲属的墓葬。邾友父陵墓位于山亭区东江村南一里。山亭古属小邾国，旧属滕县，1984 年划归枣庄市山亭区。二十多年前，这里原是一座十几米高的高大土丘，当地人世代相传叫"城顶"，城顶的下部是"宝城"（即坟冢），填河造地时铲平了土丘，还在宝城的南面发现了青铜祭器、鹿角、兽骨。这期间，东江村也北迁一里建村，腾出了这片土地改作农田，后来村民取土时发现了宝城下面的古墓群。古墓群被发掘后，出土青铜器、陶器共七十三件，其中 24 件青铜器有铭文，铭文记载了墓主的姓名等，这在地方古国考古史上实属罕见，《枣庄日报》、枣庄电视台先后作了报道，山东电视台、中央电视台也相继作了报道，东江考古遂成为海内外关注的焦点。

前文曾提到"三国"，这里再补充下"五邑"。五邑分别是灵丘、昌虑、欢城、戚城及湖陵五座城邑，清代滕县人王特选有诗云："灵丘昌虑纷茅土，欢戚湖陵雉堞开。争似潺湲梁水上，残垣夕照想犁来。"五邑今已多不属于滕州，只得提及的是山亭区境内的灵丘城。在长达 242 年的春秋无义战中，大国称霸，弱肉强食，侵灭弱小国屡见不鲜。《左传·襄公六年》记载齐侯灭亡莱国，并"迁莱于郳"，君寄居终身，齐国大夫高厚、崔抒为莱国国君划定田界。据史志记载，春秋时尚无灵丘，至战国时才始见记载，灵丘城之东才是犁城。

东江考古证实：郳友父陵墓北依马山，南临薛河，远方群山绵延，近处沃野平川，这里是古代堪舆学家的理想境地。重见天日的奇珍异宝，林林总总，熠熠生辉，不久将会面向社会展出。

论寻根活动中的地名考证

刘　烜

　　中华民族自古有叶落归根的传统，和谐盛世，寻根活动变得更加广泛和普遍。寻根，简单地说就是后代寻找自己祖宗的发源地。由于年代久远，他们根据祖辈留下的只言片语去寻找故地，并不是一件容易的事情。因此，在这个过程中，地名考证就起到了至关重要的作用。实践告诉我们，正确的地名考证可以让寻根活动事半功倍，而对地名学理论的掌握和对本土地名的认知程度决定了地名考证的科学性和准确率。

　　本文将紧密结合寻根活动的实践，探究地名学原理在考证中的应用，从而得出地名考证的基本原则和方式方法。

　　先举一个实际的例子。有一个东北老乡回老家寻根，他们唯一的依据就是上一辈口头传下来的一个地名：青州府××滩。根据现有的地名数据库，此村名根本不存在。于是我们依据村名中的"滩"字断定，此村庄应当在海边或者大河边，但我们这里的河流都是季节河水量较小，从历史地名分布规律来看，河边没有叫什么滩的村子，于是断定该村应在南部海滨。而由于历史区划变更，南部海滨已经归属邻县管辖了，于是，查询邻县的地名数据库，依然没有这个村名，再查县志，也没有这个村名。事情到此似乎走入了死胡同。但因对地名判断的大体方位是正确的，所以我们提议以姓氏为线索到村名相似的几个村子查找，那几个村子都在海边，而且相隔不远，都叫××滩。寻根者到那里一查，果然有了结果，原来他们的祖居地是一个小的自然村，清代后期就与邻近的村合并，自然村消失后，村名也就不为人知了。虽然通过姓氏查询最后得到了结果，但由于最初的地名考证确定了一个正确的方向和区域，才是真正帮了寻根者的大忙。

　　由此例可以看出，寻根活动以寻找村落位置为目的，其中地名考证是最重要的基础工作。一个地名考证实例包含了诸多地名学原理，所以必须综合运用并通过多种途径进行考证。

一、 看地名判断地理特征

村名中的地理信息一目了然，让人一看名字就知道该村所处的地势、地貌特征。地名中的地理特征从通名的用字可以看得出来，通名就像一个类别码，给我们一个地形或者方位的基本判断。如陕北地区多"×塬""×川"的村名，反映出黄土高原地区的一种典型地貌，而江南地区多带"坪""坝""潭"等，都反映了本地特殊的地形特征。一般来说，处山地的村庄多带"沟""岭""坪""岙""崖"，带"河""泮""水"的则是近水的标识，处高地则带"岭""埠"，处低洼则用"洼""窝"等。带"滩""口""港"之类的村庄多处海边……在我们周围，村庄名称上带"东西南北""前后上下"等方位用字的不在少数，这是天然的方向指示针，如"前×庄"必在南，"后×庄"必在北，"上×"必居高处，"下×"必居低洼。

通过地名用字我们就能知道村庄所处的方位、地势、地貌等特征，从而大致确定所处的区域特点。在一个县级行政区域内，一般都存在专名相同的村庄，所以解析通名中包含的地理信息是寻根中最基本的范围界定，否则就容易导致南辕北辙或张冠李戴。

由此可见，地名是判断祖居地最重要的依据，而通过地名用字来判断村庄的地理特征和方位是我们进行地名考证的首要步骤。

二、 看地名分析历史来源

地名中包含的历史信息相当丰富，像一幅激光全息照片，我们可以从多种角度来发现历史信息，追溯其来源，从而确定村落的位置。

（一）从村名用字判断来源

某一个特定的村名必然产生于某一历史时期或某一历史事件，如山东省各地都有"××官庄"，其名多源于明代，明初经元末战乱，生产遭到极大破坏，朝廷鼓励垦荒，由明政府出面组织建立了一批村庄，并从外地大量移民至此，此类由官府设立的村庄就被称为"×官庄";又如带"营"字的村多为古代屯兵之地,如大营、后营、营马岭,这类村庄都与驻军紧密相连,而"×家营"则多为古代地方武装集中地。那些以历史人物为名的村庄或以历史传说为名的,其历史内涵就更加明确,如"郑公""郑母""公冶场""诸冯""历山"等与历史名人郑玄、公冶长、大舜有直接的关系。

(二)从相关建筑名称寻找村名

特定的建筑物历史同样可以帮助我们考证地名和所处位置。许多村名与当地庙宇建筑有关,如村中有某寺庙的其村名可能是"大庙"、"庙上"或"庙山"等。又如,有寻根者族谱未写村庄名称,却有"村北有鱼骨庙"的记载,这就需要查找鱼骨庙这个特定建筑的历史来源,查找当地县志发现这样的记载:清乾隆间,董家海口出巨鱼,长10丈,高3丈,后用鱼骨建庙于此山。经过实地寻找,山下村庄恰好就是寻根者的老家。因此,查找史籍、搜集当地传说,由相关建筑的历史同样能查到遗失的村落。

三、 从地名的演变推断原始名称和位置

地名是社会生活的产物,不同于所代表实体本身。地理实体不因人世沧桑而改变,但地名却受各种社会因素的影响。经对本市所辖村庄的调查显示,有别名、俗称的占15%以上,而自清朝乾隆以来发生变化的村名占20%以上。可见寻找历史村名必须辨清村名的演变过程,正本清源。

(一)区划变更引起村庄归属的变化

区划的变更决定了村庄归属于不同的管理单位,那么据一个村名找到其位置,首先要确定它所处在哪个区划单位。举例来说,"一大"代表王尽美的故乡当时在莒县大北杏村,那么今天再去寻找一定找不到,因为该村解放后划归诸城县枳沟镇;清代名臣刘墉的老家在诸城县逢戈庄,今天则要到高密才能找到。所以不明区划变更,就会让寻根者犹如大海捞针、茫然不知所措。

（二）谐音用字引起村名的变化

村名在演化过程中逐渐用谐音代替了原来的用字，既有年代久远自然流变的因素也有人为好恶的因素。如"佳邻村"，明初本为"邱家林"，清光绪年间，村人王熙运中举，嫌村名不雅，取吉祥佳言，改谐音用字"求佳邻"，这是人为好恶改用谐音字的典型例子；又如"琅古窑村"，原本为秦代"琅琊郡的一处古窑"，据说此处烧的砖就供修琅琊台之用，经考证此地确有古窑属实，而今名"琅古尧"已经无法与"窑"字建立任何关系。其他如"绕子洼"成了"绕子阿"，"窝落子"成"阿乐子"，"豹子岭"成"报子岭"，"两湾崖"改"良旺崖"都属此类。或许人们认为旧名原始、落后，不利于与外界的交流沟通。这样一改，失去了地名标识的意义，让人看了一头雾水。但地名也有"生老病死"，循环反复的规律，可算是地名的"新陈代谢"。因此我们查找老地名必须考虑这种语音和用字的变化。

（三）村庄合并迁移导致村名的消失

村庄的迁移合并是社会历史过程中经常发生的事件。战争、自然灾害、强制性人口迁移等都可以使一个村庄消失。经济社会发展因素也可以让几个村合并使用一个村名，也可以使一个大村分离出多个村名。

（四）政府管理调控更改村名

统治者建立新的秩序通常会修改一些县城以上的地名，而一般不会对村名加以干涉。但为了户籍、赋税等管理的需要，尽量使域内村庄不重名，也会在区划范围内进行地名调控，如一些村庄前面加上方位词"南""北""东""西"，或加上"大""小"以区分规模，一些生僻字改用通俗的同音字等等，这些也会让原来的村名发生改变。

四、 识方言正谬误排除干扰

在地名查找过程中，必须注意方言土语的干扰因素，谐音误读、外地音、咬舌音等特殊发音等都会让人无所适从。如一个地名"荆山"如果读成"正山""景山"就会让人迷惑不解。通常来说，年代越久远口误的可能性就越大，有一个村名叫"户部岭"，但寻根者寻找的却是"湖北岭"，如果单单依据地名判断，本地没有称湖泊的地名，那就应当到鲁西南或者南方去查找，但实际情况，"湖北岭"就是现在五莲县的"户部岭"，而更原始的村名则是因当地植物槲部椤林转化而来的"槲部岭"，几经变异简化而成今名。

寻根及考证地名的手段可谓仁者见仁，智者见智。人们会通过各不相同的途径达到目的。但查史志和寻同姓却是最便捷的手段。

查找史志及有关古籍资料可以获取较为准确的村名历史信息。曾经存在过的村庄几经变迁，到今天有的已经并入周围的村落，有的搬迁到外乡，有的启用了新的名称，给寻根者造成极大的困难，这种情况下，查找史志资料是最便捷的途径。但史志只能反映某一阶段的地名信息，且史志资料的缺失也造成地名信息的缺失和中断，何况村名实际应用中还存在许多别名、俗称和错误的拼写。几百年以前的村庄，在史志中也未必能查到，所以，查询史志必须综合运用以上理论才能奏效。另外一种途径就是借助姓氏来辅助查询。对于史志无记载的村名，除了通过地名的辩证分析外，就要从其他途径来辅助判断。姓氏查询是必用的方法，寻根者都有姓氏渊源，有祖谱的更容易查找到同族的人，没有族谱的，根据村名中的姓氏标识，再实地调查本地姓氏的分布，经过实地访谈后，往往能找到其发源地。

作为地名公共服务的重要组成部分，地名查询给寻根者带来了极大的便利，但寻根中的地名查询不确定因素较多，难度较大，因此，这种查询就含有更多的判断、辨析和考证的成分，必须用深厚的地名学理论做支撑，尽力发掘地名中的地理、历史、民俗等信息，把握地名演化的规律，用历史发展的观点来辨析每一个具体的地名。正确的地名考证是寻根的"金钥匙"，错误的考证则会把寻根者引入歧途或无果而归。可以说，寻根活动从一个侧面考验着各级地名管理部门的服务水平。

（作者单位：诸城市民政局）

论宁阳之名由来

丁晓明

　　明、清两代宁阳所修县志及《兖州府志》（宁阳时属兖州府），对宁阳之名由来皆称：宁山之南置县，故曰宁阳。此说始自县、府修志，历经四百多年，至今仍有沿用。但从"宁山"的地貌形态、宁阳故城所处地理位置等方面分析，此说有些牵强。本人多年做地方史志、地名工作，为此查阅大量有关古籍，请教专家学者，多次亲赴现场考察。在做了深入而细致的研究后得知，宁阳之名由来与"宁山"无关，以山名"县"实是附会。旧志之谬不可不正，现将考证情况概述于后。

一、 何时置宁阳

　　何时始置宁阳？是西汉一代。正史《史记》与《汉书》为最早的记载，其中《史记·建元以来王子侯者年表第九》与《汉书·地理志》皆载有宁阳。历代地理总志，如唐《括地志》《元和郡县志》，宋《太平寰宇记》《元丰九域志》《舆地广记》，以及《大明一统志》《大清一统志》等，都载宁阳置于西汉。但宁阳置于西汉的哪一年，所置是县还是侯国，史与志说法不一。可这是根本问题，也与宁阳之名由来有关。解决这一问题的途径，只有查阅县志，研究县志，因为县志记载宁阳的现状与历史。

　　宁阳始于明代编修县志，明代修成两部，一在万历初年，一在万历三十四年。可惜万历初年刻本没有保存，万历三十四年刻本仅存《艺文》残卷，无从查得。清代所修六部县志中，康熙十一年刻本《宁阳县志》和康熙四十一年刻本《宁阳县志》（以下简称"康熙二志"）俱云"吕后始分置宁阳"，乾隆八年刻本《宁阳县志》（以下简称"乾隆志"）改为"高帝置"，咸丰二年刻本《宁阳县志》（以下简称"咸丰志"）及光绪五年刻本《宁阳续志》和光绪十三年刻本《宁阳续志》（以下简称"光绪二志"）则同称"高帝于山南置县"。

由县志自身记述可知，"康熙二志"的说法，依据元代宁阳县尹韩珪《宁阳历代沿革记》，"乾隆志""咸丰志"及"光绪二志"则依据《汉书·地理志》。然而《宁阳历代沿革记》所记是"高后以兖州为鲁郡，改置泰山郡"，《汉书·地理志》中颜师古所注是"泰山郡，高帝置"，二者皆谓置泰山郡，未言及置宁阳，并非置泰山郡的同时置宁阳。是不是高帝、高后置泰山郡此文不论，但所据二者都不能证明高帝、高后时置宁阳，因而清代各部县志所载始置宁阳的时间都是难以相信的。

清代县志称宁阳始置为"县"，亦无根据。其所依据的《汉书·地理志》所载泰山郡"县二十四"之"县"指代县级，"二十四"是县和侯国之和，非全是县，其中颜师古注宁阳则作"侯国"。《汉书》中其他有关记载亦可证明，宁阳在西汉始置的是侯国不是县。

《汉书·王子侯表第三上》载：元朔三年，武帝封刘恬于宁阳，为节侯。《汉书·夏侯胜传》载："初，鲁共王分鲁西宁乡以封子节侯，别属大河，大河后更名东平，故胜为东平人。"清钱大昕《廿二史考异》考证："鲁共王子宁阳侯恬、瑕丘侯政，皆谥节侯。此传所称节侯，盖宁阳侯也。《地理志》宁阳属泰山郡，不属东平，盖宣帝建东平为王国，复以宁阳属它郡。"

西汉武帝刘彻，为防诸王国"合纵以逆京师"，采纳主父偃建议，于元朔二年颁布推恩令，命诸侯王割地分其子弟，由皇帝定制封号，别属各郡。元朔三年，割景帝子、鲁共王刘馀鲁国以西之宁乡分其子恬，置宁阳侯国。汉制，诸侯王国不能属有王子侯国，故元朔三年（前126年）起宁阳隶属山阳郡（治昌邑，在今山东金乡西北）。天汉四年（前97年），山阳郡改置昌邑国，宁阳别属大河郡（治今山东东平宿城）。宣帝甘露二年（前52年），大河郡改置东平国，宁阳别属泰山郡。

清钱大昕《廿二史考异·侯国考》以为：班志郡国之名，以平帝元始二年（2年）户口籍为断；其侯国之名，则以成帝元延之末（元延四年为前9年）为断。据此，甘露二年宁阳应是侯国，故《汉书·地理志》载宁阳侯国隶属泰山郡。

由《史记》《汉书》得知，高祖定鼎至武帝元朔三年之间，鲁国以西未置宁阳县，他地亦无。鲁西若已设县，何置侯国？何言鲁西有宁乡？所以，元朔三年鲁西始有县级的宁阳侯国，宁阳之名始于此时。刘恬之国传至王莽篡汉改曰宁顺，东汉光武帝改置宁阳县。

二、都城在古城

刘恬被封于鲁西宁乡，宁乡改为宁阳侯国，宁乡在哪里？宁阳侯国都城在哪里？

刘馀之鲁国都曲阜，宁乡在曲阜西。宁乡的区域，当时应有今曲阜市境西北部、兖州市境北部和宁阳县境西南部相邻地区。宁乡改置宁阳侯国之城，应在此范围内无疑。

《元和郡县志》载："高齐文宣帝移置平原县于汉宁阳县城北十七里，今县理也。"此"今县理"即"今县治"，唐避高宗李治讳而称，指唐时龚丘县城。此语之意，即谓龚丘城南十七里有汉宁阳城。唐章怀太子贤注《后汉书·刘梁传》，亦云宁阳故城在龚丘县南。《太平寰宇记》所载与此相同。清代《宁阳县志》，也皆认定汉宁阳城在县城之南。南北朝时期，北齐始建今县城，历隋唐宋、元明清，至今城址未改，平原、龚丘、龚、宁阳各县治均设于此。由上证明今县城南有汉宁阳故城。

清叶圭绶《续山东考古录》载："宁阳县故城，在南十七里今古城。"清黄恩彤《宁阳·龚丘两故城说》曰："以地形揆之，县南十五里之古城，当是宁阳故城。""光绪二志"在黄文夹注中亦曰："今之古城，确是汉宁阳城。"城南"十七里""十五里"是作者的约数，没必要深究，但皆确定汉宁阳故城在古城。

清代之古城村，即今宁阳县泗店镇古城。它位于鲁国故都曲阜之西、今宁阳县城之南，北距县城 8 公里。

考古证明，该村坐落在汉代故城遗址上。村内、村外散布汉代瓦片；村东沟内暴露大批陶圈井，并在一井内发现一件西汉五铢铜母范；村东北有汉墓群。今已不见城垣痕迹，亦未见房基柱础，皆因历经年代久远所致。考古确定，今古城村址及其以南东西宽约 600 米、南北长约 1000 米的范围，为西汉宁阳故城遗址。1979 年，宁阳县公布为文物保护单位。西汉宁阳侯国都城在今宁阳县泗店镇古城，确凿无疑。

三、"宁山" 属刚县

何谓"宁山"？明代以前志地之书无记载，只在旧修宁阳县志及有关方志中出现。现已查明，此名始于明代宁阳撰写县志，清代修志沿用，其他有关方志主要是府志则取之于《宁阳县志》。

明代《宁阳县志》无存，宁阳县知县李沐民与修的万历二十四年刻本《兖州府志·山水》中称，"伏山南有小山，即古宁山"。清乾隆八年刻本《宁阳县志·山》称，"宁山，在县北十八里，伏山店南。不甚高大，而金龟秀结，为邑主山"。"咸丰志"及"光绪二志"袭前之说，记为"宁山，在县北十八里（伏山店南），不甚高大，而为邑主山"。

"宁山"，近又俗称为至京山，址在今宁阳县伏山镇前伏山村之南、原宁阳十五中校园以内，南距县城 8.5 公里。"山"经采石深挖成坑，现已填平作操场用，今仅存其北面脚土遗迹。原"山"由石灰岩构成，高出地面不足 10 米，是一大石圪塔，称山非山。

"宁山"东北 1 公里有伏山，古又称佛山，以洞中有佛名之。海拔 134.7 米（今削平），占地约 0.3 平方公里。上有灵峰寺，明人吴雲臺有《灵峰禅寺记》。

"宁山"西南 2 公里有雲山，海拔 220.3 米，占地约 1 平方公里，八景"雲山烟雨"即此，历史上多有写此山诗文，此山比较有名。

"宁山"左右紧挨伏、雲二山，但其与伏、雲二山相比逊之至极，无足称道。以"宁山"之体微而僻陋。旧志称其"古"，仅是生成年代遥远；称其"主"，只为修志注解宁阳之名由来服务。

《汉书·地理志》记载"泰山郡，县二十四"，其中有今县境南部的宁阳侯国，也有北部的刚县。

刚县，置于西汉文帝十六年（前 164 年），治刚城，故址在今宁阳县堽城镇堽城里村。刚县初属济北国，武帝元狩元年（前 122 年）以降置泰山郡，除济北国，刚县改属泰山郡。刚县始置早宁阳侯国 38 年，刚县之设在前，宁阳侯国在后。刚县是大县，县境北接蛇丘县，南至"宁山"南之今宁阳县城附近。

"宁山"北距刚县城 7.5 公里，在刚县南境，时属刚县，不在鲁西宁乡之域。元朔三年前，宁乡属鲁国，居鲁西，仅为一乡之地，地域狭小，置侯国方升为县级。"宁山"在刚县，宁乡属鲁国，两不相涉。

四、套"框"铸成错

战国穀梁赤《春秋穀梁传·僖公二十八年》载："水北为阳，山南为阳。"在此，穀梁氏阐明了"阳"字的地名方位含义，即凡河的北面称阳，山的南面称阳。意为阳光照到的地方为阳，反之为阴。正因如此，穀梁氏之语成为后世对聚落命名的原则与判定带"阳"字地名由来的依据。

宁阳，是"阳"字结尾的地名，名称由来作何解释？这是明代修撰《宁阳县志》必须解决而又棘手的问题。古籍中没有现成答案，撰文者套用了穀梁氏之"框"。

明代修志者未用"水北为阳"。若依"水北为阳"，则治南必有水且叫宁水，然而治南河无一条。明代修志者依据了"山南为阳"。这样，城北必有宁山，可城北一马平川。于是修志者越过平原，北至伏山（佛山）、雲山间寻得"宁山"。有了"宁山"，则"山南置县故曰宁阳"，万事大吉。

在明代，古城、"宁山"同在宁阳县境，同属宁阳县管辖，修志者在古城北是能觅到"宁山"的，能按"框"定做宁阳之名由来的答案。但宁阳之名产生于西汉，非是明朝。明代宁阳县区域与西汉宁阳侯国区域大不相同，宁阳县不是宁阳侯国。修志晚于置国 1700 年，判定宁阳之名由来不能以明度汉。

再者，置侯国前古城属王国之宁乡，"宁山"在刚县，二者分别处在各自的行政区域内。宁乡境内无山，侯国命名不会出境找"宁山"。

再者，"宁山"在北，古城处南，二者相距 17 公里有余。站在"宁山"上遥望不着鲁国宁乡，登上曲阜城楼难求"宁山"。"宁山"与侯国无缘，侯国命名不可能依凭"宁山"。

再者,"宁山"龟居伏山(佛山)、雲山之旁,为众人不闻不问,汉廷簿册上没有位置,王国宁乡对其亦会茫然,可以断定,侯国命名与"宁山"无关。清代修志者沿用明代之说,殆未之深考也。

五、 宁阳之由来

《汉书·王子侯表》载,元朔三年封鲁共王之子刘恬为宁阳侯。《汉书·夏侯胜传》载,鲁共王刘馀时分鲁西宁乡以封子节侯。清代宁阳各部县志亦载,"封鲁共王子节侯恬于此,为侯国"。史与志证明,本是鲁西一乡,改封则为侯国;此地本名宁乡,置国改称宁阳。宁阳之名是由宁乡更名而来的。

咸丰《宁阳县志》及光绪《宁阳县志》中《历代沿革考》载:"共王都曲阜,宁阳在其西,故曰鲁西。乡,乃"阳"之误也。"此说差矣。依此,应该没有宁乡,或宁乡之前已有宁阳。事实非是如此,至今没有任何资料证明宁乡之前已有宁阳,更不是没有宁乡。刘恬被封前地名就是"宁乡",封地后国名则改成"宁阳",用"阳"换"乡"。是"乡"改"阳",何来"乡"误"阳"之理?

自古以来,在"阳"字结尾的地名中,"阳"字一般作方位词使用,释为"某水之北或某山之南"。但是,"阳"字不表示方位的地名还不在少数,如汉代名安阳者数处,就无一濒安水或靠安山。这种情况,"阳"字与"乡""城""县"等字一样,只作通名使用,"阳"字只是美称,并无实意。宁阳之"宁",来自"宁乡",取"安定、平安"之义;宁阳之"阳"是美称,不表示方位。

本文结论:西汉武帝元朔三年始置宁阳,治古城,为侯国,非县;宁阳之名始此,由宁乡更名而来,非是以"宁山"名之。

(作者地址:宁阳县军休所)

"弗其"考辨

徐祥法

《诗经》云："汶水汤汤，行人彭彭。鲁道有荡，齐子翱翔。汶水滔滔，行人儦儦。鲁道有荡，齐子游敖。"这描绘的是大汶河当时的情景。

大汶河，古称汶水，是黄河在山东的唯一支流，也是泰安、莱芜最大的河流。我国大多数河流自西向东，然而大汶河借地势自东向西，是山东省内最大的倒流河。大汶河有北汶河、嬴汶河、牟汶河、柴汶河、浯汶河等五大支流，在大汶口镇以上完成了汇合，俗称五汶汇流。

因为大汶河是"五汶汇流"，所以汶河源头并不唯一。西汉时期创作的一部著名论文集——《淮南子》中有这样一句话："汶出弗其，流西合济"，意思是说，汶水发源于弗其（山），向西流去合入济水。"弗其"在什么地方？自古至今颇有争议。

东汉高诱在他的《淮南子注》中说：弗其，山名，在朱虚县（治所在今山东临朐县东南六十里，俗名城头）东，或斯阜矣（意思是说，"汶出弗其"的弗其山，或许就是这座山啊）。然而，发源于朱虚县的汶水是"东汶"，其水向东北流入潍水，应当不会有"流西合济"的说法。

也有人认为："《淮南》之汶也，而云出弗其者，弗其盖原山之别名"。然而，《淮南子》说"淄水出自饴"，而"汶出弗其"，可见原山与弗其山并非同一座山。北魏郦道元认识到了这一点，所以在他的《水经注·淄水》篇中以"自饴"为原山之别名，而在谈到汶水之源时说："汶出牟县故城西南阜下，俗谓之胡卢堆"。或许他把"胡卢堆"当成弗其山了。

清末民初杰出的历史地理学家、金石文字学家杨守敬按《形训》文："今莱芜县东有棋山"。他认为弗其山与棋山有一字同音，弗其山应当是棋山。

曲阜师范大学孔子文化学院教授骆承烈在他的《夹谷考辨》一文中说："《淮南子》记汶水出弗其山，西流入济。此祝其乃弗其之音转，正在莱芜。夹谷即祝其地。"而今夹谷在莱芜西南的牛泉镇云台山，与新泰市、泰安市相邻。仅凭"祝其乃弗其之音转"来判定祝其就是"汶出弗其"的"弗其"，有些太过牵强。在祝其山（云台山）不远处，就有滚滚东来的汶河水，古人会说汶水发源于祝其山（云台山）吗？

那么弗其山究竟在什么地方呢？

在汶沂分水岭地带，有一"福吉山"村，属沂源县鲁村镇。村以山得名。村西一海拔 400 米的山叫"福吉山"，此山正是汶河、沂河的一段分水岭。提及山名的来历，村里的人大都说不清、道不明。但有一点村民们都众口一词：山名和村名是人们为了图吉利，把与"福吉"二字读音相同或相近的两个字转化而来的。

福吉山西边就是莱芜境，山下多泉且流量极大。山下村庄相邻的几个村庄多以"泉"命名：有西泉、北泉、南泉、泉峪等村。山下诸泉四季不停、昼夜不息地涌流，汇流成河西去 5 公里，注入莱芜市第二大水库——乔店水库。

再来看"弗其"的读音。"其"也读作"jī"，"弗其"可读作"fu jī"，正扣合了"福吉山"的读音。种种迹象表明，《淮南子》的"汶出弗其"的弗其山，乃是莱芜东境、汶沂分水岭的"福吉山"。

或许有人会问：汶河有许多源头，为什么《淮南子》独认弗其山为汶河之源？我想原因有二：一是因为这里诸泉从山脚喷涌而出，水流量大，是牟汶河较集中的水源地之一。二是因为这里是古代一条交通要道，方便于著书者实地考察。据《十卷书·村庄·北泉村》记载："由蒙阴北上，或由泰安东去，都要经过此地。早年商旅走过的青石板路，现在保存完整。……一年四季，南来北往的客商络绎不绝。……一到晚上，各客栈内顾客盈门。店房容纳不下，许多人干脆睡于大街小巷。"

牟文化初探

尹祚鹏

莱芜名称的由来与莱芜三大源文化体系——嬴、牟、莱有密切关系，不管莱芜古称"嬴牟"还是由"来牟"转音读而成，"牟"是连接两者关系的纽带，对于"嬴"和"莱"文化，莱芜市史志办的逸之先生及其他诸位先生对此进行了翔实的考证研究，兹不详述。本文重点谈一下与"牟"有关的文化，牟人的生活范围在何处，牟人的发展变化如何，这对于了解莱芜起源和发掘莱芜文化底蕴或许会有所帮助。

第一，莱芜古称嬴牟，说明了它与嬴文化和牟文化的关系。莱芜与古代牟子国有深刻的历史渊源，牟族是东夷族的一支，古代有地名牟夷，《唐律释文》载："牟夷，邑名也。"《汉书·地理志》在"莱芜"一条中记曰："莱芜，原山，淄水所出。……嬴，有铁官。牟，故国。"莱芜还是春秋时古牟国的故地，经莱芜市文物办考证，牟国遗址在今辛庄镇赵家泉村。莱芜有牟汶河，与古代牟子国民生活息息相关。三国时，嬴郡下辖五个县，《南史》还专门指出南朝刘宋省莱芜县，其地析入嬴、牟、贝丘县，三国时的嬴郡管辖范围当包括牟地。《魏书》卷一百六《地形志二·中》有记载："泰山郡，汉高帝置。……领县六：巨平、奉高、博平、嬴牟、梁父。"可见，泰山郡包含"嬴、牟"二县，嬴县有嬴城、铜冶山、汶水等处，牟县有莱芜城、平州城、牟城、望石山等处。《晋书·羊祜传》载：（晋武帝下）"诏以泰山之南武阳、牟、南城、梁父、平阳五县为南城郡，封祜为南城侯，置相，与郡公同。"在南北朝时期，北魏有泰山郡，包括"嬴、牟"。《北史》指出，北齐天宝七年，牟县被撤销，并入博平县。《隋书》也提到，开皇十六年，即 597 年，隋代再次设置牟县，隋炀帝大业初年，牟县被并入嬴县。唐代时将嬴县、牟县、莱芜县等改置为莱芜县，从此牟县再未出现。

除了地名外，莱芜的母亲河大汶河既有嬴汶河，也有牟汶河，牟汶河名称来源也很早。《水经注》载："汉出牟县故城西南阜下，俗谓之葫芦堆。牟汶河，因河水流经古牟子国地得名。"《清史稿·地理志》"莱芜"条注解为："东南：牟汶自蒙阴入，径牟县故城，汇响水湾、海眼泉、孝义河水，至城南，又西，左合司马河，从之。"

莱芜市古称嬴牟，与以上的史料所记载的嬴牟地域的变化关系密切。

第二，"莱芜"与"来牟"的关系。《山东古国考》指出："莱"金文作"来"，"来和牟"即《诗·思文》篇的"贻我来牟"和《臣工》篇的"于皇来牟"，亦即后出的"䅘䅦"。《毛诗》训"牟"为麦。"䅘"为小麦，"䅦"为大麦。《华阳国志校补图注》卷三："后稷之'贻我来牟'（《诗·生民》），正谓开始引种青稞。"青稞也就是大麦。来和牟是两个种麦子的氏族，以族名名地。《宋史·乐志》乐章二"贻我来牟，以兴嗣岁"和乐章六"思文后稷，贻我来牟"还用"来牟"来表示对丰收的期盼。

此外，《山东古国考》还指出："莱芜是因莱族与牟族杂居得名，古读牟为重唇音，声与芜相似，转写为芜。"《炎黄氏族文化考》也云："释来牟，小麦之种，相传自天而来，故呼曰来。最早种小麦的部族，自称莱族。大麦之种，其呼曰牟者，以原为牟族所播植，因以族名称大麦为裰。此两族之后混处山左各地。今之莱芜，即来牟两族合名。""莱芜"是"来牟"的古音转读。总之，"莱芜"是来牟两族合名，这个说法还是很有道理的，但"来牟"何时转读为"莱芜"还缺乏进一步的资料。

就"莱芜"一词的内涵来看，《辞源》中的"芜"有三种义项，即："田园荒芜，长满野草；丛生的草；杂乱。"而"莱"的含义较复杂，它有三层含义，一是有田园荒芜、杂草丛生之意。"莱"可指草名，即黎草，《诗·小雅·节南山》"南山有台，北山有莱。"《诗·小雅·十月之交》："彻我墙屋，田卒汙莱。"《明史·食货志》："而洪、永、熙、宣之际，百姓充实，府藏衍溢。盖是时，劝农务垦辟，土无莱芜，人敦本业。"二是有除掉杂草之意。如《周礼·地官·山虞》："若大田猎，则莱山田之野。"莱指除草。三是可指修耕之田，如《周礼·地官·县师》："辨其夫家人民、田莱之数。"从这个意义上来说，"莱芜"还有除掉杂草之意。除杂草，种大小麦，部落因此以兴。

第三，关于牟族、牟地、牟人的几个问题。山东最早居住的是东夷族，牟是东夷族的一个分支，善于种植大麦，"来牟"的形成是在原始部落时期。因农业在历史发展中占有及其重要的地位，所以《诗经》中"贻我来牟"和"于皇来牟"，歌颂并期盼得到麦子来生存。"牟"的名称来源很早，古代莱芜就有牟汶河，《史记·封禅书》："黄帝封泰山，禅亭亭。"服虔注释曰："亭亭山在牟阴。""牟阴"当是牟汶河之阴。由上，莱芜是牟人的发源地，是牟族的聚居地和牟国建立诸侯国的故地。

牟族经过长期发展形成牟子国，《辞源》说，古代有牟子国，相传是祝融之后，因以为氏。牟子国何时建立，现在还不完全清楚，但这两个古国与莱芜有密切关系。对于牟国的建立的地址，有东牟和莱芜两种说法。

唐代杜佑《通典》把"莱州"看成"春秋莱子国，战国属齐。秦属齐郡。汉以下并属东莱郡。大唐武太后分莱州，置登州，或为东牟郡。"把东牟郡（今牟平）称作"春秋牟子国"，说法很值得商榷，顾名思义，"东莱"和"东牟"应是莱人和牟人向东搬迁之后形成的地域，其形成应当晚于"来牟"。此外，比《通典》还要早的史书《汉书》给我们提供了进一步佐证，前面所引的《汉书·地理志》在"莱芜"条载："牟，故国。"颜师古注解之："《春秋》桓公十五年'牟人来朝'。"鲁桓公十五年，牟国归附于鲁国。从这个意义上来说莱芜被看作"莱"和"牟"的故国应该比"东莱"和"东牟"更有说服力。东莱的莱子国和牟子国实际上是莱人和牟人东迁后重新建立的诸侯国。

牟子国的范围在何处呢？《续修莱芜县志》记载："牟子国故城，在县治东二十里，牟汶曲中。春秋桓公十五年，牟人来朝。此其故都也。汉晋牟县仍其地。今其地有牟城。""按今县东二十里有牟城围子，耕者往往于其地得周鼎彝，是为古牟子城无疑。"牟子国故城，在今辛庄镇的赵家泉村。莱芜古牟子国的位置处在齐鲁之间。

春秋战国时期，牟族虽说不上强大，但是个有影响力的部族。当时有很多地方的名称与牟有关，如《历代兵制》卷一有关春秋时期的注释提到在鲁昭公时期，"根牟，鲁东界"，当时鲁国的东部边界叫根牟。

再如《史记》卷三十六提到杞国与牟人的关系。《史记索隐》云："故《地理志》云雍丘县，故杞国，周武王封禹后为东楼公是也。盖周封杞而居雍丘，至春秋时杞已迁东国，故《左氏·隐公四年》传云：'莒人伐杞，取牟娄。'牟娄者，曹东邑也。"杞国所在的"陈留雍丘县"在今河南境内，牟娄是杞国的一个县。

又如《汉书》卷二十七提到莒国和牟人的关系，鲁昭公五年，"莒牟夷以二邑来奔，莒怒伐鲁"，可见牟夷在莒国的位置举足轻重。

牟族发展形成牟子国，牟人为了生存，随着战乱等原因，不断搬迁，这使牟人的活动范围扩大。那么，牟人是何时东迁的呢？史书没有明确记载，牟子国的位置处在齐鲁两国交界之处，很容易成为两国交战的战场。公元前484年吴鲁联军在艾陵与齐国进行大战，艾陵大战的位置应该就在牟子国疆域之内。牟国本来依附于鲁国，《唐律释文》说："牟夷，邑名也。春秋时，莒国大夫牟夷为牟娄邑宰，率牟娄之人，以牟娄之地归属鲁国，是叛本国而从外国也。"战争使牟国人深受其害，处在齐鲁间的夹缝中的牟子国，不得不迁到齐国的大后方。南宋罗泌的《路史》载："牟逼近临淄，乃迁于东海。"牟人被迫从莱芜东迁至烟台福山，在那里重建了牟子国。齐国因其势力的强大，还是吞并了莱子国和牟子国这两个小国，齐国的疆土东扩到胶东半岛。山东东牟（今山东东莱）和牟平就是牟人东迁后形成的。

除了莱芜、东牟、牟平有与古牟国关系密切外，牟人还向南向西搬迁，河南有中牟等地。《汉书·霍光传》中还记载汉代上林苑有牟首池。四川一带还有牟州，隋文帝让辛公义任牟州刺史。唐太宗征伐高丽，辽东有盖牟城。五代四川成都有弥牟镇。《清史稿·地理志》中有成都沱江支流"锦水"条："锦水又歧为利水河，并入金堂。其正流至城东南入湔水，在县北，亦自新繁入，合弥牟水，东入金堂。有弥牟、军屯二镇。"北宋时期，西夏修建南牟城等。

牟人不仅朝中国东部和西南部迁徙，还从胶东半岛漂洋过海，搬迁到朝鲜半岛去了，在海外建立了许多国家。如《三国志》卷三十《魏书》记载了高句丽（今之朝鲜半岛）有许多与牟有关的诸侯国名和地名，如牟水国、优休牟涿国、咨离牟卢国等。我们不得不发出惊叹，牟人和牟文化是多么富有生命力啊！他们绵延不断、百折不挠、生存不息，这蕴含着非常可贵的文化精神。

随着牟族的发展，牟的姓氏也形成了，牟姓作为中国的一个大姓，它的起源也很早，《通志·氏族略》指出："牟子国，祝融之后，后因氏焉。"祝融是五帝之一的颛顼之后，担任后起的五帝之一帝喾高辛氏的火正，祝融的含义是"天明地德，光照四海"。牟姓较早的名人是牟贾，《史记》卷二十四《乐书》用很长的篇幅叙述孔子向牟贾问《武》乐和《商》乐的情况，战国时齐国有大夫牟辛，从两个人的姓氏可以看出他们与牟子国的密切关系。汉代有太尉牟融、博士牟乡。

牟姓也是朝鲜族的一个大姓，《南史》卷七十九载："晋义熙十二年，以百济王余映为使持节，都督百济诸军事、镇东将军、百济王。……明帝泰始七年，又遣使贡献。庆死，立子牟都。都死，立子牟大。齐永明中，除大都督百济诸军事、镇东大将军、百济王。"

"牟"还有"大""博大"的含义，如《吕氏春秋·谨听》："贤者之道，牟而难知，妙而难见。"注解云："牟，犹大也。"所以牟不仅用作姓氏，还常用作名字，如《史记·卫康叔世家》还提到卫康叔之子牟伯，又称王孙牟父。《通典·职官》："魏献子、卫文子并居将军之号。"注解："文子为卫之将军，名弥牟。"

牟还用作祭祀的金属器皿，如《礼·内则》"敦、牟、卮"，《释文》曰："齐人呼土釜为牟。"与牟有关的地名也作为侯爵名称，如西汉刘兴居被封为东牟侯，三国魏明帝即位，进许褚为牟乡侯。后来牟还有牟取、侵夺的含义，如《汉景帝纪》："渔夺百姓，侵牟万民。"

总之，"牟"有小麦、牟人、牟族、牟姓、牟国、博大等含义，这些含义是牟的较早内涵，成为牟文化的组成部分，牟依附于鲁，带有鲁的礼乐文化特征，被侵灭于齐，又带有齐文化重视功利、牟取利益的工商文化特征。

沂水城考略

郑 磊 徐同录 张耐松

传世文献中有关沂水城的记载较为零乱，难窥其全貌。本文主要结合文献，利用考古文物资料，考证沂水城的形势、名称的溯源、城址的变迁，梳理沂水城区面貌的发展变化，理清沂水城发展脉络，让世人更加清晰地了解沂水城。

一、 沂水城的形势

沂水县居沂蒙山腹地，总面积 2434.8 平方公里，在全省县级区划面积中列第二位。沂水城位于县境东南部，东依东皋山，西濒沂河，南向岜山，北临小沂河，是一座依山傍水，风光绚丽的古城。自隋朝改名沂水县至今已有一千四百余年的历史。县以沂水（河）得名，城因县定称。自汉至今，历代或县治，或郡治，或州治，或专署，几经演变。自中华人民共和国成立前夕至今，为沂水县人民政府驻地，是全县政治经济和文化的中心。明朝邑人杨光溥，成化年间进士，官至山西按察司副使，其诗《沂水形势》以沂水城为中心展开对沂水作了生动的描写："南来一水傍城流，十里封疆接莒州。桃涧春浓苍似锦，龙池夜静月如钩。士沾鲁俗还逢掖，地坐齐风不起楼。莫讶文风千古盛，沂山西畔是尼邱"。

二、 沂水城名称的溯源

沂水城历史悠久。其早期历史，史籍论辩纷纭，未能确指今城为古之何城。据《太平寰宇记》《水经注》等书的记述，城始建于西汉，名东莞县城，隶属琅琊郡。东莞由何得名，史籍无载。据《续山东考古录》所载，西汉东莞县城在今城东北四十里城子岭，即今高桥镇的徐家荣仁村一带。而今沂水城址为东汉末始立的东莞郡城。《山东通志》亦沿此说。1936 年《重修莒志·古迹下》东莞条有："……西汉东莞县本治古郓邑（指沂水城东北的城子岭），东汉则迁县治于团城（南燕慕容德改置）……"之说，但未提出根据。因此，东汉末（一说三国魏黄初中立）的东莞郡城是由迁移后的东莞县城改置，抑或是于此新置东莞郡城，由于史料不足，有待进一步考证。

三国魏至西晋仍为东莞郡城。晋元康元年（公元291 年）移东莞郡治莒，继于此置东安郡。南燕（公元400 年，慕容德称帝，定都广固城）北据青州后，于此置团城（镇）。南北朝刘宋时，团城仍为东安郡治所。北魏于团城置东安郡，并于此置南青州。北齐因之。北周灭北齐后，改南青州为莒州，莒州暨东安郡仍治团城。隋初改东安郡为东安县，开皇十六年（公元596 年）改东安县为沂水县。沂水县与沂水城之名自此始，并沿用至今。自隋至今，沂水城为历代沂水县治所。1949 年至 1958 年曾先后为沂蒙专署、沂水专署驻地。

据府、县志书载，东安城（今城西南三十里处）和东莞城同建于西汉。东安故城遗址，今尚有踪可寻，而东莞故城遗址在今沂水城附近却无迹可觅。据近年来沂水城建出土的文物考查，老城（内城）内出土的瓦当、陶瓷器等，多为隋、唐及其以后的遗存，汉代文物不多见，仅在隋唐文化层中出土两枚汉"五铢"钱，不足为证。在城东岭及沂河西岸发掘四座古墓，内中均为隋唐遗物，其中最早的货币是隋"五铢"钱。在县联社院内发现的窖藏，出土瓷器多件，均为南北朝时期的遗物。以现有的出土文物分析，沂水城在南北朝时为团城，在隋及其以后为沂水城是可信的。其早期历史有待今后发现更多文物方可判定。

三、 沂水城城址的变迁及沂水城旧时风貌

沂水城作为县、郡、州治以来，历代均有修复。元代以前的建修情形府、县志及有关史籍均无记载。元代以后，清道光七年《沂水县志》有如下记述："……元至治三年（1323 年）县尹苑华修。明永乐二十年（1422 年）复修。天顺中（1457～1464 年）知县陈孜甃以石，周围三里二十七步，高二丈五尺，阔

如之。门三：东曰东莞，西曰西成，南曰沂阳。正德六年（1511 年）流贼焚毁，知县汪渊增敌台、铺舍。万历二十一年（1593 年）知县魏可简更修其城，前昂后低。崇祯间（1628～1644 年）有寇夜自西北入劫，于是知县宋学程增修西北隅，高十余板。国朝康熙七年（1668 年）六月地震圮，十八年（1679 年）知县缪燧修。乾隆二十六年（1761 年）知县陈汝聪，二十八年（1768 年）知县王醇前后修筑完竣。五十六年（1791 年）知县陈廷杰复修。"自此至 1944 年沂水城解放，沂水城复有何人于何时重修，无史籍记载。

据调查，1944 年前，沂水城分内外两城。内城为乾隆五十六年前复修的老城。外城是太平天国革命时期，即清咸丰二年至同治七年（1852～1868 年）沂水县衙为防捻军倡导绅、商捐款修建的。外城墙从城北门（今沂水中心医院南 70 米处）向东修至东皋山（习称东岭），沿山脊向南，继折向西南至东会馆（今实验小学），复转向南至南会馆（今城关粮油管理所）接南城门（即南圩门），又转向西，至西石桥，又折向北，至西南角楼与内城合，又向北至县府后墙，沿后墙东延，至牛家前巷西端向北与城北门（即北圩门）相接。外城南北长 1.8 公里，东西宽 0.75 公里，周长 5.1 公里，城高五米余。外城有东、西、南、北圩门。（南北圩门各一，东西两面有数个圩门）。1921～1924 年为了防范盗匪，将外城加筑了站墙和岗哨台，并增修了二十四座岗楼。岗楼依地势高低有三层二层之别。三层者高三丈余，二层者高二丈余。1944 年沂水城解放后，将内外城墙全部拆除。今县政府大院后墙自西而东至植物油厂一段墙基为沂水城墙基，可作为沂水古城的历史见证。

老城（内城）居全城的西北部，为历代县衙所在地，其北部为官廨及其附属机构。县衙东为考棚（明清两代会试童生的场所，民国时期改为学堂）。东门（东莞门）内道北为城隍庙（民国十七年改为民众教育馆，今为县公安局所在地），城隍庙后为仓廒。县衙前有东西、南北两条大街，呈丁字形（今仍旧）贯穿内城。东西街西接老城西门（西城门，今县民政局以西，河沟以东），东接老城东门（今县邮电局与原糖茶门市部之间）。南北街自县衙大门前南通老城南门（沂阳门，今县府广场南）。衙门前路东有一广场（今县府广场）习称"歇场子"，是供艺人演唱的娱乐场所。老城东门接纵贯新城（外城）的南北大街，为商业区。老城东门以北至新城北门为北关街，有利华鑫、邮政局、新鲁石印局、中华医院等商铺，另有几家旅店。东门以南至广盛桥南为东关街，商号繁多，杂货及布匹、药铺等俱全。较大的有广盛、聚丰、同兴永、同兴福、增太成、源祥东、隆盛和、顺源成、泰祥成、保和堂、文清斋、振华泰等。出老城南门至新城南门为南关街，是居民区。鞍子桥（亦名望仙桥，今名塘子沟桥）南路西为明清两代沂水望族刘氏的宅第，分南、中、北宅，三宅毗连，其规模以南宅为最，世称"刘南宅"。"七·七"事变后，日本侵略军侵占沂水城后以刘南宅为据点。新城南门外，是茶庵街（因茶庵设此），当时仅有几家旅店和茶水棚。新城以西即是小河村，为集市所在地。

历代封建统治者尊孔儒，崇神道。据清《沂水县志》载，城内城外曾设有坛、宫、庙、祠、寺、观等二十余处，如社稷坛、风雨雷山川坛、文庙、武庙、三皇庙、文昌祠、蒙阴阁、玉皇阁、茶庵、福绥观及风神庙、龙神庙、马神庙、火神庙等。明朝时期，沂水城回族人民建造一所清真寺（回民街居委会斜对过）。鸦片战争后，城内建有天主教堂和耶稣教堂。以上建筑大多自民国以来先后倾圮或拆除。

四、 当代沂水城风貌

在漫长的岁月里，沂水这座古城饱经沧桑。自两汉以至于明，易朝更代，阅时千数百载，屡有盈缩兴衰，几经战火洗礼，因年远时湮，史籍失传，据清《沂水县志》所载，自明正德六年（1511 年）至清同治元年（1862 年）三百五十年间，沂水城有六次为农民起义军攻占。明崇祯四年（1631 年），清乾隆二十九年（1764 年），沂水城两次大火，均延烧民舍数百家。清康熙七年（1668 年）七月，地大震，民房倾圮大半，压死者甚众，沂水城尤甚。康熙四十一年（1702年）沂河溢，淹及城垣。民国十一年三月二十一日（1922 年 4 月 17 日），沂水城又大火，东关街悉遭焚毁。民国二十六年（1937 年）七月，沂河溃，城西侧小河村民舍被淹。1937 年 12 月下旬，日本侵略军飞机两架轰炸沂水城。1938 年2 月 20 日，日本侵略军侵占沂水城，不久撤走。1939 年 6 月 9 日，日本侵略军二次侵占沂水城。在这里建据点，设洋行，卵翼伪政权，推行新民会。沂水城遭日本侵略军铁蹄践踏五年余。1944 年 8 月，八路军鲁中军区部队解放沂水城。1947 年国民党反动派对山东解放区重点进攻，7 月上旬，国民党新编九师冯团占据沂水城。1948 年 2 月，在解放军全面反攻的威慑下，盘踞沂水城的国民党军队逃窜，沂水城又回到了人民的怀抱。1949 年 8 月，沂水县政府自农村迁驻沂水城至今。

沂水城获得新生后，历经六十多年的建设，县城面积由 1.85 平方公里扩展到现在的 36 平方公里。特别是近年来，勤劳善良的沂水人民围绕建设"山水灵秀，生态宜居"城市，坚持高点定位，着眼长远发展，加快城乡基础设施建设，城镇化水平显著提高。先后组织实施了 4 大类、100 余项城建重点工程，总投资 40 余亿元，改造片区 2200 余亩，新修、整修腾飞路、振兴路等城区及园区道路 28.8 公里，铺设雨污管网 9.4 公里、燃气主管网 26.5 公里，安装路灯 2165 盏，新增绿地 64 万平方米、供热 30 万平方米，建成了小沂河湿地公园和黄家庵水厂。目前，县城建成区面积达 36 平方公里，人口 28 万，城镇化率 42%。交通、电力、信息化、水利、通讯、卫生等基础设施日趋完善，长深高速与东红、沂博、兖石三条省道贯穿县城。旅游业发展迅猛，体现"地质奇观、山水风光、沂蒙风情、红色旅游"四大特色的雪山彩虹谷、地下大峡谷、灵泉寺、天上王城等 6 处旅游景区环列周边。县城内卫生医疗机构健全，有卫生机构 13 处，其中市级医院 1 家，拥有先进的国内外医疗设备。县城内服务业发达，有中高档宾馆 10 处，其中星级宾馆 7 处。县城内教育资源丰富，有大专院校 1 处，中学、小学 30 余处。

溯古追今，沧桑巨变。如今的沂水城楼房成片林立，商厦集群巍峨，百业发达兴旺，山色旖旎多娇，水光清明潋滟，花木葱茏流芬。"气象万千，生机无限，尽美矣，又尽善也"。如是斯言。

（作者单位：沂水县民政局）

夏津县村庄地名略考

焦桂富

正如麻雀虽小，五脏俱全，村名亦是如此，一个普通的村名，往往寓意非凡，具有研究历史、研究社会发展、启发教育后人的积极意义。本文首先介绍夏津县概况；其次按照村名得名原因的不同，从"庄""军屯""民屯"等七个方面进行阐述，对夏津县村名做了肤浅的考证，抛砖引玉，以期就教于专家、同仁。

夏津县位于山东省西北边陲，属华北黄泛平原的一部分，总面积871.9平方公里。截至2008年，全县辖10个镇、2个乡、2个街道办事处和1个经济开发区，507个行政村，530个自然村，约50.4万人，以汉族为主，占99.9%，另外有回、蒙、朝鲜、满等18个少数民族。夏津县域范围内村名的统称名以"庄""屯"和"堤"为最多，另外还有"寺""庙""寨""集""店""沟""楼""堂"和"铺"等，其命名原因也多有不同，有的因地理环境得名，有的取名自特殊的建筑物，有的因古代军队屯田等。当然，作为地名的一种，村名是人类社会发展到一定阶段的产物，一个简单的村名，往往承载着它产生、发展乃至历史变迁，逐本溯源，千奇百怪，妙趣横生。探究原委，本县村名的由来大致如下：

一、以"庄"为通名命名的

"庄"这个地名中的统称名在我国各地是普遍存在的，在《中华大字典》中释为"田舍也。别墅也"。还释为"草盛貌也"（草盛处指野外，田野之义），又解释为，凡乡野聚处皆为"村庄"。在"乡"字条中说对城镇而言，城镇外皆曰乡也。故此，"庄"字实为我国最普遍的统称类地名。这类地名一般建立较早，据《夏津县志》载，夏津的大多数村庄都是在明洪武二十四年（1391）后迁来建立的。在带"庄"字的村名中应该有土著人的聚落，但是应该为数不多。因为据史料记载，明洪武二十一年（1388），山西洪桐县等地开始向夏津移民，三年后，即洪武二十四年（1391），全县仅有约 687 户，4279 人。照此推算，经过元末的战乱、灾荒和明初的"靖难之役"后，仍然在夏津范围内存在的这样土著人的村落应是很少了。但可以断言，城西的崔庄（现属白马湖镇）应是最古老的村子，因崔姓是"清河望族"，参照崔庄崔氏族谱等资料，唐朝以前，崔姓从外地移居鄃县（今夏津县）崔家岗（一说为光德里、贾里长屯）。明嘉靖年间称后崔庄。崔氏十三世曾中进士，开始为三品台阁，后皇帝赠字"德星堂"，从此，村名由后崔庄改称崔家庄，解放后简称崔庄。

二、 以"军屯""民屯"来命名的

夏津县域内带"屯"字村庄有 50 多个，据考证这些村名来源于明代大规模的移民屯田与军垦屯田。元末明初，连年战乱、灾荒，鲁西北平原地区处于战争中心，多数村庄十室九空，村民或死亡，或出逃，夏津及周边县市就成了人烟稀少的地方，大片大片的土地被闲置。明政府为了巩固统治，促使广大人民休养生息，尽快恢复国力，就采取了大规模的移民屯田和军垦屯田措施。当时在夏津的主要是军屯和民屯，这些屯田多建立在没有人烟、房屋的荒地上，故此，带屯田色彩的村名就水到渠成的产生了。这些以屯田为背景的村名又分以下几类：

1. 以屯田首领姓氏命名。如"朱官屯""赵官屯""周官屯"等，这些含有"官屯"的村庄，属于军屯点，军屯点的军屯户世代为军籍，人口、面积比较稳定，因此人们便对屯田首领尊称为"朱官""赵官""周官"等，又因为是屯田地点，慢慢地便产生了"朱官屯""赵官屯""周官屯"等。

2. 以长官官职名称命名的。这类为民屯，如"肖里长屯""胡里长屯"等，多为移民或者招募来的民屯点，受地方管辖，被编为里、甲。"里"为行政区划名称，长官为"里长"或者"里正"，后来多以"里长"来命名村庄，冠以里长的姓氏，便出现了"肖里长屯""胡里长屯"等。

3. 二至八屯、九营。这八个村庄属明代所设军屯，归德州左卫［永乐五年（1407 年），置德州左卫于德州］管辖，分布在卫运河以东呈现东北、西南走向。

到清朝军屯点逐渐被淘汰,改属州、县,变为村庄,为了与普通的民屯相区别,遂以数序为专名,依次称为二屯、三屯、四屯、五屯、六屯、七屯、八屯和九营。

三、 因村庄所处地理位置和周边环境而得名的

该类村庄多见于老黄河故道和贯穿夏津县域的沙河堤上,多建立于明朝,沿老沙河堤(陈公堤)走势所建,呈东北、西南线型分布,依次为左堤、刘堤、唐堤、杨堤、许堤、任堤、侯堤、张堤;沿西沙河堤崖建立的有曲堤、西刘堤、杜堤、马堤、师堤。以"沟"命名的则是多临近沟渠,如河沟、前王沟、后河沟、赵沟、董沟等。如河沟村,相传明初大移民时叫作三里庄,后因该处地势洼,每逢大雨,周围村的水都流到该村低洼处,雨后到处是因积水形成的大小不一的沟渠,一来二去,人们开始称该村为河沟,后来又分为前河沟和后河沟,现属经济开发区。以"桥"加姓氏命名的多分布在马颊河周边地区,在马颊河东岸非夏津地区也多见这样的命名实例,如夏津有卞官桥、宋桥、陶桥、马桥等,相邻的聊城市高唐县梁村镇就有董姑桥。东李官屯镇的宋桥,明朝初期建村时,因村民中"宋"姓多,取村名宋庄,解放后,在该村东侧马颊河上架了一个木桥,桥逐渐成了该村的重要标志,故改村名为宋桥,虽然现在木桥已不复存在,但该名仍沿用至今。

四、 以村庄建有寺、 庙或者村庄附近有寺、 庙来命名村庄

比较有名的是县城东约 30 华里处的张法寺村,该村落东南侧曾有一寺庙曰"大云禅寺",据旧志载:大云禅寺始建于唐朝,毁于元末。明洪武年间莱州掖县人张福广夫妇来此,见大寺所处地势广阔,气势恢宏,故皈依佛家,矢志募修,人们俗呼"张法师"故又以之称寺,在寺旁所建的村亦因之称"张法寺"。其他的如城南的地藏寺村、城西北的清凉寺村、露观寺村等都是这类地名。另外还有以"庙"为通名来命名的村庄,同样是村庄中有庙,或者依庙而建,如城西北的双庙、城西南的时庙、城东南的琉璃庙等。

五、 以立村人或村中人从事的主要职业， 或再结合其姓氏命名村庄

这样的村名，常见的如郑保屯村、王太来、打帘王庄、升斗张庄、纸房头、小盐厂、盐厂等。开发区的小盐厂，明初建村时，因村民多以熬制硝盐为生，故名盐厂，后来地名普查时，为避免重名，改为小盐厂。香赵庄镇的打帘王庄，明朝洪武年间，王氏自山西洪洞县迁来建村，因姓氏得名王庄，后又因村民多打织竹帘，行销市肆，故人们又习惯称为打帘王庄。20 世纪 80 年代夏津县地名普查时，为尊重人们习惯，将该村村名称为打帘王庄。还有的村名因年代久远，人们去繁就简，慢慢用白字代替了原来的字义，银城街道的三匠庄，并不是说有"三匠"，而是开始有一伞匠在此落户，以制伞为业，慢慢聚落成一个村落，取村名"伞匠庄"，后来人们叫白了，就成了"三匠庄"了。

六、 以村庄中建有地标性的建筑物命名的村庄

该类村庄以带有"楼""堂"的为多，如宋楼、代楼、王楼、范楼、冉楼、王堂、苗堂、前堂、后堂等，究其得名缘由，概因旧时经济不发达，农村中能够建楼、高大房屋者很少，故此在个别村庄中一旦有了该类建筑物，人们便开始传颂，愈传愈远，甚至忘记了原来的老村名，开始以"楼""堂"建筑物代替，逐渐出现了"宋楼""代楼""王堂""苗堂"等，习惯成自然，这些名字就流传了下来。

七、 因人口繁衍、 异地建设等原因也造成了村名的改变

有的是因人口繁衍、异地建房等，出现了一村变多村的状况。这样的村取名，虽沿袭原称，但一般又加上了东、西、南、北、前、后、大、小、一、二、

三等字样。这类村名在我县出现较多,其中比较典型的当属郑保屯镇,"三珠三杨两口子"就是鲜活的例子。"三珠"系指珠泉屯后来分为珠西、珠东、珠中;"三杨"系指杨庄村后来分为杨中、杨东、杨西;"两口子"系指原油坊村,因处卫运河岸畔,且为重要渡口,人们习惯称之为渡口,后来又分为南口和北口。

　　总之,一个地名,或者源于一个美丽动人的传说,或者来自一段曲折的故事,世代传承,随着时代的发展,历史的变迁,逐渐形成了深厚的地名文化和历史文化。村名亦是如此。本文只是对夏津县地名村名做了肤浅的考证,随着时代的变迁,关于村名来历的研究、稽考不会停止,将不断涌现新的可行的稽考方法、考察措施,会对村名的考释更加贴切、翔实。

　　　　　　　　　　　　　　　　　　(作者单位:夏津县民政局)

谈马陵、道口
——古战场遗址

郭秀芹

发生在战国时期齐、魏两国之间的马陵之战是中国古代战争史上的一次经典战役。《史记·孙膑列传》云:"孙子度其行,暮当至马陵。"虽然战事在《史记》里有详细的记载,但关于马陵之战的古战场所在地,后世争议很多,众说纷纭,如"濮州说""郯城说"等。经过百余名专家、学者充分的推敲、论证,马陵之战学术研究会得出一个相对一致的结论,基本可以确定马陵之战古遗址位于今山东省莘县境内。

莘县地处冀、鲁、豫三省交界处,西邻河北大名、河南南乐,西南与河南清丰、濮阳接壤,南面与河南范县隔金堤相望。马陵之战的古战场遗址就在莘县西南的马陵村、道口村一带。

《史记·魏世家》注引虞喜《志林》云:"濮州甄城县东北六十里,有马陵,涧谷深峻,可以置伏。"其描述的虽是虞喜所处的东晋时马陵的地貌,但因年代相距较近,仍对我们认识早期马陵地貌有一定的参考意义。先秦时期,此地多丘陵大沟,路在沟中,地形险要,沟底较平坦,形成了土冈加护之下的道路,便以"道"命名沟。因沟旁有马姓居住,人们称这条多岔的大沟为马陵道。马陵道大体是东西走向,但方向不正,且多歧路,人行其中,极易迷路。战国时期,齐国军师孙膑与魏国大将庞涓在此对阵,史称马陵之战。孙膑利用有利地形大败魏军。明初,又有马姓由山西迁此定居,遂成大村,村以马陵为名。马陵村所在的地方是历史上马陵道的中段。马陵村位于今莘县大张家镇政府驻地东南 8 公里处,今有马陵之战纪念馆、马陵之战纪念碑。

道口村是马陵道的入口,村名也由此而得。道口村位于今莘县樱桃园镇政府驻地偏西南 1.5 公里处。道口村顺金堤走向而建,街道不正,房屋不正,田垅的走向也不正,外人进村,常常不辨南北,如果没有本村人带领,往往转悠一天也出不了村子，故又有"迷魂阵"之称。据传，当年孙膑定此处伏击庞涓。时至今日，道口村的街道依然不正，道口通往马陵的道路虽然被冲平或削平了许多，但道路仍然低于两旁的地面达 2 米之多。关于道口村街道的复杂，当地有很多传说。有首民谣说："进了迷魂阵，神仙也难认。东南西北中，到处是胡同。好像把磨推，老路转到黑。"

根据《中国古代战争通览》一书中关于马陵之战的叙述，可知：

马陵之战是指战国时期，魏国与齐国在马陵道口（今莘县大张家镇马陵村和樱桃园镇道口村）发生的一场战争。周显王 28 年（公元前 341 年），魏惠王命庞涓伐韩，直指韩都（今河南省新郑县）。韩国抵挡不住魏军强大的攻势，被迫向齐国求援。齐威王又召集大臣征求意见，商议要不要出兵救韩。齐相邹忌认为，魏、韩两国火并，不管谁取胜，实力都要受到损伤，对齐国都是有利的，主张"不如勿救"。齐将田忌认为，如果不救，韩国可能向魏国投降，这对齐国可是不利的，主张"早救之"。孙膑既不同意不救，也不同意早救。他认为，韩、魏两国正在交锋，谁胜谁败还说不定，如果现在就出兵援救韩国，实际上是代替韩国去承受魏国的打击，不但会使齐国蒙受损失，而且也不见得有把握打败魏军。魏国此次出兵，意在灭韩。齐国应当因势利导，首先向韩表示必定出兵相救，促使韩竭力抗魏，但又必须等韩国处于危亡之际再发兵。这样，韩国必然感激齐国，齐国又可在魏军受到严重消耗时才和魏军作战。齐威王很赏识孙膑的这个既可"深结韩之亲"，又可"晚承魏之"的"受重利而得尊名的两全之策。

韩国得到齐国答应救援的允诺，人心振奋，竭尽全力抵抗魏军，但结果仍然五战皆败，只好向齐再次告急。齐威王抓住韩、魏俱疲的时机，命田忌为主将，田婴为副将，孙膑为军师，统率大军救韩。齐军此次出兵，根据孙膑的建议，仍沿袭"围魏救赵"的计谋，不直接去韩都解围，而是把进攻的矛头直指大梁。

此时，魏惠王鉴于前次桂陵之败，命庞涓火速回师大梁。魏惠王愤恨齐国一再干预魏、赵、韩三国之事，动员全国之兵伐齐，要与齐决一死战。庞涓从韩国撤兵回国，齐军已进入魏境很远。孙膑指导田忌，认为魏军一向骄傲轻敌，急于求战，会轻兵冒进。齐军可利用这一弱点，诱其深入，予以致命的打击。兵法上说：如果走一百里去争利，就有使大将军受挫的危险；如果走五十里去争利，也只有一半军队能够赶到。齐军可以第一天造锅灶十万个，第二天减少为五万个，第三天减少为三万个，让魏军以为齐国的军队天天在减少。田忌采用了这个计策。

按照预定计划，齐军与魏军刚一接触，便立即后撤，让魏军连追了三天。庞涓果然以为齐军逃亡严重，于是丢下步军，只率领一部分轻装精锐的骑兵，兼程追赶。

孙膑根据魏军的行动，判知魏军将于当天日落后进抵马陵，而马陵附近道路狭窄，地势险要，可以埋伏军队。孙膑便命令万名射箭手埋伏在道路两旁，规定到夜里看到火光一闪，立刻一齐放箭。孙膑并叫人把路旁一棵大树的皮剥掉，上写"庞涓死于此树之下"。庞涓的追兵，果然在预定时间进入设伏地区。庞涓见剥皮的树干上写着字，但看不清楚，就叫人点起火把来照明，字还没读完，齐军万箭齐发。魏军大乱，又看不清地形，困于狭窄的马陵道路中自相践踏，乱成一团，顿时溃散。庞涓自知败局已定，愤愧自杀。齐军乘胜追击，又连续大败魏军，前后共歼魏军十万余人，并俘获了魏太子申。

2005 年 10 月 29 日，莘县马陵之战学术研讨会召开，历时 2 天。来自北京、天津、上海、南京、石家庄、郑州、开封、济南、烟台、潍坊、聊城、濮阳、鄄城、惠民、广饶、东阿等地的 66 位专家和研究人员应邀出席了研讨会。研讨会期间，与会人员视察了马陵古道遗址，参加了马陵之战纪念馆开馆典礼，然后就孙膑、《孙膑兵法》和马陵之战的有关问题进行了认真研讨。来自四面八方的专家和研究人员通过多种形式和渠道展示了自己的研究成果，发表了自己真知灼见。

这次莘县马陵之战学术研讨会充分认定莘县马陵为马陵之战战址。理由有九：第一，莘县马陵位于齐魏交界处，齐国多次西向用兵皆由此出境，这次击魏救韩当不会例外；第二，莘县马陵距魏都大梁（今开封）300 华里，与史书记载的三日行程基本吻合；第三，莘县马陵一带今日虽为平原地貌，古时却是沟壑纵横，此事有虞喜《志林》记述、古地名、老年人回忆和今日尚存的局部沟壑地貌可证。与会者在道口村现场察看之后，对此深信不疑；第四，史料中记载的"濮州北三十里"、"鄄城东北（应为西北，古书记载可能有误）六十里"、"范县西南四十里"、"观城南十八里"，均为今莘县马陵所在的位置。旧范县县城和旧观城现在均为莘县辖地。所谓"濮州说"、"鄄城说"、"范县说"、"观城说"实际上是一说，就是"莘县说"；第五，孙膑生长于"阿、鄄之间"（司马迁语），其家乡距今莘县马陵不足百里，他对马陵一带的复杂地形应十分熟悉，这是其选定马陵为伏击地点的重要条件；第六，莘县马陵一带古多土丘土沟，这与"陵，大土山"（《辞海》首条注解）的本义相符；第七，莘县马陵一带沟宽多在百米以内，伏兵正可展弓弩之长；第八，莘县马陵一带沟中之路较平，利于以战车为垒，前堵后截；第九，莘县马陵一带关于马陵之战的民间传说很多，传说的产生应该有其历史背景。由此可见，莘县马陵、道口为古战场遗址无疑。

（作者单位：莘县民政局）

高唐县治所考

刘树青

　　高唐，春秋为齐国西境之一邑，迄今已有二千余年的历史，属中华民族黄河文化发祥地之一。汉置县，元、明、清置州，中华民国复改县，沿用至今。历史上高唐就"居中原衡衢"，有官马大道"南通吴会，北拱神州"，地理位置十分重要；加之受黄河文化的孕育，素有"上古之民朴、中原之士敦"的美誉，很早便成为经济文化发达地区之一。高唐属温带气候，四季分明，光照充足，物产丰富。尤以种植棉花享有盛名，历经几百年而不衰。旧志称其"为州民恒产""货以木棉甲于齐鲁"，素有"金高唐"之称。

　　尧、舜、夏、商时代，高唐属兖州之域。西周时，文王分封诸侯，高唐被封为姬姓的用国。春秋时，高唐属齐国西界，称高唐邑。秦朝时，高唐属东郡。公元前206年，汉高祖刘邦建立汉朝。汉因袭秦制，划分郡、县，始置高唐县，隶属青州刺史部平原郡。东汉时高唐属冀州部清河国。当时，高唐县区域含今禹城市、齐河县大部。县境西限是流经涧河村西的故黄河，县城所在地在禹城市的伦镇西。三国时，高唐属魏国冀州平原郡的侯国。史书记载，当时"朱灵封高唐亭侯"。西晋时，高唐县属冀州平原国。公元420～589年，中国历史进入南北朝时期。刘宋元嘉九年（公元432年），侨置高唐县于今章丘县水寨村附近，属侨置冀州东平原郡。北魏皇兴三年（公元469年）将刘宋侨置冀州更名齐州，侨置高唐县又属齐州东平原郡。北魏景明三年（公元502年），复置高唐县，属济州南清河郡。北齐文宣帝高洋于公元550年废除清河郡及灵县，高唐又改属于济州部清河郡。隋朝时，高唐属冀州部清河郡。开皇十六年（公元598年）属博州，统辖高唐、聊城、堂邑三县。同时，将刘宋侨置之高唐更名章丘。唐贞现元年，太宗分天下为十道，高唐属河北道博州博平郡。公元690年，武则天称帝，改国号为周，因忌讳"唐"字，遂于长寿二年（公元693年）改高唐县为崇武县。神龙元年（公元705年），宰相张柬之发动政变，迎唐中宗即位，恢复唐朝国号，复名高唐县。唐末，高唐属魏博节度使，又属天雄军。公元907~960年，中国历史上称为五代十国时期，因"晃"与"唐"同韵，故后梁太祖朱晃于开平二年（公元908年）改高唐县为鱼邱县。后唐同光二年（公元924年），复名高唐县。公元936年，石敬瑭建后晋，因"瑭"与"唐"同音，是年改高唐县为齐城县。后汉乾祐元年（公元948年）复名高唐县。尽管五代时期高唐县名多次改变，但仍属博州。宋朝废道，分天下为十五路。高唐属河北东路博州。公元1023年仁宗分二十三路，高唐属河北东路博平郡。金时，在北方分十九路，高唐县属山东西路博州博平郡。元朝，全国设十一个行省，下设路、州、县。高唐初属大名路，后属东平路。至元三年改博州为东昌，辖高唐等六县。至元七年（公元1270年）于高唐属高唐州，直属中书省。至正七年（公元1347年）高唐县治所移于今地。明朝洪武元年（公元1368年）高唐称州，统恩县、夏津、武城三县。高唐州属山东布政使司东昌府。清初，高唐州属东昌府，雍正八年升高唐州为直属州，辖禹城、临邑、平原、陵县。雍正十二年复归东昌府。民国元年撤州设高唐县，属山东东临道。民国17年直隶山东省府，25年属第六行政公署。民国27年高唐沦陷，属伪山东东临道，同属国民党第四行政公署。1945年高唐解放，人民政权属冀南第二专署。抗日战争时期，中国共产党地下组织为便于开展工作，曾于1941年初将高唐县分为唐北县和唐南县，同年秋又合二为一，复名高唐县。公元1949年，高唐县属平原省聊城专员公署。1952年，平原省撤销，改属山东省聊城专署。1950年将茌平县侯桥等11个村庄划归高唐县。1956年3月撤销清平县后，将其旧城镇划入高唐县；同时将茌平县琉璃寺乡划归高唐县。1958年12月，国务院批准撤销禹城县全境并入高唐，1961年10月恢复禹城县。高唐县仍辖原境。

高唐文化积淀深厚。固河汉墓群出土的陶器，韩寨金代墓出土的壁画，以及至今尚保存完好的隋唐古塔，均说明高唐文化源远流长。在历史长河中，高唐籍文化名人更是灿若群星。东汉桓帝时鲁相乙瑛请置孔庙百石卒史碑，尚存曲阜，这是汉代隶书的代表作品之一。西晋刘实，少贫，卖牛衣以自给，手约绳口读书，博古通今，官至太傅，撰《春秋条例》十一卷，《左氏牒例》二十卷。华峤，官至秘书监内台中书，以汉纪烦秽，起光武终孝献，为《汉书》九十二卷。唐代大思想家、大学问家吕才，今高唐县清平镇吕庄人，至今其高大墓封土不圮。他反对禄命、风水迷信以及对佛教的批判至今仍闪烁着思想的光芒。金代状元闫咏，其先人六世登科，其应奉翰林十年，有著述十卷传世。闫复，官至平章事，弱冠入东平学，时迎元好问校试，其文入选者四，闫复为首，著《静轩集》五十卷。李苦禅，当代国画大师，为齐白石高足，与吴昌硕弟子潘天寿并称"南潘北李"，系划时代的中国大写意画大师。中央文史馆馆员孙瑛，融中西画法于一体，开中国山水画新风。李燕、谢家道、辛守庆等国内外著名书画家也都是书画艺术之乡的杰出代表。

（作者单位：高唐县民政局）

后　记

　　《山东省地名研究文集》这部凝结了全省地名工作者心血的作品终于面世了！它的出版、发行是一件值得纪念的事情！这是我省首部地名论文集，经过 5 年的组稿、撰稿、审稿，期间有中断、搁置，几经周折，最后共收录文章 63 篇，如今面世，圆了全省地名工作者多年的一个梦，值得庆贺！另一方面，《山东省地名研究文集》的付梓，搭建了一个平台，不论是地名工作者还是爱好者，都可以通过这个平台，钻研学术，切磋心得，交流经验，共享成果！另外，本着科学研究"百花齐放、百家争鸣"的原则，所收录论文思想只代表作者本人的观点，在作者文责自负的同时，也请读者自行研判。有少数作者地址不详，望主动与我们联系。

　　面对这部散发着墨香的论文集，我们更多的是感谢！感谢省民政厅的厅领导对地名工作尤其是地名文化的重视和支持；感谢山东人民出版社以及责任编辑常纪栋先生，为该书的出版发行付出了很大的心血；感谢全省各市民政局和地名工作者给予的大力协助。值此论文集出版之际，一并表示衷心的敬意和谢忱。

编　者

2015 年 12 月

图书在版编目（CIP）数据

山东省地名研究文集 ／ 董珂，郭晓琳主编.
—— 济南 ：山东人民出版社，2016.6
ISBN 978-7-209-09863-2

Ⅰ．①山… Ⅱ．①董…②郭… Ⅲ．①地名－山东省
－文集 Ⅳ．①K925.2-53

中国版本图书馆CIP数据核字(2016)第150366号

山东省地名研究文集

董珂　郭晓琳　主编

主管部门　山东出版传媒股份有限公司
出版发行　山东人民出版社
社　　址　济南市胜利大街39号
邮　　编　250001
电　　话　总编室（0531）82098914
　　　　　市场部（0531）82098027
网　　址　http://www.sd-book.com.cn
印　　装　济南继东彩艺印刷有限公司
经　　销　新华书店

规　　格　16开（169mm×239mm）
印　　张　21.25
字　　数　340千字
版　　次　2016年6月第1版
印　　次　2016年6月第1次
ISBN 978-7-209-09863-2
定　　价　45.00元
　　　　　如有印装质量问题，请与出版社总编室联系调换。